伟大的小心灵

和孩子们聊聊哲学思辨

[美] 玛丽埃塔·麦卡蒂（Marietta McCarty）◎ 著

凌春秀 ◎ 译

Little Big Minds

Sharing Philosophy with Kids

中国人民大学出版社

· 北京 ·

图书在版编目（ＣＩＰ）数据

伟大的小心灵：和孩子们聊聊哲学思辨／（美）玛丽埃塔·麦卡蒂（Marietta McCarty）著；凌春秀译. -- 北京：中国人民大学出版社，2022.10
书名原文：Little Big Minds：Sharing Philosophy with Kids
ISBN 978-7-300-31004-6

Ⅰ. ①伟… Ⅱ. ①玛… ②凌… Ⅲ. ①哲学—儿童读物 Ⅳ. ①B-49

中国版本图书馆CIP数据核字(2022)第171767号

伟大的小心灵：和孩子们聊聊哲学思辨

[美] 玛丽埃塔·麦卡蒂（Marietta McCarty）　著

凌春秀　译

Weida de Xiaoxinling：He Haizimen Liaoliao Zhexue Sibian

出版发行	中国人民大学出版社		
社　　址	北京中关村大街 31 号	**邮政编码**	100080
电　　话	010-62511242（总编室）		010-62511770（质管部）
	010-82501766（邮购部）		010-62514148（门市部）
	010-62515195（发行公司）		010-62515275（盗版举报）
网　　址	http：//www.crup.com.cn		
经　　销	新华书店		
印　　刷	北京联兴盛业印刷股份有限公司		
规　　格	890 mm×1240 mm　1/32	**版　次**	2022 年 10 月第 1 版
印　　张	10.5　插页 2	**印　次**	2024 年 7 月第 2 次印刷
字　　数	228 000	**定　价**	79.00 元

欢迎来到思想的世界。

这本《伟大的小心灵》是发给你的一封邀请函，邀请你来发现哲学之美（如果你早已有所研究，那就来重新发现吧），也邀请你来思考这个问题：身为成年人，你如何才能最有效地与孩子分享这一主题。在过去的 15 年里，我接触了许多满心好奇、热爱提问、一高兴就手舞足蹈的孩子，我乐于与他们待在一起，也愿意与他们探讨哲学思想。以我多年的经验，我可以负责任地说，孩子天生就是哲学家——他们对各种哲学主题都有很多非常了不起的想法。成年人的思维往往会被年复一年累积的各种包袱所累，但孩子的头脑完全不受任何凡俗琐事的干扰。

孩子们会孜孜不倦、不屈不挠地探究和追问，在他们看来没有什么话题是讨论的禁区。在涉及"勇气""死亡"和"成见"等概念时，他们连眼睛都不会眨一下，在面对精神上的各种挑战时也鲜有退缩之举。孩子们似乎比很多成年人更能轻松地认识到，什么时候该开足马力，去全力探索哲学难题；什么时候该适可而止，富有智慧地让一些人生奥秘保持未知的吸引力。有的孩子可能会追问："你认为'虚无'也是某种东西吗？"并在接下来的一个小时内乐此不疲地探讨。有的孩子会好奇地问："他们总说要'搞点时间出来'，那'搞'出来的时间是什么样的呀？"于是，这又引发了哄堂大笑和接下来的热烈讨论。这些年来，我已经越来越能够理解和欣赏儿童的坦率和直觉了！

我想通过这本书来告诉所有成年人：如果你想参与精彩绝妙、激动人心的哲学对话（并不一定需要取得哲学学位），渴望自己的精神生活再次生机勃勃，那么与孩子们的谈话就能够满足这一点。在我和孩子们讨论哲学时，经常能看见有成年人在门口徘徊，或默默地坐在角落里，被孩子们的精彩对话深深吸引。我从他们的表情可知，当加入儿童的圈子并与他们分享各种想法时，成年人会获得很多额外的收获。对我而言，在与这些小小哲学家们一起讨论人生那些重大问题时，世界仿佛再次向我展现了更广阔的天地。

我一直在美国弗吉尼亚州夏洛茨维尔的皮德蒙特弗吉尼亚社区学院教授哲学。当初到底是什么让我决定拎起一把小椅子坐到三年级小学生的矮桌前的呢？难道我不知道哲学是一门严肃的学科、仅限于专业学者探讨吗？我可能的确曾对孩子"搞"哲学持怀疑态度，但之后发生的事情让我相信，孩子是可以"搞"哲学的。至于为什么，且听我娓娓道来。

我曾连续 14 年担任网球训练夏令营的主管，那些年幼的运动员们让我仿佛重返童年。他们对一切都充满了好奇：热衷在网球比赛中加入新点子；乐于改变关于公平竞争的意识；对生活中那些简单的乐趣充满热爱。性别、年龄、能力、背景和国籍在我们为期 10 天的训练中变得无关紧要。营员们非常踊跃地与我分享那些让他们感到惊叹的瞬间，比如当蓝岭山脉在日落时分逐渐变成蓝色时，或者当他们第一次过网击球时。

在接下来的四个夏天里，我把网球拍放在一边，坐下来和夏洛茨维尔市区学校的孩子们一起讨论哲学。在与他们的密切接触中，我了解到许多孩子生活得极其不易，而且没有受到公正对待。他们的切身经历告诉我，我们的社会中存在着很多严重的问题，但与此同时，他们也让我看到了人类在精神上的坚韧、无畏、高尚和力量。与网球夏令营的营员们一样，这些孩子也是富有想象力的哲学家。每天早上，当我们一起思考社会问题时，我都会被许多孩子努力向上的决心和他们面对困难时不屈不挠的斗争精神所鼓舞。接近一池清水就能让他们感受到纯粹的快乐，抬头迎向绵绵细雨也足以让他们露出笑脸，这些都提醒我要珍视这个世界的一切，不要将任何事物视作等闲。这个世界虽然残酷，但也充满希望，孩子们总是敢于直面惨淡的现实，不畏惧亦不妥协。

早在担任社区大学的教授并不再以任何有组织的方式与孩子们打交道时，我就开始思考如何利用哲学（也可以说是如何清晰思考的艺术）来帮助大学生之外更广大的人群。几乎在第一时间，我产生了"跟随黄色校车"[①]的想法。有些人对此心存疑虑，不相信儿童能理解哲学，但我亲眼看到，孩子会自然而然地进行哲学思辨——思考、怀疑、想象，以及探索未知。

我把自己设计的儿童哲学课程推广到了整个弗吉尼亚州，并带着它一路向西，直到芝加哥、菲尼克斯和加州的雷德兰兹。一开始，我的教学重点对象是小学三年级学生。这个年龄段的孩子在思想上还没有受到任何禁锢，而且已经有能力将自己的想法诉诸言语；他们虽然已经有了一定的生活经验，但仍处在人生天真无邪的阶段，这种结合使他们成为优秀的哲学家。虽然我对和三年级小学生探讨哲学情有独钟，对我而言，他们永远是如同初恋般的存在，但在幼儿园的教室和中学的走廊里，也

---

① 黄色校车是一种运送中小学生的特殊车种。此处作者指的是以中小学生为对象。——译者注

有很多同样敏锐的思想家等待着我去发现。无论是哪个年龄段的孩子，都愿意与一个对他们的能力有信心，并信任他们的为人的成年人打交道。我衷心希望，本书能鼓励你向孩子们伸出橄榄枝，为尽可能多的孩子提供机会，让哲学成为他们生活中永久的一部分。本书就是一本属于你自己的 DIY 教材。无论你从事什么职业——水管工、护士、音乐家，还是说你是一位老祖母，都可以结合自己的生活经验和人格个性，形成你与孩子们分享哲学的独有方式。本书的作用就是为你指明方向，帮助你迈出第一步。

哲学的传播性很强。鱼店、图书馆、花园、客厅、公园、娱乐中心和操场都曾是我与儿童和成人分享哲学的场所。如果你是教师，那么你可以将哲学纳入自己的课程，还可以举办课后哲学俱乐部；如果你是父母，那么你可以放下篮球，在哲学领域与你的孩子进行一对一的交流；如果你是孩子的祖父母，那么你可以在与家族后辈们聚会时，将哲学作为茶余饭后的谈资；如果你仅作为社区中的一员，你也可以将社区中的孩子组织起来，将哲学作为共同学习的课题。哲学讨论不仅可以在任何主题的夏令营中成为保留节目，还可以作为一个新的游戏，供儿童俱乐部和青少年俱乐部的志愿者与孩子互动时使用。

当你向孩子们传授一系列哲学理论，鼓励他们踊跃提问，组织他们真诚对话，尊重他们的想法，参与他们的哲学探讨时，你的内心会有什么样的期许呢？这些事情如此简单，回报却令人惊叹。无论是父母还是教师都承认，哲学思辨让孩子们陆续学到了不少批判性思维技巧，这使得他们在整个学习过程中发现了更多的乐趣，也有了更大的收获。不少教师曾告诉我，学习哲学让学生之间的联系更紧密了，因为它让大家在面对任何一种要求或挑战时有了共同语言，还有很多学生可以轻松自如地将哲学主题应用到其他科目上。通过学习哲学，孩子们的思想会豁然开朗，并学会独立自主地思考，这无疑让小小哲学家们在面对外面更大的世界时能够充满自信，而不是心怀恐惧。在孩子学习哲学的过程中，你可以为他提供合适的工具，帮助他发展自己的性格，让他有机会按照自己的心意来打造其独特的童年，从而让他变得更强大。随着孩子的成长，哲学探究非但不会减少其儿时的天真和希望，还会让他的心志有所支撑、有所归依。此外，在亲眼见证了一些小小哲学家的成长过程后，我发现了更多令人信服的证据，证明从幼年时期就开始练习哲学思辨能让人终身受益。在许多现在已经长大的小小哲学家身上，我看到了一种可贵的能力——追求幸福、欣赏简洁、容忍差异，以及因始终心存敬畏而产生的自然谦逊。这些年轻的哲学家们给我留下了这样的印象：举止自若、落落大方，既善于倾听，又长于表达。

古希腊时期，柏拉图曾向往着由哲学家治国的时代到来。他坚持认为，只有让对各种理念都兼容并蓄的思想家当政，由他们来制定足以影响每个人的决策，才有可能天下太平。唯有胸怀同情、正义、爱与责任的领导人，才能做出明智的抉择，创造和谐的社会。柏拉图相信，在公共服务中，唯有行事通权达变、思想包容开放的执政者才有可能让民众过上好日子。以美国社会为例，我们期望孩子们在很小的时候就能熟练使用电脑，还大力鼓励他们去学习某项运动或乐器。大人们不仅赞同这些追求，还经常亲自上阵（如担任孩子们的球队教练，或是与孩子四手联弹钢琴曲）。当孩子的吉他演奏如行云流水时，当孩子在球场上顺利攻入二垒时，成年人总是会报以雷鸣般的掌声。如果我们把哲学思辨也视为孩子需要发展的特长，那么会怎么样？如果我们把哲学思辨能力看作一个文化人的基本素养之一，又会如何？哲学能让一个人的思想变得丰富多彩，无论是时光的洗礼还是困境的折磨，都无法使之褪色。在这些从小就训练有素的小小哲学家们长大后，无论人生发生什么样的转折，他们都可以从容淡定地随机应变，并为自己找到一条更明确的道路。因此，柏拉图的理想社会极有可能是一个由长大后的小小哲学家们构成的世界。

哲学并不只存在于尘封的旧籍中。我们每天都有机会去思考那些至关重要的问题：我们将如何度过这一生？我们的行为背后有哪些基本的信念和假设？通过学习哲学，孩子们不但学会了思考如何让自己的人生变得更好，还会探索如何让整个社会变得更好。一个思想开放、心胸宽广的孩子所产生的影响是无限的，若是幸运，这个孩子长大后可能会造福整个世界。如今，我越来越有信心地认为，如果让整个社会对哲学重新产生兴趣，我们就一定会走向和平——也只会走向和平。当你播下种子的时候，请相信，就像柏拉图和我所相信的那样，等待着我们所有人的将是满满的收获。

阅读指南

本书是关于如何与孩子们分享哲学之美的指南。你将在书中发现很多具体的建议，包括如何向孩子们介绍哲学主题、介绍哪些主题，以及为什么要让孩子们了解这些主题。不过，我也尝试着为你提供一个框架，让你在坐下来与小小哲学家们交谈时，对随时可能出现的神奇状况应对自如并安之若素。根据我的经验，任何状况都有可能发生，而且在孩子们的引导下，你们通常能得出一些令人击节赞赏的见解。这个设计是为了让你不必照搬我书中提到的参考资料或讨论主题，完全可以按照你的个人喜好，选择你最想与儿童分享的主题，也可以从你自己的个人经验中汲取灵感，制造一些让孩子们感兴趣的话题。换句话说，你可以遵从自己的心意，领会书中精神，找到自己独有的方式并乐在其中。

本书的谋篇布局

本书共探讨了 14 个主题，都是我在实践中发现孩子们反响最热烈的。根据我的经验，它们都是对孩子们来说极其重要也是他们最在意的话题。每一章将专门讨论一个主题，并介绍两位与这一主题相关的哲学家，他们的生平与作品能将该主题阐释得更为深刻。每一章都提供了至少两个讨论角度或一些分支命题，你可以按照需要利用它们来让小组讨论更为丰富多彩，并让孩子们注意到该主题对日常生活的意义。在每一章中，我都推荐了一些哲学探讨、与孩子分享哲学之美的技巧、哲学练习和资料清单，我希望在你进入儿童充满大智慧的心灵世界时，会感到它们对你很有帮助。

设计适龄课程

对与孩子分享哲学感兴趣的成年人往往一上来就会问我很多问题，其中之一就是"如何知道哪些材料对孩子来说是适龄的"。有趣的是，我发现并不能保证某种方法或某些材料对某个年龄段的人都是有效的，所以，在决定是否与你的孩子或学生接触某个哲学主题，或是不知道该如何接触时，最好的办法就是相信你的直觉。我曾碰到过二年级小学生可以轻松探讨死亡，但初中一年级学生却无法自如谈论友情的情况。千万不要只根据孩子的年龄立即假设一个话题是否合适。孩子们的成熟度、兴趣、背景和语言能力都各不相同。我相信，只要你确定了某个小组成员的一般成熟水平，你们就可以讨论任何话题，还可以根据需要不断"换挡"。如果本书中建议的哲学练习或哲学探讨对你所面对的孩子来说太过高深，那么你可以对其进行改编，或者用另一个问题、故事或另一首歌曲代替。

与孩子分享哲学之美时的技巧

遵守两条规则

请你遵守以下两条规则：

- 当有人正在发言时，无论对方是谁，都不要插嘴；
- 永远都不要取笑别人说的话，只有当你确定说话者是有意逗大家笑时才可以笑（如果说话者也在笑，那么往往就代表这种情况）。

在超过 15 年的时间里，我仅凭这两条规则就能愉快地与孩子们进行富有成效的哲学讨论。我认为，这两条规则之所以如此有效，是因为它们既简单又好记。

围成一个圆圈

让孩子们围坐成一个圆圈，这样不但可以让大家交流起来更方便，还能让每一个孩子都有参与感和归属感。身为带领者，你也要成为这个圆圈的一部分，这会让孩子们觉得你是在和他们一起学习，他们会很喜欢这种感觉。这样一来，他们也可以清楚地看到你在倾听并关注他们的想法。当我让孩子们围成一圈时，我可以确保他们能学会如何在这种哲学探讨中交换意见，并能意识到与他人进行目光接触的重要性。孩子们在回应同学的话时不是看着我，而是转向说话的人，在你来我往的对话中踊跃发言。这种你一言我一语的交流在真正的哲学探讨中是必不可少的。在这样的交流中，孩子们会持续得到让他们更愿意表达看法的反馈，并能学会自然随意地与他人进行眼神接触，学会轻松从容地与他人交往，更重要的是，他们可以将这种感受自然地延续到日常与其他人的互动中。

先安静几分钟

在每节课开始时，我都会让孩子们先安静几分钟。他们会逐渐体会到安静下来的好处，并认识到平静的状态能让我们的思维变得更清晰。孩子们只是安静地坐着，就能减少来自生活的各种杂念，他们对这种足以让自己安定下来的力量充满好奇。

讲一个小故事

在你给孩子们讲完一个小故事后，他们就会活跃起来，对你和你提到的哲学研究产生热情。每个人都喜欢生动有趣的故事，尤其是当故事来自你的亲身经历时，你的诚实会鼓励孩子们打开心扉。每个人都有自己的故事，"告诉我你的故事"将在你的哲学探讨中成为经常出现的一句话。因为在哲学探讨中，如果大家意见不一，就可能会造成人与人之间的矛盾和不快，所以你要迅速营造和谐的气氛，让大家打成一片。如果带上我那条名叫梅尔的狗，就会比我一个人上课时更容易打破与孩子们的交流障碍。此外，你还可以带上一些照片、你的孩子，或是一位朋友等。

营造舒适的氛围

千万要记住，在讨论的时候，如果某个话题与某个孩子的生活相关，或对小组成员之间的化学反应有影响，它就有可能是个问题。是否有某个孩子存在着家人过世的情况？是否在某两个学生之间存在着过度竞争？你要密切关注那些不合群的孩子。他们有哪些具体表现？是参与讨论但不发一言，还是表现得坐立不安甚至浑身不自在？讨论的气氛是否会在某个特定时刻变得紧张？孩子们是否还没完全准备好接受你计划要讨论的哲学家或特殊话题？你要在心里不断复盘这些小小哲学家们在前几个步骤时的反应。你必须对他们的需要体贴入微，这样才能为所有孩子创造舒适的氛围。在活动结束后，你还要为个别孩子留出时间，让他们知道可以随时来找你，可以和你无话不谈。

给概念下定义

鼓励小小哲学家们去探索哲学概念并找出一个简洁、明了、直接的定义，同时准备好你自己的定义。举几个我自己的例子：

- 责任就是做你力所能及的事；
- 同情就是纯粹感受的艺术；
- 友谊就是邂逅并与另一个形式的自己牵手；
- 公正就是每个人都拥有充分发挥自身潜力的机会。

将定义浓缩成一句话是一种绝佳的心理锻炼。将用词减少到最低程度就像相机镜头的聚焦一样，通过过滤掉不必要的东西，让摄影师得到一张清晰的照片。同样，过滤掉不必要的词汇，哲学家就能理解一个清晰的观点。经常使用这种技巧可以使人的头脑更加敏锐。将描述限制在一定的字数内（我通常只用五个词）能让孩子摆脱那些陈腐平庸的表达。我发现，一些被经常使用的词语（如"友谊"和"爱"），需要让孩子们进行全新的思考，而不是无意识地重复那些老掉牙的措辞。每当问起小小哲学家们做到言简意赅是什么感觉时，我最常听到的词是"轻松"。这种方法让他们学会了思考，学会了在思考之后再举手。当他们还没准备好就仓促发言，在越来越不确定的情况下一边说一边否定、纠正自己时，所产生的困惑、混乱足以让他们对这样的练习感到索然无味，并使得他们将来缺乏表达自我意见的动力。

澄清词语含义

在为孩子们讲解哲学或布置任务时，每当你用到一个让他们感到陌生或不太理解的词语时，一定要澄清其含义，并举出一两个实际应用中的例子。千万要留心，不要在不知不觉中使用过于复杂的语言，因为他们杰出的哲学才能可能使你经常忘记他们的年龄。尽最大可能对你的用词进行简化和澄清，因为孩子们往往不好意思问某个词是什么意思，尤其是在其他人似乎都明白的情况下。比如，"简化"和"澄清"这两个词对你来说其含义显而易见，但对孩子们来说，用"做一个更简单的描述"和"把你的意思说得更清楚"这两句来表述是更好的选择。听听孩子们会把哪些词语称为"生词"，即需要解释的词语。你的耳朵会很快适应孩子们的用词。嘿，等等，你确定孩子们能理解"适应"这个词吗？

避免思维陷阱

我们总是会轻易落入一概而论的思维陷阱，几乎所有人都无法避免，例如"所有名人都如何如何"或"所有医生都怎样怎样"。无论是表达自己的意见还是与小小哲学家们交流，我都一直很注意不要说这种以偏概全的话。当孩子们在讲话中出现了这种对事物一概而论的苗头时，我就会及时阻止他们。我会向他们解释说，这种带有限定性的说法没有考虑到具体的个人，可能会导致偏见。人类不仅容易犯一概而论的错误，还有将自己对世界的看法投射到他人身上的倾向，我总是很小心地和孩子们一起避免落入这样的陷阱。比如，下面这些说法：

- 这些人就这样，他们根本不想改变；
- 像他们那样活着的人不害怕才怪呢；
- 相信这个的人都不是好东西。

讨论练习的意义

一定要向孩子们询问："你们觉得我为什么要布置这个练习？"

这是一个很好的问题，因为这不仅能让孩子们体会到真正的参与感，还能让他们积极地去思考这个练习的意义。你布置的任务越耐人寻味，孩子们就会越兴致盎然地加入哲学探讨。在以往的学习经历中，他们还没有体验过这种新奇的练习，因此他们的注意力会被牢牢地抓住，甚至迫不及待地想知道接下来会发生什么。这种第一次尝试去做什么的滋味实在是太美妙了！

独立完成练习

孩子们非常喜欢和大人一起讨论哲学。在讨论中，我会谨慎地控制我的参与程度，力求让他们觉得我积极地发表了意见，但又没办法复制或转述我的想法。有时我会耐心地等他们一个个说完了才在最后发言；有时我会率先发言，但在表达时会字斟句酌，尽量不咸不淡、轻描淡写。我要等到他们全部进入状态后，才会真正参与这段美妙的哲学之旅。一定要让孩子们沿着他们自己的思路去探索，去挖掘他们自己的想法，这才是哲学探讨的核心体验。千万不要直接将你的观点灌输给他们。在传授哲学时，你要做的只是鼓励提问和推动对话，以便让孩子们有机会拓展自己的思路。

完成每个主题

在探索每个主题时，最后一定要让孩子们产生完成感。针对每一个特定概念，都要制定一些相应的作业和方案，这一点至关重要。要求孩子们活动后坚持写哲学日记，这会是他们自己创作的第一本哲学书，写作的过程也会让他们不间断地思考。据我所知，有的孩子在10年后仍然珍惜他们的日记。搞哲学的人应该都有这样的体会：如果你目前正在探索某个哲学主题，那么参考以前研究过的与这一主题相关的哲学家的理论一定能让你受益匪浅。

善用其他媒介

美术

我经常借助美术的方式来帮助孩子们表达那些他们难以用言语表达出来的想法。大多数孩子都喜欢涂鸦，绝不会放过任何一个可以绘画的机会。我对他们的要求通常是不能画人物，也不能使用任何文字。这些限制会唤醒他们的想象力，让小小艺术家们去进行更深入的思考。比如，让他们画一幅图来表示"爱"，如果可以用文字来表述，或是以人物来呈现，孩子们就很容易去复制他们在贺卡上看到的图画，或是照搬一个熟悉的短语，这会让他们错过以原创的方式去探索词语概念的机会。孩子们的艺术作品是独一无二的，只属于他们自己。它们各有优点，无所谓对错。这些艺术作品可以不拘材料，用铅笔、水彩、粉笔、炭笔都行。用黑色在白底上涂鸦会让他们更感兴趣，因为他们已经太习惯于色彩了。你还可以带他们去外面，让他们选择大自然提供的东西。只要到了他们灵巧的小手里，收集的落叶、树枝、鹅卵石和泥土就都可以成为其雕塑作品的材料。

音乐

音乐是我们的第一语言。欣赏音乐可以安抚孩子们的情绪，振奋他们的精神。我会让他们接触很多不同类型的音乐，帮助他们对其他文化、背景和时代多一些了解。哲学主题无处不在，尤其是在音符之间。从不同乐器流淌出来的音乐为幼小的心灵插上了想象的翅膀，因为他们迫切地想知道，这些乐器之间在窃窃私语着什么？作曲家想要表达的是什么？如何才能创作出动人的曲子？什么样的音乐能让所有人都心醉？歌剧可以展示哲学主题，而蓝草音乐[①]可以让人立刻领略到北美东部阿巴拉契亚的壮丽风光。问问孩子们，在他们小小的心灵中，是否有什么思想希望通过为全班同学吹笛子或击鼓来表达呢？

诗歌

在表达自己对各种观念的理解时，孩子们除了喜欢用美术的方式，还喜欢用诗歌来直抒胸臆。可以让孩子们多听一些诗歌，这能鼓励他们写出自己的诗歌。你还可以给他们诵读诗歌，并让他们去背诵。如果一首诗是发自内心而写成的，就永远不会有错。许多孩子通过创作诗歌学会了享受写作，在大声的诵读中找到了自己想要告诉世界的声音。

文学

通过不断的练习，孩子们学会了在阅读中寻找哲学主题。无论是虚构还是写实，是短篇还是长篇，每个片段都足以让他们想起某个理论并激起一番讨论。当孩子们看到哲学的影子几乎穿梭于每个学科时，哲学于他们而言就变成更自然、更寻常的话题了。给孩子们推荐一本好书，

---

① 蓝草音乐（Bluegrass Music）是乡村音乐的另一个分支，以比尔·门罗（Bill Monroe，1911—1996）的乐队"蓝草男孩"（Bluegrass Boys）来命名，其标准风格是硬而快的节奏、高而密集的和声，并且明显强调乐器的作用。——译者注

让他们利用周末或假期的时间认真阅读。提醒孩子们，很多哲学家也是小说家，例如阿尔贝·加缪（Albert Camus）和格洛丽亚·安扎杜尔（Gloria Anzaldúa），因为写小说是一种阐述哲学思想的好方法。

理论联系实际

理论联系实际，这一点非常重要。要让哲学在孩子们的头脑和心灵中保持活力，最好的方法就是确保他们能够直接将哲学家的理论应用到日常生活中。我经常提醒孩子们，学习哲学的意义就在于可以用它来提高我们的生活质量。通过清晰的思考，小小哲学家们会明白该如何成为这个世界重要的一员。每个人都有可以和世界分享的才能，也有很多为世界做出贡献的方式。通过对话和鼓励，孩子们通常都能想出一些非常棒的点子来将哲学付诸实践。当然，你一定要事先准备好一些活动项目（个人或集体），以防孩子们一开始没有任何想法。你要确保他们的集体活动计划是现实可行的。我更提倡那些需要付出时间而不是金钱的项目，当涉及与金钱相关的问题时，你最好保持敏感，要考虑到每个孩子的现实情况，这样才不会打击孩子们的积极性。

目 录

哲学是"对智慧的热爱",而哲学的作用就在于,它能帮助我们认识到自己能够理解那些抽象的思想,并用心发展这种能力。

友谊是构成人类幸福的主要元素之一,是"与另一种形式的自己邂逅并牵手",其本质是理解另一个人的内心。朋友之间的感情是无条件的,还是像风向标一样摇摆不定?

既然生而为人,责任便与生俱来,这是每个人生活的一部分。既然如此,我们便用人生必然的责任来丰富自己的人性。

幸福是我们在这个世界上的某种存在方式，是心灵的平静、安全感、无条件的爱，以及对那些微不足道的事物的欣赏。每个人都可以选择是否让自己幸福。

公正是一种保护，保护所有人都有充分发挥潜力的机会，无论是谁。正确的行为动机必须是"善的意志"，一个超越自私、个人感受和"唯结果论"的意志。

时间那难以捉摸的性质，使我们根本没办法给它一个明确的定义。全世界的哲学家都渴望看到，某种能够脱离时间掌控的永恒事物。

勇气是在极端压力下仍能举止有度的能力，它既不鲁莽也不懦弱。让勇气成为一种可靠的条件反射，无论眼前的困难是大是小。

自然界的四季更迭，人生的生离死别，无时无刻不在提醒我们死亡无处不在。我们为死亡而哀伤，同时也承认并接受"人终有一死"的结局。

人类总是喜欢在没有充足理由的情况下去评判他人，总是会不可避免地觉察到彼此的差异之处，却不知为何难以注意到彼此的相似之处。但我们完全可以把彼此的差异视为那些相似之处有趣而刺激的补充。

是什么让我们成为"人"？生而为人到底意义何在？在寻求理解人性的过程中，那些于我们生活之外的客观真理无甚意义，每个人心中的真理来自其本人对生活的充分沉浸。我们每个人只有用心去体验生活的全部，才能把生活变成自己希望的样子。

自然就是世界的本来面目。只有当我们重新成为自然界恢宏整体的一部分后，才能得到平静与幸福。

同情为"纯粹感受的艺术"，没有同情心的生活违背了人类的天性，因为富有同情心的生活符合每个人的最佳利益。

人类的故事就是无止境渴望自由的故事，自由是我们每个人都应该拥有的机会，让我们尝试着去活出自己希望拥有的人生。当然，一个人不可能为所欲为，那么应该对自由行动采取哪些限制才是适度的？

一个人如果充满了对人类的爱，有广阔的视野，有勇气，有耐力，就可以做很多事情。

第 1 章

哲学
Philosophy

只要我还活着，还有力气，就不会停止教授哲学。

柏拉图，《申辩篇》（*Apology*）[①]

每个人的内心都住着一位哲学家

从什么时候起，人类开始思考自身在宇宙中的地位以及这一切存在的意义？到底是什么，让我们从只考虑生火这种维持生存的基本行为，进化到开始思考何为真实、何为虚幻？人类天生就对这个包含着万千秘密的世界充满了好奇吗？

"哲学"一词的含义就是"对智慧的热爱"。在好奇心和无数未解之谜的激励下，哲学家们开始审视生活。如果我们去深入观察并问自己

[①] 本书关于《申辩篇》的译文，均援引自《哈佛百年经典（22卷）》（北京理工大学出版社）。——译者注

"这是怎么回事"，那么那些通常被认为理所当然的寻常事物就获得了新的意义。这个看似简单的问题被问得越多，世界就显得越大，提问者对这个世界的好奇心就越强。顾名思义，凡是着手去探索那些无法解释的事物、去思考那些神秘事物的人，无论年纪大小，都是哲学家。

我喜欢在这段共同的探索之旅一开始的时候，就告诉这些未来的哲学家们：每个人的内心都住着一位哲学家。我也总是被孩子们那似乎永无止境的提问能力深深打动。他们会问这样的问题：

- 天到底有多高？
- 为什么世界上会有这么多不同的语言？
- 青蛙眼中的世界和我眼中的世界是一样的吗？
- 为什么人们会互相伤害？
- 我的狗知道我有多爱它吗？
- 外星人是什么？
- 数字和字母哪个更重要？
- 我活在这世上有什么原因吗？
- 这个世界是如何被发明出来的？
- 将来会发生什么？

我告诉他们，所有这些他们一直在思考的、也许从小就向父母追问的问题，都是哲学问题。

"有谁知道'哲学'这个词的意思吗？"这是我上课时询问的第一个问题。我还记得我教的第一组小小哲学家们的表现。当我抛出这个早就准备好的问题时，话音刚落就有一只小手举了起来，这让我惊讶不已：莫非这些孩子们已经知道了什么是哲学？接着，我听见八岁的丽贝卡奶声奶气地说："我知道哲学家是干吗的，但我想先问一个我一直想问的问题——人为什么要活着？"

我很清楚，在孩子们很小的时候，这个问题就已经存在于他们的大脑中了，而哲学就是他们去探索问题答案的机会。只要能肯定有人在耐心倾听，他们就愿意打开话匣子去讨论心中的疑问，去思想的世界里恣意畅游。到了这个时候，住在他们心灵深处的哲学家就会探出头来，跃跃欲试了！

我们首先要明确的是，清晰的思维是高质量生活的关键。在这个前提下，要向孩子们介绍哲学家的伟大思想，最佳选择非苏格拉底和他那位著名的学生柏拉图莫属了。

可以这样与孩子分享哲学问题

- 在进行哲学探讨时，带领者、学生以及其他参与者都要戴上名牌。这将鼓励每个人去了解彼此的名字，并在之后的哲学对话中拉近彼此的距离。鼓励正在交谈的孩子们转身面向对方，可以帮助他们更好地了解彼此。

- 在教孩子们如何给某个具体的词语下定义时，一定要让他们尽快学会放弃在定义中使用这个词本身。例如，在定义"害怕"一词时，"感到害怕"就不太好，因为它使用了需要被定义的那个词。

- 在下定义或举例子时，要求孩子们尽量只使用一个词来作答。这有助于他们的思维过程变得更敏锐、更犀利。当孩子们习惯了简洁明了、一针见血的措辞时，他们的思维方式就会变得越发清晰。

哲学探讨

- 如果某人从来没有接触过"哲学"一词，那么你会如何向对方解释什么是哲学？

- 你如何定义"想象"一词？富有想象力是一种什么感觉？

- 如果你对某些思想有非常清晰的思考，那么这对你的生活会有什么帮助？哪些思想是你想更深入理解的？

- 到目前为止，你是如何从哲学的学习中受益的？如果有人不太理解你为什么要成为一名哲学家，那么你会如何向他解释这些好处？

 哲学练习

练习 1

　　向孩子们介绍一位可以与他们终生为友的诗人——艾米莉·狄金森（Emily Dickinson）。孩子们可能需要一些帮助才能理解狄金森的诗中某些单词和短语的含义，但她的诗真的非常值得一读。其中有三首诗特别符合哲学精神。你可以为孩子们吟诵《我居住在可能里面》（*I Dwell in Possibility*）①，也可以把这首诗打印出来分发给他们，让他们和你一起朗

---

① 《我居住在可能里面》："一座比散文更美的房屋／有着数目更多的窗户／门——更是超凡脱俗／房间如同雪松林木／眼睛难以穿透／一个永久的屋顶／由斜折行的苍穹造就／来客中——最美的／栖身在——这间房／展开我窄小的双手／把乐园收罗。"译文援引自《狄金森全集》（四卷）。——译者注

读。你可以和孩子们讨论，哲学可以带来哪些可能性？你还可以要求他们每人创作一首题为《可能》的诗。接下来，你还可以试试狄金森的另一首名为《一只船不如一本书》（*There Is No Frigate Like a Book*）[1] 的诗。问问你身边的小小哲学家，书如何能像一艘船一样"带咱们去远方"。一本好书能把读者带到哪里？让孩子们在哲学日记中简要描述他们的冒险故事。提醒他们，这些冒险完全是由他们的想象力创造出来的。与孩子们讨论一下，哲学可以如何帮助他们写出那些从未到过的地方和从未见过的人。最后一首是大多数孩子都会爱不释手的《我是无名小卒！你是哪位》（*I'm Nobody. Who Are You?*）[2]，问问孩子们，在他们看来，当狄金森写下"当个名流——多么——无聊"这句诗时是怎么想的？然后，要求他们写一首以《我是哲学家！你是哪位》为题的小诗。

练习 2

选一个适当的时间，为孩子们朗读安托万·德·圣埃克苏佩里（Antoine de Saint-Exupéry）的《小王子》（*The Little Prince*）一书。当孩子们沉浸在故事里并与小王子一起思考时，他们会发现自己实际上正在进行"哲学思考"。问问孩子们，在上一周的阅读中，他们的小脑瓜中浮现出了哪些值得深思的想法。这本书中处处充斥着让我们想起某些哲学观点的细节，其中最深刻的例子出现在第 21 章，这里有一句非常柏拉图式的声明：

"再见，"狐狸说，"这是我的秘密。它很简单：看东西只有用心才能

---

[1] 《一只船不如一本书》："何物带咱去远方 / 一只船不如一本书 / 就是千里马也赶不上 / 一首欢快奔腾的诗 / 这种路最穷的人也能走 / 不会受通行税的阻梗 / 这种车运载人的灵魂 / 它是多么地节省。"译文援引自《狄金森全集》（四卷）。——译者注

[2] 《我是无名小卒！你是哪位》："难道你——也是一名无名之辈？/ 那咱俩岂不是一对？/ 别声张！他们会宣扬——你明白！/ 当个名流——多么——无聊！/ 像个青蛙——何等火爆—— / 终生一个六月——对一片——/ 倾倒的泥沼——把自己聒噪！"译文援引自《狄金森全集》（四卷）。——译者注

看得清楚。重要的东西用眼睛是看不见的。"①

我会让孩子们就这句话展开讨论：思想看不见摸不着，但它是真实存在的吗？

与哲学家相遇

未经审视的人生不值一过。

柏拉图，《申辩篇》

苏格拉底被称为西方哲学的奠基人，他于公元前 470 年出生在希腊雅典。苏格拉底把他的好奇心变成了一种自创的艺术形式，把以前只是消遣的东西（哲学）变成了一种职业。苏格拉底一直坚持不懈地对权威人士提出质疑，让这些无法回应的权威人士狼狈不堪，雅典城中那些无所事事的男孩子们也兴致勃勃地跟在其后面起哄。后来，苏格拉底因此受到审判，主要的指控就是他荼毒了雅典城的青少年。该罪名导致苏格拉底最终被判处死刑，这是他为烦扰了雅典人民而付出的代价——因为他坚持让雅典城的居民们不断思考、不断反躬自省，导致他们再也不能安于现状、自得其乐。

现在，我们主要是通过苏格拉底的学生柏拉图的著作来了解其哲学和为人，世上并没有以苏格拉底的名字命名的著作。尽管柏拉图晚年写的哲学对话超越了他老师的理论，但在其早期和中期的作品中，我们可

---

① 译文援引自《小王子》（天津人民出版社）。——译者注

以看到他的理论与苏格拉底理论的融合。在和小小哲学家们一起学习时，我最喜欢引用柏拉图的两个作品——《洞穴寓言》(*The Myth of the Cave*)① 和《申辩篇》，它们生动地阐释了共同的哲学理论。

每当向儿童介绍思想的世界时，我都会与他们分享《洞穴寓言》。在讲故事之前，我会向孩子们解释柏拉图想告诉我们的是什么——他希望我们明白，如果我们在生活中没有好奇心和求知欲，我们就是囚徒。如果我们想获得自由，就必须有探索思想世界的意愿。我要求他们端正地坐着，直视前方，想象自己正被牢牢地铐在课桌上。然后，我开始绘声绘色地给他们讲故事：

现在，请你们想象一个非常非常黑暗的山洞。山洞里面关着一群人，他们已经在那里待了一辈子，从来没有出去过。就像你们现在这样，他们被锁在坐着的地方，完全动弹不得。在他们身后有一个熊熊燃烧的火堆，这是洞穴中唯一的光源。在他们的前面，矗立着一面高高的墙，他们唯一能看到的，就是放在火堆前的各种物体在墙上投下的影子。这些物体可能是一些看上去像灌木、船或动物的东西，但囚徒们看不到这些物体的原貌，只能看到这些物体投射在高墙上的影子。对这些囚徒们来说，这个洞穴就是他们的全部世界，他们这辈子所见过的一切都在这里了。因此，在他们的认知里，高墙上投射的影子并不仅仅是影子——船的影子就是真实的船，灌木丛的影子就是真实的灌木丛。

在这群囚徒中有一个叫苏格拉底的，他设法挣脱了自己的锁链，向洞外的世界爬去。这条路非常陡峭和漫长，他爬得非常辛苦。当他终于爬出洞口时，被外面强烈的阳光照得睁不开眼，因为与洞内的黑暗相比，

---

① 出自《理想国》(*The Republic*)。——译者注

这里的阳光实在是太亮了。然而，在眼睛适应了外面的光线之后，苏格拉底就看到了周围真实存在的世界。这里有真正的灌木丛、真正的船和真正的动物！他看到的不再只是影子，而是真实的世界！

我向孩子们解释，柏拉图讲这个故事是为了说明他主要的哲学理论。洞穴中的囚徒就像那些忽视精彩绝伦的思想世界而迷恋简单、模糊思维的人。柏拉图的这则寓言就像一个响起的闹钟，对我们的头脑大喊："醒来！"哲学的作用就在于，它能帮助我们认识到自己能够理解那些抽象的思想，并用心发展这种能力。为了让孩子们更好地理解，我把我们的思想比作被厚厚的灰尘覆盖的灯泡。我解释说，清晰的思维就像一块抹布，能将灯泡上的灰尘拭去，让它重新变得亮堂堂。有的孩子觉得"打扫脑子"这个想法有点好笑，这似乎与刷牙有很大的不同！我告诉他们，柏拉图一定会说，为头脑拭去灰尘的最佳方法就是谈论思想。

我请这些小小哲学家们举一些关于思想的例子，以确保他们能够将抽象的概念与可以通过感官了解的具体事物区分开来。他们一致认同的例子是忠诚、感恩和诚实。听完这些例子后，我问孩子们，他们是否能够解释什么是"思想"。我听得最多的回答是"思想是在我们头脑中的东西"。这通常会引导我们开始下一步的讨论——思想看不见摸不着的特性。小小哲学家们觉得，看不见的东西居然也是真实的，这太神奇了！我问他们，是否认为所有的思想都是真实的？我还会以这个问题为例："如果你的脑海中出现了一匹长着紫色翅膀的马，那么请问，它是真实的吗？"从幼儿园到初中二年级的孩子们通常都可以做出这样的区分："马是想象出来的，不是真的；但你关于马的想法是真的。"

我告诉孩子们，在我们讨论的每一个哲学主题中，柏拉图都会作为一个重要的伙伴出席。柏拉图坚持认为，对于每一个特定的想法，我们都要努力思考并与他人讨论，这样才能找到那个正确、不变的含义。我明确地告诉孩子们，当我们一起成为哲学家时，并不一定能为每个概念找到让所有人都认同的定义，但柏拉图敦促我们在精神上做出努力，使我们的想法变得更加清晰，减少混乱。这样的努力非常重要，因为我们的所思所想决定着我们采取的每一个行动。

可以这样与孩子分享哲学问题

- 给孩子们带一些关于山洞的照片，这有助于他们去想象柏拉图笔下的山洞和苏格拉底逃到阳光下的情景。在讨论完柏拉图的寓言并阅读选定的文章后，让孩子们自行选择要如何艺术地表达他们想象中的洞穴画面。
- 向孩子们展示帕台农神庙等建筑物或场所的照片，让他们为苏格拉底和柏拉图时代的雅典勾勒出样貌。

 ## 哲学探讨

- 在你看来，苏格拉底执着追问的那些问题为什么会让当时的人们如此烦恼？你喜欢追问什么样的问题？
- 为什么你认为应该像柏拉图和苏格拉底所建议的那样，好好呵护、照料自己的头脑？为什么会有人不欣赏头脑所具备的能力？

- 假设你是古代柏拉图学院的一名学生，你认为你每天在学校会如何度过？

 哲学练习

　　和孩子们一起聆听奥地利作曲家弗朗兹·约瑟夫·海顿（Franz Joseph Haydn）的《降 E 大调第 22 交响曲》（*Symphony No. 22*）。海顿并没有为这部交响曲命名，但有一位匿名人士将其命名为《哲学家》，这激起了孩子们极大的兴趣。因此，在听音乐时，可以让他们好好讨论一下，为什么有人会这样为这部特殊的交响乐命名？海顿是一位善用想象力并勇于尝试新想法的作曲家，这部交响乐就是一个带有实验性质的作品。它的第一乐章非常舒缓，这样的编排在海顿生活的年代是很不寻常的。海顿让听众跟随自己的感觉去对他的音乐进行再创造。在孩子们聆听音乐时，可以让他们将某个不断出现在脑海中的具体念头画出来。为了鼓励他们去发掘自己的创造力，你仍可以要求孩子们不要画人物，也不要用文字来表达。问问他们，是否能想象一下，如果在柏拉图寓言中提到洞穴入口处演奏这首曲子，会是怎样的情景？

审视人生

　　苏格拉底将自己的一生都奉献给了哲学，努力为雅典公民带来活跃的精神生活。他忧心忡忡地发现，在他热爱的希腊城邦中，大多数人只关心肉体享乐和物质财富。这样的沉溺让人们付出了沉重的代价，因为他们忽视了最重要的东西——思想的质量。在苏格拉底看来，社会问题和个人困难都是由蒙尘的头脑造成的。他清楚地知道，唯有透彻、清晰的思维，才能帮助人们拥有优质的生活与健全的人格。但现实如此，他又能怎么办呢？

苏格拉底声称自己的明智之处只有一点，那就是自知之明——知道自己所知甚少。正是这点自知之明让他求知若渴，成功地逃离了那些自以为无所不知者纷纷落入的陷阱。他把自己描述为雅典的"牛虻"，专门寻找那些摆出一副智者姿态的人，去诘问他们的知识。他的传奇故事越是广为人知，所谓的"智者"们和那些安于现状的公民就越是恼怒。然而，苏格拉底的追问仍在继续。

我告诉孩子们，我们应该和苏格拉底站在同一条战线上，承认自己在某些方面的无知。以我为例，世上有无数我不了解的东西，当我选择其中的一些来和孩子们讨论时，他们都表示理解。每当我和孩子们一起研究哲学时，都会出现一些我不知道的新东西，以下这些在我知识盲区的问题是他们最爱提的：

- 闪电是什么？
- 为什么大脑能让我成为一个有意识的人，膝盖骨却不能？

他们不了解的事情太多了，其范围可以从"我为什么要活着"到"如何才能像从前那样快乐"，再到"为什么我没有长两张嘴、三只眼"。这时，你得承认很多事情对自己来说依然是个谜，但正因如此，我们才需要用心去审视当下的生活。有了这样的共识后，接下来我们就可以和孩子们好好讨论一番这种审视的好处了。"知识是每个人灵魂里都有的一种能力，而每个人用以学习的器官就像眼睛。"①

---

① 此句出自柏拉图的《理想国》。——译者注

我问孩子们，当苏格拉底说"审视人生"时，他可能想借此表达什么呢？有很多孩子说，这意味着他们必须审视自己的内心，并对审视的结果保持诚实，而如何处理这些发现，则取决于他们自己。我让大家一起来收集这样的问题：能够对一些观点和理念有更好的理解，从而解决起来易如反掌的问题。我先是用当前面临的许多环境问题来举例，如果我们对责任的意义有了更深刻的理解，就可以帮助所有人更关爱我们这个地球。以下是孩子们举的例子：

- 如果我能更好地理解"信任"的含义，也许就不会一次又一次地让我的朋友失望了。

- 我觉得自己并没有真正理解"耐心"的含义，因为每次必须等待的时候，我都很着急。

- 有一个沉默寡言的八岁男孩在所有同学都分享了他们的想法后，说："之所以会爆发战争，是因为每个人都忘记了和平的意义。"

孩子们很快就认识到，苏格拉底式的挑战（即认真审视自己的生活）并不那么容易。有的孩子告诉我："如果能同时在洞里洞外生活就好了。"有好几次，孩子们生动地表演了什么是"墙头草"，这太夸张了！我告诉这些小小哲学家们，几乎每个人都有这样的体会——既想成为一个勤于思考的人，又想偷偷懒。但如果每一天都偷懒呢？可以让孩子们描述一下，在他们的想象中，未经审视的人生是什么样的，这有助于他们看到经过审视的人生有哪些好处。有很多孩子把"未经审视的人生"想象成"随波逐流"，还有一些孩子则把它描述成一种缺乏"真正满足"或"内心快乐"的生活。在经过一番讨论后，孩子们就能看到"头脑混乱"和生活中那些"不必要的困难"之间有什么联系了。

问问孩子们，如果有人明确表示对哲学没有兴趣，他们会如何尝试和对方讨论。我发现这是一个非常有用的问题，可以帮助他们理解经过审视的人生有多重要。他们会把自己想象成苏格拉底那样的"牛虻"。孩子们的回答包括以下这些。

- 我会问他们："难道你们对正在发生的事情一点都不好奇吗？"我的意思是，周围正有大事发生呢！
- 我会悄悄地问他们："你们认为活着的意义是什么？"我会和和气气地、反复追问他们。
- 我会轻轻推推他们，问他们："你们是否想过，我们所生活的这个世界只是别人梦境的一部分？"
- 我会问他们："当你们思考时，你们在思考什么？"（这是一个一年级小学生提出来的。）

可以这样与孩子分享哲学问题

在我第一天给孩子们上课时，我会送给每个孩子一个日记本，这将成为他们第一本专业的"哲学日记"。这个日记本不需要多么精美、花哨，只要装订成册就可以了。有了这个日记本，他们就可以将那些一直在思考的东西记录下来。

❓ 哲学探讨

- 作为哲学家，你将如何描述"美好的生活"？
- 有哪个问题你最希望得到答案？你认为自己将来肯定会知道答案吗？

哲学练习

　　背诵美国诗人威廉·卡洛斯·威廉斯（William Carlos Williams）的《红色手推车》（*The Red Wheelbarrow*）[1]。这首诗告诉孩子们，所有人都能写诗，万物皆可入诗。把这首短诗写在黑板上，你会看到孩子们一边笑得前仰后合，一边迫不及待想看下一行会带来怎样的惊喜。那些白色小鸡是怎么回事？到底是些什么东西要用红色手推车来运？请孩子们进入诗人的想象世界，和他们一起思考，威廉斯在创作这首杰作时在想什么。然后，和孩子们一起为某个事物写一首小诗，你们所选的事物，必须能激发别人的好奇心，并能让他们迫不及待地想知道到底是什么。

精彩对话

　　在给孩子们上第一堂哲学课时，我一定会告诉他们，要成为一名哲学家，高质量的对话是多么重要。大多数孩子都与他人发生过口舌之争，

---

① 《红色手推车》："那么多东西 / 依靠 / 一辆红色 / 手推车 / 雨水淋得它 / 晶亮 / 旁边是一群 / 白鸡。"译文援引自《现代诗100首》（三联书店）。——译者注

这样的谈话不外乎是为了赢得口头上的胜利。我把这种没有什么益处的交流形式称为"口水仗"，这种争执就像他们课间休息时爱玩的追逐游戏一样，一定要分个胜负。我向他们解释，虽然这样的追逐战很好玩，但在真正的哲学探讨中，要以让每个人都参与进来为目的。苏格拉底所看重的哲学对话并不是为了证明你的观点或你的"正确性"，我们要学会的是如何让所有人一起深入地交流。我把哲学家比作玩抛接球的杂耍者——当然，他们并不是让一堆球同时在空中飞舞而不掉下来，只不过是在与他人进行哲学对话中，可以同时在头脑中保持许多想法在跳跃。

苏格拉底坚持认为，一定要多提问、多交谈，让谈话跟随着问题的方向流动，无论问题指向何处，这会使哲学家越来越接近真理。甚至在他去世的那一天，他也会把所有的时间都花在与朋友和追随者的对话上，提醒他们要永远相信话语具有揭示思想意义的力量。在那些小小哲学家身上，你会看到这种为了追求更深刻的理解而不懈努力的热切意愿。作为带领者，每当你提出一个问题时，每当你表示自己对某种东西不了解但确实被激起了好奇心时，每当你肯定他们的哲学能力时，都是在激发他们对哲学的兴趣。

在孩子们学习高质量的谈话艺术时，我要求他们假装自己是柏拉图学院的学生。我想让他们知道，每当我们发现自己的无知时，就是打开了一扇通往新世界的大门。为了让孩子们都理解这句话的含义，我问了一个很多人都自以为知道答案而且可能从未质疑过的问题，也是一个我百试不爽的问题："'做个好人'是什么意思？"听到这个问题，孩子们会立刻举手，但再一琢磨又把手放下了；被点到名的孩子会迅速做出回答，但脸上是一副自己都对这个答案不满意的表情，最后越说越没有底气，只好耸耸肩，表示没想到这个问题这么难。这样一番下来，孩子们就会很愿意从头开始讨论这个问题，讨论"做个好人"的意义了。你会发现，当一些看似寻常的东西居然可以如此难以捉摸时，孩子们会显得很兴奋。可以和成年人一起讨论"大事"，并且感受到"我的想法很重要"，实在是让孩子们感到太开心、太喜欢了。有机会和你这样的成年人一起去探索知识，这对孩子们来说是一种诱人的激励，会让他们欣然参与到哲学探讨中来。

有一次，当我正和孩子们上课时，有一些父母在我们围坐的圆圈外默默地观察。课程快结束时，一个刚学习哲学不久的六岁女孩邀请她的母亲加入我们，并问了她一个很棒的问题："妈妈，刚才你也听到了老师说的洞穴，你有什么想说的吗？你自己的洞穴是什么？"接下来在她们半私密的谈话中，女孩向她的母亲解释说，每个人都有自己的洞穴，因为每个人都是不同的。她告诉妈妈，她的洞穴就是恐惧，因为"有些东西我不敢面对。我害怕换学校，刚才我也有点害怕问你这个问题"。女孩在结束与母亲的交流时承诺，她会努力去更好地理解"勇气"的概念。

可以这样与孩子分享哲学问题

- 千万别让任何一个孩子在对话中唱独角戏。之所以要把一群不同的孩子聚在一起，就是明确地向他们表示，哲学探讨对每个人都是开放的。同时，也要对孩子们表现出来的热情给予肯定！

- 我从不坚持让每个孩子都必须发言，并且在第一堂课就开门见山地明确了这一点。害羞的孩子可能会因为害怕被点名以及在做好准备之前就被迫回答问题而惶恐不安。放心，在几堂课之后，所有的孩子都会以他们自己的方式参与进来。

哲学探讨

- 为什么有些人会觉得自己必须永远正确？为什么有些人总是反反复复地想证明某一个观点？

- 有哪些事情是你不知道却自以为知道的？在这些发现中有哪些让你感到惊讶？为什么？

哲学练习

　　和孩子们一起做一个小实验，向他们展示一下，人们有多少不同的方式来解释自己的物质体验。我曾做过一个与味觉测试相关的实验，孩子们很喜欢。我为他们准备了一些咸饼干或椒盐薄脆饼，让他们在芥末酱中蘸一下，然后用一个词来描述它的味道。还有什么能比芥末味更简单的呢？不一会儿，我从孩子们口中得到了五花八门的反馈，包括"辣""苦""甜""恶心""刺激""没味儿""有水果味"等。哲学居然可以使芥末的味道变得如此不可思议！接下来，你可以和这些小小哲学家们一起做个比较，看看人们对生活的看法是否也像他们对芥末的体验一样形形色色。问问孩子们，是否曾因在某个主题上与另一个人看法迥异而感到惊讶，如果有，请他们跟大家分享一下这段经历。

本章小结

　　在和孩子们进行了一段时间的哲学探讨后，可以问问他们对哲学的看法，你会发现非常有意思的结果。一个叫霍雷肖的孩子告诉我，在成为一位"哲人"之前，上学对他来说是个难题，但现在哲学成了他最喜欢的科目。他之所以如此擅长哲学，是因为"我只需要告诉老师不是每个问题都有答案，或者直接说'我不知道'，就变成一个好学生了"。三年级小学生珍妮想了很久才找到合适的话来描述哲学对她的影响，她说："它让我沉下心来努力思考，我思考得真的很用力！"还有布伦丹，一个活泼的七岁孩子，他承认每次当我们谈论某些思想的时候，他的脑中都会冒出一个问题："这些我们以为自己想要的东西，是我们真正想要的吗？"对于这个问题，布伦丹与我深入探讨过，你也可以和自己身边的小小哲学家试试。

和孩子们在一起，我享受到了哲学的简单之美。这些小小哲学家们把我从阴暗的洞穴里带出来，让我沐浴在阳光下。

漫游在哲学的世界里

- 柏拉图的《申辩篇》。
- 柏拉图的《理想国》，其中包含《洞穴寓言》。
- 柏拉图的《美诺篇》（*Meno*）。在这部简短的早期作品中，通过苏格拉底和一个没有受过正规教育的男孩之间的问答，展示了苏格拉底的提问式教学法。
- 柏拉图的《斐多篇》（*Phaedo*）。通过苏格拉底在死前与朋友们的对话，介绍了柏拉图和苏格拉底共同的主要理论。
- 安托万·德·圣埃克苏佩里的《小王子》。

第 2 章
友谊
Friendship

真挚的友谊可以让我们体会到群体的快乐，我们在与他人的关系中学会处理所有的问题，学会在不伤和气的情况下应对分歧和冲突。

贝尔·胡克斯（bell hooks）[①]，《关于爱的一切》（*All about Love*）

关于友谊的哲学对话

2500 多年来，"友谊"一直是东西方哲学家们持续探讨的主题。许多人都把它描述为构成人类幸福的主要元素之一。友谊也是实现圆满生

[①] 贝尔·胡克斯（1952—2021），本名葛劳瑞亚·沃特金斯（Gloria Watkins），"贝尔·胡克斯"是她曾祖母的名字，她以此为笔名，向当年寂寂无闻的曾祖母致敬，也是向祖母和母亲留给她的遗产致敬。贝尔·胡克斯坚持在写名字时，不按通常的规则大写名字的第一个字母，意图淡化她作为作家的重要性，让读者根据他们自己的价值观去审视她的思想（然而，具有讽刺意味的是，无论是儿童还是大学哲学系的学生，都会立即关注到这种不采用大写字母的异常特点）。

活的一个组成部分。关于这一点，哲学家们清楚，成年人清楚，孩子们也清楚。

友谊的纽带有可能是纯洁无私的吗？抑或只是不惜一切代价保护我们自身利益的人类本性？朋友之间的感情是无条件的，还是像风向标一样摇摆不定？友谊因何而生又如何维系？到底什么是友谊？

在与孩子们讨论这一主题时，我将友谊定义为"与另一种形式的自己邂逅并牵手"。我从小学阶段的小小哲学家们那里听到了一些非常美妙的定义，包括"牵手手""亲密无间""一起玩、不用说话也能感到很自在的两个人""即使在一起也可以各干各的""像螺旋一样缠在一起"，以及"有来有往"。

在分析友谊时，哲学家们一直困惑不解的是，尽管我们对彼此间的交流和关系都有深切的渴望，但总是不必要地将这两者复杂化。为什么我们要跟自己过不去呢？我们心里很清楚，什么时候切断了和某人的情谊并将对方推开；我们也非常明了，什么时候不再费心地去维护和某人的关系，任由友谊变淡。对我们许多人来说，让一段友情顺其自然地发展太难了，我们总是会忍不住加以操纵，让它按照我们想要的路径前进。

孩子们已经懂得了友谊的价值，而且很多孩子都经历过失去朋友的打击。几乎在每个课堂上，关于友谊的讨论都会迅速升温，孩子们渴望分享他们的故事——交往的第一个朋友，或是在幼儿园遇到最好朋友的那一天。他们还非常坦诚地讲述朋友消失或背叛的经历，许多孩子告诉我，他们相信自己永远也无法摆脱那种心痛的感觉了。孩子们会害怕自己没有朋友，他们也知道，在试图结交朋友并维持友情的过程中，确实有可能受到伤害。你也不妨回顾一下你的童年，友谊的来来去去曾带给你多少快乐和痛苦？你还记得自己当时的感受吗？这些感受现在很可能依然保留在你的记忆中，丝毫没有改变。

关于"友谊"和"交流"的主题，美国女作家贝尔·胡克斯和德国哲学家卡尔·雅斯贝尔斯（Karl Jaspers）的观点是互补的。两人都强调真诚、人类对真诚关系的需求，以及共同纽带带来的益处。他们能让小小哲学家们更好地理解友谊的意义，并为他们提供一些新的思想，告诉他们在生活中该如何守住老朋友、结交新朋友。

可以这样与孩子分享哲学问题

- 有些孩子对友谊的第一次体验可能比较特殊，例如，有的孩子会对自然界中的某个特殊地方产生亲切感，有的孩子会在听到狗狗表示欢迎的叫声时感受到友情。在探索"友谊"这个主题时，我们不妨拓宽范围。

- 在探讨"友谊"的含义时，我会尽量让孩子们不要把关注重点放在我给出的定义上，鼓励他们给出自己的定义。

- 在向孩子们介绍新的哲学概念时，要允许他们先琢磨一段时间，让想法在脑海中逐渐酝酿成形。同样，在提问时，也要求他们在举手之前先思考一会儿。

- 在布置练习时，在孩子们开始行动之前，询问他们认为此次练习的目的是什么。每次询问时，我都会看到他们的眼神由疑惑变成热情。这个问题有助于让小小哲学家们认真对待每一次练习。

- 孩子们喜欢听关于成人与儿童建立友情的故事，并从中了解到，原来友谊可以跨越年龄。我常会跟他们讲我和朋友马歇尔的故事，他今年才四岁，是我一个朋友的儿子。当我们手拉手在海滩上散步时，马歇尔非常肯定地告诉我，当我在他这个年龄时，他就在同一个地方牵着我的手散步了——也就是说，马歇尔认为我们在他出生之前就是朋友了！小小哲学家们现在对他充满了好奇，有一肚子的问题想问他。

哲学探讨

- 友谊对你来说重要吗？为什么？
- 你认为不同类型的友谊有什么共同的特点吗？
- 友谊有哪些不同的类型？

哲学练习

练习 1

先给孩子们一些时间好好思考，然后让他们列出生活中五段重要的友谊。要求他们用不超过五个词语来描述每段友谊，重点描述这个朋友的一个重要特征或他们之间的一段重要的共同经历。例如："一个等着我的人；那张脸，笑起来让我心动；那双手，伸向我。"让孩子们两人一组，向彼此分享他们用文字描述的画面。然后，他们可以不吝言辞地对每个简短的描述详加解释，力争让这个朋友的形象在伙伴的脑中变得生动起来。

练习 2

和孩子们一起聆听美国歌手凯特·沃尔夫（Kate Wolf）演唱的《我的朋友》（*Friend of Mine*），这首美丽的歌曲是她献给所有朋友的。告诉孩子们，自从凯特因白血病英年早逝后，在她朋友们的努力下，她的北加州民间音乐圈一直保持着活力。让孩子们以《我的朋友》为题，创作一首属于自己的歌。问问这些小小作曲家们，音乐是不是用来歌颂友谊的好方法？然后，要求他们在哲学日记中详细地解释自己为什么会这样认为。

练习 3

和孩子们一起阅读美国当代诗人梅·斯文森（May Swenson）的诗歌《半人马》（*The Centaur*）。让孩子们和诗中描述的那个 10 岁女孩一起，骑在她忠诚的马儿罗伯·罗伊身上纵横驰骋。"头和脖子都是我的 / 却像一匹马的形状。"问问孩子们，谁愿意自告奋勇地讲讲自己与动物的关系。然后与他们讨论一下，与动物的友谊是如何在无须语言沟通的情况下建立起来的。请他们把自己和动物朋友画在一起，就像斯文森为了说明自己和马儿罗伯·罗伊的友谊特地画了一张半人马图一样。

练习 4

和孩子们一起阅读著名儿童文学作家苏斯博士（Dr.Seuss）的作品——《霍顿孵蛋》（*Horton Hatches the Egg*），并分享其中的插图。懒鸟梅吉不想孵蛋，扔下自己的蛋远走高飞了。小象霍顿受梅吉的托付为她孵蛋，对这个蛋"百分百忠诚"，并最终孵出了一只"象鸟"。在这个故事中，霍顿是值得托付与信赖的，它的行为体现了友谊最重要的品质。通过观察霍顿值得信赖的本性，与孩子们讨论"百分百忠诚"的品质。

- 如果一个人具有这样的品质，那他会有什么样的行为表现？
- 在他们认识的人中，有谁具有这种"百分百忠诚"的品质？
- 可能会存在这样的忠诚吗？值得吗？

这是与孩子们分享忠实友谊故事的最佳时机。请孩子们在他们的哲学日记中解释为什么值得信赖是友谊的一个重要因素，并就"要如何做才能发展出值得信赖的品质"这个问题写一些个人建议。

与哲学家相遇

如果我们没有在原生家庭（这是我们所属的第一个社群）中体验到爱，那另一个能让我们（尤其是儿童）有机会建立归属感并了解爱为何物的就是友谊。

贝尔·胡克斯，《关于爱的一切》

贝尔·胡克斯以种种令人难以忽视的方式呼吁文化变革。在其著作《关于爱的一切》中，她揭露了我们对爱和友谊缺乏理解的现状。在《教会超越：作为通向自由之路的教育》（*Teaching to Transgress*：*Education as the Practice of Freedom*）一书中，胡克斯在深刻地审视了我们的教育系统后，表达了她秉持的信念，即教育过程应该植根于自由，其目标应该是教育自由的人。她鼓励人们让孩子们自由地交友，跨越那些强加于友情之上的因种族、性别和阶级造成的障碍。

按照胡克斯的说法，爱的原则适用于任何关系。她在其著作《关于爱的一切》中说："当我们彼此相爱的时候，我们坦荡而真诚地表达关心、爱护、责任、尊重、承诺和信任。"在真挚的友谊中，我们把这些要素组合，坚守我们对一段友爱关系的理解。胡克斯在所有的作品中都反复强调了年少时期理解爱和友谊的重要性。许多关于关系的误导性社会观念就是从童年时期开始产生影响的。胡克斯的童年极为不易，正是这样的经历让她坚信，年少时期经历的困惑和混乱会妨碍心灵的发展。她在《关于爱的一切》中还说："无论是幸福美满还是麻烦不断，家人是表现正常还是行为乖张，家庭都是让我们学习爱的第一所学校。"你可以与身边的孩子们探讨一下，一段真挚的友谊具有何等重要的意义，从而让他们对这个主题产生新的认识。

"友谊中不应该有伤害或忽视。"胡克斯如是说。当我们努力给予朋友支持，帮助他们的内心世界蓬勃发展时，友谊就逐渐形成了。朋友支持你勇敢地做自己，认可你所有的希望和梦想，你们两个人可以相互扶持，让彼此的人生变得更为圆满。但胡克斯也警告说，当你从友谊中得到充盈的收获时，你也需要有所付出。你必须先关爱自己，这样你才有很多东西可以给予。她还提醒我们，只有先尊重和信任自己，才能尊重和信任他人。

讨论至此，我会让孩子们思考：朋友身上的什么品质让他们欣赏；培养这些品质是多么重要——既是为了自己，也是为了他人。我还告诉他们，如果他们能与自己建立良好的关系，就能保证他们身边永远都不会缺少朋友，这个观点吸引了所有孩子的注意。有一些孩子惊喜地发现，如果和自己成了好朋友，他们就不会对其他朋友有过多要求了。友谊的本质就是去理解另一个人的内心。踏入另一个人的生活是一件颇为敏感的事，如果你对自己的内心有了更多了解，就会更胸有成竹。

胡克斯强调，一段友情中的双方必须具备原谅的能力，这是友谊另一个不可缺少的成分。大多数孩子都能说出一两段这样的经历：因为其中至少有一方不愿意说一声"对不起"，一段友情就此结束。我和孩子们讨论了当友谊似乎已无法挽回时的悲哀感觉。这样的谈话就是一个很好的教训，告诉孩子们原谅的好处。原谅并不意味着你没有受伤，也不意味着你已经完全忘记了这段经历。原谅的力量在于，它使你的朋友摆脱了内疚，就像它使你摆脱了愤怒一样。正如胡克斯在《关于爱的一切》中所说："原谅是慷慨之举。"原谅是对朋友的尊重，也是对自己的关爱。它会消除让两个人产生隔阂的嫌隙。

　　社群由每一个孤立的个体组成，友谊则是每个社群在创建中必不可少的模块。在胡克斯看来，友谊就是缠绕在社群外面将其紧密包裹起来的线，这些线会随着社群的扩大而不断延长。随着我们不断地为友谊付出，对社群的归属感也越来越强，就像花儿会绽放得越来越绚烂美好一样。因为有了朋友的忠诚，我们对自己、对世界便产生了更好的感觉。友谊为我们提供了安全感。当我们的世界洋溢着友谊的温暖时，即使迎面而来的并不是熟悉的面孔，我们也不会因陌生而感到恐惧。现在，我们可以对不认识的人微笑，承认我们在同一个星球上，分享同一个时空。在与他人交谈和眼神接触时，我们会变得更加放松、自然，对那些擦肩而过的人，只需一个点头致意，就能让对方的这一天变得更美好。

　　显然，胡克斯穷其一生想告诉世人她对爱、友谊和群体归属感的定义。诚如她在《关于爱的一切》一书中所说："定义是想象的重要起点。我们无法想象的东西是无法存在的。一个好的定义标志着我们的起点，也让我们知道终点在何处。"有的孩子将社群定义为"联系紧密的团体"。有趣的是，大多数孩子都以自己的家庭为例来说明何为社群。不过，也有几个不太常见的例子：4-H 俱乐部[①]、合唱团、每天一起等车的孩子，以及每天出现在喂食器旁的鸟儿等。关于社群的思考显然激发了孩子们的热情，因为几乎所有的小小哲学家都以某种方式表达了他们对归属感的渴望。

> 我的哲学主题是，单独的个体不能称其为人。自我存在只有在与另一个自我存在的交流中，才是真实存在的。
>
> 　　　　　　　卡尔·雅斯贝尔斯，《生存哲学》（*Existenzphilosophie*）

在先后从事了一段时间的法律和精神病学方面的工作后，卡尔·雅斯贝尔斯最终在哲学领域找到了自己的归宿。他在德国亲历了两次世界大战，妻子格特鲁德是一位犹太人。在《德国的战争罪责问题》（*The Question of German Guilt*）一书中，雅斯贝尔斯严格地审视了德国人民对希特勒第三帝国崛起的集体内疚感。他和格特鲁德在战后离开了德国，这样才得以在瑞士的巴塞尔大学担任教职。

存在主义哲学家密切关注的是人类生存状态的复杂性。他们探究的是情绪、妄念、欲望、理性和感性的混合等让人类感到困扰的难题。作为存在主义哲学家，雅斯贝尔斯的核心关注点是如何理解生而为人的意义，以及如何拥有圆满完善的人生。他担心科学的进步以及 20 世纪的经济和政治现实会对人类真实的生活构成严重威胁。在其主要作品《生存哲学》中，雅斯贝尔斯探讨了作为人而存在的个体的本质，认为它是自由的，拥有无数可能。这个被他称为"生存"（existenz）[②]的真正内核，才是我们实实在在的中心点，让人与人之间的友谊成为可能。亲密的交

---

① 出自英文 head、heart、hands、health 四个词的首字母。该俱乐部的使命是"让年轻人在青春时期尽可能地发展他的潜力"。——译者注

② 也可将其理解为"存在"。——译者注

流在这种"两个自我的相遇"中变得生动起来。

雅斯贝尔斯意识到，即使被一群所谓的"朋友"围绕，也难以逃避孤独感的造访。他发现，当一种"存在"与另一种"存在"合而为一时，就会有无穷的收获。他不明白我们为什么会满足于与他人肤浅的接触，同时仍然极度渴望与他人建立更深层的友谊。我们会在一群人的狂欢中感到最深刻的孤独，对真正的友谊产生最深切的渴望。当我问一群孩子，是否理解雅斯贝尔斯在大型聚会上的孤独感时，他们的回答可谓五花八门："孤单""害羞""害怕""比待在家里还糟糕"。孩子们对他深表同情并谈起了自己的经历，比如"就算课间和 10 个人一起跳绳"也会产生的孤独，以及"假装在大型通宵活动中玩得很欢乐"时内心的悲伤。孩子们和我详细谈论了他们的感悟，他们认为，即使身处人群之中或与他人朝夕相处，也完全不能保证大家就能聊得来。大多数孩子都会爽快地承认，如果试图和别人交朋友，就要承担一定的风险。雅斯贝尔斯在《生存哲学》一书中说："偶尔聊两句很容易，但这几乎不可能让你找到好朋友。""我们体验到了交流的局限性——即使成功，仍有所失。"是什么导致我们不能畅通无阻地交流？我们如何才能探知交流可能到达的深度？

我们必须心甘情愿地袒露更深层的自己，才能与他人建立起更深厚的友情。只有当我们的心灵敞开且头脑清醒时，才能实现亲密的交流。在雅斯贝尔斯看来，如果我们想了解自己、了解世界，最好的方式就是"真心实意"地去尝试与同样在寻求了解的他人交流。我请孩子们举例说明，如何与另一个人展开发自内心的交谈。他们给了我很多建议，比如"我可以问他们为什么难过""我可以找出他们喜欢的音乐""我可以告诉他们我哪门功课学得最差，然后问他们觉得最难的科目是什么""我可以看看他们是不是愿意试着了解一下哲学"。虽然友谊需要我们去努力付出，而且可能遇到困难和挫折，但我们还是应该充满爱意地拥抱它。坦诚亲密的交流不仅能让我们看到一个朋友的内在本质，还能让我们对自己有更深刻的认识，而这样的认识是独处时永远无法得到的。这样的交流能让我们清楚地看到自己的优缺点，也能更容易理解自己的一些动机和倾向。随着我们对自己和他人的生活越来越了解、越来越投入，问题也会一个接一个地出现。当两个人真心实意地全情投入，坦诚地交谈和专注地倾听时，他们可以一起发现生命的最高真理。

孩子们和成年人同样明白，通过与朋友交谈，我们可以让自己的思路更清晰，内心更平静。我教过的小小哲学家们经常感叹，当他们与最好的朋友在一起时，会发现自己变得更聪明了，他们也很纳闷：为什么在把自己的问题告诉朋友后，这个问题似乎就变小了呢？孩子们会不厌其烦地向我解释，一定要让我搞明白"真朋友"和"假朋友"之间的区别，他们还会举一两个例子，测试一下我是不是真的懂了。他们告诉我："你一定要搞明白，因为真朋友可以教你很多东西。"一个热情的女孩拍着手问了我一个问题，算是对这种交流的重要性进行了总结："要不然，你以为他们为什么要发明语言？"正如雅斯贝尔斯在《生存哲学》中所说："当知识成为将人联系在一起的纽带时，才拥有完整的意义……"

可以这样与孩子分享哲学问题

- 确保孩子们知道每个词的含义。例如，"社群"和"真心实意"可能需要加以定义。当孩子们有疑问时，一定要及时澄清。我总是会先问孩子们对这些词语的定义是什么。
- 将概念分解成简单的短语，并且一定要将其展示在显眼的位置，如黑板或海报板上。朗朗上口的关键词更有可能在孩子们的记忆中留下来。例如，在强调贝尔·胡克斯的观念时，你可以选择这样的短语：更好的朋友 = 更强大的社群。

 哲学探讨

- 向孩子们分享《希伯来书》第 13 章第 2 节中的这句话："不可忘记用爱心接待客旅，因为曾有接待客旅的，不知不觉就接待了天使。"问问他们，这与贝尔·胡克斯关于友谊的观点有什么关系？
- 你拥有的哪些品质可以让你成为一个很好的朋友？
- 你是什么时候和别人成为朋友的？是他们邀请你去他们家的时候吗？是你们一起做功课的时候吗？如果有人在体育课上邀请你当队友，你们会成为朋友吗？如果你们的父母是朋友，你们会成为朋友吗？
- 朋友有没有让你失望过？是如何让你失望的？你能想到某个你可能让某个朋友失望的时刻吗？
- 你相信两个人的友谊可以历经变故也矢志不渝，即使远隔千里也不会改变吗？为什么？
- 你可以举几个关于社群的例子吗？相邻的住户会以什么样的方式建立社群？你的班级成员会如何组建学生社群？学校管弦乐队的成员们要如何做才会自视为一个社群？

哲学练习

练习 1

从美国当代知名作家保罗·弗莱舒曼（Paul Fleischman）的诗集《欢乐之声，双声部诗歌》（*Joyful Noise，Poems for Two Voices*）中选一首诗，让两个孩子一起朗诵。当两个稚嫩的声音一起响起时，就像一曲和谐而轻柔的二重奏，完全是一场听觉盛宴。当你组织孩子们一起读诗的时候，就可以在小范围内为他们营造出一种社群感。在弗莱舒曼的这本诗集中，最受欢迎的当属那首《房子里的蟋蟀》（*House Crickets*），因为它让两个孩子有机会一起像蟋蟀那样"唧唧——唧唧——"地叫。还有一首名为《书虱》（*Book Lice*）的诗，你可以让孩子们反复吟唱"我们是书虱，我们是书虱"，这总是会让他们乐不可支。此外，还可以让孩子们自己创作一些可以用于两人表演的诗歌。当然，要让他们圆满完成这项任务应该需要一些时间，你还可以在他们创作的过程中提供一些建议。

练习 2

让孩子们想一想，有没有一段他们珍视的友谊可能出现了问题？这段友谊还值得拯救吗？他们可以做些什么来弥补？请他们仔细思考可以做哪些小事来修复这段友谊。私下里，他们也可以在哲学日记中反思一下，这个过程让他们对自己多了哪些了解？

练习 3

让孩子们用图画来展现友谊对他们的意义，但画中不能出现人物。在这样的限定条件下，小小哲学家们会自然地将他们的思考推向更深的层次。孩子们用来表现友谊的艺术五花八门：一个 11 岁的孩子画了一个非常大的生日蛋糕，以表示年龄并不重要，因为这个孩子认为其祖父是他最好的朋友；一个上小学一年级的学生用美术纸剪了一个扩音器，向全世界宣布他的哥哥是他最好的朋友；一个孩子画了一个电灯泡，因为通过与朋友交谈能帮助她"点亮"很多事情。我最喜欢一个四年级小学生的作品。他画的似乎是一把竖琴，还有一个长着翅膀的图形，穿着一条非常非常短的底裤。他告诉全班同学说："我的朋友是一个没有被认出来的天使[1]。"我感谢他出色的作品，并温和地对他解释说，《希伯来书》中的警告是要善待陌生人，因为你可能在不知不觉中接待了天使，而不是穿着底裤的天使[2]。这个例子再次说明，澄清词汇的意义多么重要！

倾听

没有倾听就不可能有交流，否则就会像对着一堵空荡荡的墙说话一样，你说出的话会被反弹回来。在雅斯贝尔斯看来，要实现生存与生存之间、本质与本质之间亲密的交流，专注地倾听是先决条件。然而，许多孩子都在很小的时候就学会了如何假装听不到别人在说什么。根据我在课堂内外的经验，无法集中注意力倾听别人说话通常有两个主要原因：一是过于专注自己关心的东西；二是整个人处于一种烦躁不安的状态。孩子们热衷的一个小把戏就是让对方无限重复某个要求，并乐此不疲地要求对方进行似乎无止境的解释。要准备坐公交车？坐什么公交车？要喂狗？喂我的狗？你叫我注意听？他们已经了解了让两个人用心对话是一件多么困难的事，而且，装聋作哑是一种有力的拖延工具，往往能成功地消磨说话者的耐心。

其实孩子们知道，做一名好的倾听者有很多好处，而且在友谊中倾

---

①　英文原文为"an angel unawares"。——译者注
②　英文原文为"angel in underwear"。——译者注

听是关键的元素。他们会问，如果对方听你说话时心不在焉，那你为什么还要对他掏心掏肺呢？当别人对他们的声音充耳不闻时，他们其实是非常敏感的。那么，孩子们是如何知道大人或同龄人什么时候没有认真在听呢？他们向我提供了很多证明别人没有在听的证据，其中包括：在看邮件、在电脑上打字、谈话时看向别处、戴着耳机，或者干脆提高嗓门盖过说话人的声音。雅斯贝尔斯在《生存哲学》中写道："在我年幼之时甚至成年之后，我一次又一次地在他人面前手足无措，他们总是僵硬地拒人于千里之外，听不进别人给出的任何理由，对事实置若罔闻，冷漠得让人提不起任何与之讨论的兴致，随时随地摆出一副防御的态度，这总是会让人在关键时刻与之保持距离，葬送了所有接近的机会……"我鼓励孩子们，如果有一天发现我没有认真听他们说话，就一定要告诉我。小小哲学家们经常告诉我，在我与他们的对话中，最让他们开心的就是"你在认真听一个小孩子说话"。他们对被倾听的喜悦表明，应该多去这样倾听他们。胡克斯提醒我们，对于包括友谊在内的所有的关系，如果它们被忽视，就会慢慢枯萎。倾听传达了尊重和关注，这正是友谊所需的。

　　孩子们承认，被人认真倾听的感觉很好。雅斯贝尔斯和胡克斯颂扬了在以倾听为基础的友谊中可能出现的舒适和美妙的宁静。孩子们告诉我，当朋友愿意认真倾听他们的言语、感受并关注他们的面部表情时，他们内心充满感激。朋友就是全心全意地倾听你在说什么，注意力不会转向其他事物的人。贴心的朋友不会故意岔开你的话，引导你去说他们想听到的内容，也不会希望借你的嘴巴来说出他们的想法。当一个人在说话时，听的人唯一要做的就是认真倾听，没有必要在内心默默练习该做何回应。大多数孩子都会产生一种态度上的飞跃，即一开始会感激朋友倾听自己的声音，接下来就会把更认真地倾听别人说话视为自己的义务。当然，也有一些孩子会给自己留有足够的回旋余地，说自己也许在大部分时间都会认真倾听，甚至可以做到在别人讲话时不再出声打断。

可以这样与孩子分享哲学问题

- "倾听"主题很适合用来提醒孩子们，当自己的声音被完全淹没且无人在意的时候，会感受到怎样的屈辱。这也是团队合作的第一条规则——当别人在说话时，不管是谁，都不要出声打断。这条规则可以保护说话者，并鼓励其他人注意听讲。如果你不能出声打断说话者，那就只能选择倾听了。
- 一定要分享你自己的想法、故事和例子，用这样的方式让全班展开真诚的对话。我总是会先描述自己的某个朋友，然后让小小哲学家们也去描述他们的朋友。你可以在孩子们完成这项任务时加入他们，这会鼓励孩子们勇敢地说实话，并营造信任的氛围。

 哲学探讨

- 如何才能成为一名好的倾听者？为什么全神贯注地听别人说话这么困难？被倾听的感觉是怎样的？
- 你知道倾听自己的想法意味着什么吗？你会倾听自己的想法吗？

哲学练习

　　和孩子们一起聆听或观看旁白版的《彼得与狼》(*Peter and the Wolf*)，这是苏联作曲家谢尔盖·普罗科菲耶夫 (Sergei Prokofiev) 为他的孩子创作的。彼得的好朋友是一只鸟，它站在树枝上叫他出来玩，但彼得的祖父警告说，森林里可能有一只狼。通过一个巧妙的计划，彼得和鸟抓住了狼并把它带到了动物园。故事中的每个角色——鸭子、猫、鸟、狼和彼得，分别由不同的乐器来代表。仔细聆听每种乐器的声音，找出它们所代表的角色，可以帮助孩子们提高倾听的能力。你能从各种乐器的音调和节奏中捕捉到每个角色的感受吗？让孩子们讨论一下，彼得与祖父之间、彼得与鸟之间，分别是哪种类型的友谊？动物们之间的友谊又是怎样的呢？让孩子们为这个故事创作另一种结局，让欺负人的狼以某种方式成为社群的一部分，这让孩子们有机会思考，如果要把某个欺凌者拉进集体，有哪些比较友好的方式。

欺凌

　　关于友谊的讨论是和孩子们谈论"欺凌"这一主题的完美背景。欺凌是友好的对立面，因为它破坏了胡克斯关于"社群"的理想，也阻碍了雅斯贝尔斯实现"真心交流"的目标。每当我到一所学校，通常很快就有老师或校长要求我与学生们讨论欺凌问题。在遍布美国的各类学校中，欺凌问题的确是一个严酷的现实。欺凌对本该属于童年的欢乐构成了严重的威胁，我们必须立即关注并采取坚决的行动来阻止这种行为。如果你听过孩子们谈论欺凌者造成的伤害，你就不可能忽视这个问题。欺凌者将那些弱小者视为猎物，表现出一种特别的残忍。无论孩子是否受到身体上的伤害，心理上的创伤都肯定会长期存在。受害者生活在恐惧中，过早品尝了对生活的绝望。有时，被欺凌的孩子会将激烈反抗作为对欺凌者的唯一回应，这就会让问题变得更加严重。

一起讨论的时候，孩子们经常向我表达他们对欺凌者的看法，认为欺凌者才是懦弱的那一方，但知道这一点并不能解决问题。当孩子们畅所欲言地谈论欺凌危机、寻找其原因和可能的解决方案时，就会在不知不觉中抓住了重点——去理解那些折磨他们的人到底是一种怎样的心情。不管欺凌者有什么问题，都必须得到解决。尽管孩子们因遭遇欺凌而痛苦，但还是会替欺凌者着想，怀疑他们"心里一定不好过"或"对自己感觉很糟糕"。

前面提到的两位哲学家都是极其重视友谊的人，因此他们对欺凌行为的立场也是显而易见的。胡克斯在《关于爱的一切》中说："对'爱'这一主题，年轻人的态度多少都有些玩世不恭。归根结底，愤世嫉俗不过是他们最好用的面具而已，面具后是一颗充满失望、痛恨被人背叛的心。"失望的年轻人将满心的厌世和愤怒变成了对控制权的追求。欺凌者想要控制某些人、某些事，什么都想控制。欺凌者不属于任何一个因友谊而形成的社群，他们没有真正的归属感。通过身为犹太人的妻子的眼睛，雅斯贝尔斯目睹了欺凌行为是如何一步步变本加厉的，最终它将升级为不可想象的恐怖大屠杀。

欺凌者的父母面临着巨大的责任，因为这些欺凌者在一天天地长大，给他人与社会造成严重危害的可能性也会随之增长。在欺凌者心中，所有规则对他们都不适用。还有更多的父母——也就是受害者的父母，在为他们的孩子包扎伤口、给予安慰，分担孩子永远无法平息的内心创伤。当孩子眼泪汪汪地回家，对父母回忆在上学路上遭受的奚落时，整个家庭的情绪都会受到影响，精心计划好的家庭晚餐也会因此泡汤。如果游泳队中有一个欺凌者，那这可能就是一名狂热的游泳爱好者决定退出"团队"的不言而喻的原因。如果"女童子军"中有一个欺凌者，那么其余人还会视她为"姐妹"吗？欺凌的存在使童子军的誓词变得毫无意义，因为它破坏了一个社群所有的归属感。欺凌让孩子们的内心充满恐惧，让他们生活中的每一刻都变得黯淡无光，而他们的父母则不断地被噩梦缠绕，因为他们不确定该如何保护自己的孩子。

哲学探讨

什么是欺凌？有没有人欺负过你？你曾经欺负过别人吗？为什么欺凌者会欺负他人？

哲学练习

我们要讨论一个关于如何应对欺凌的例子，你也可以为你所带的团队设计一个类似的解决方案。在学习了贝尔·胡克斯强调的友谊和社群的概念后，一所学校的孩子们设计了一个名为"欺凌克星"的计划。他们制作了一些展示欺凌危害的小册子、海报和传单，还建立了一个网站，人们可以在这里询问一些关于欺凌的问题，并向"欺凌克星"寻求专业建议。他们安排了一个临时会所，孩子们可以在课间休息或放学后去谈论欺凌问题。这些年幼的组织者们还佩戴着写有"欺凌克星"的徽章，这样其他孩子就能知道，当他们遇到了被欺凌（或欺凌他人）的问题时可以去找谁。

本章小结

孩子们让我看到了人类对友谊的渴望，以及对在友谊中受伤的恐惧。让人难过的是，我从他们的脸上可以看出，痛苦对他们来说并不陌生。我发现他们特别诚实，他们承认尽管自己日后仍会不可避免地犯错，但会尽量小心翼翼地对待友谊。在与我的私下交谈中，小小哲学家们解释了他们会如何了解"谁是朋友"，以及"谁肯定不是朋友"。他们给我上了很好的一课，让我知道虽然友谊有时难以解释，但它是上天赐予我们的一份厚礼，不应该被等闲视之。

多年来，这些小小哲学家们已经成了我的好朋友，并教会我成为一名更好的倾听者。一些孩子因被人欺负而承受的折磨促使我也去关注那些欺凌者。我衷心希望，通过接纳那些儿童欺凌者，我们可以如《生存哲学》一书中所说的，"最终深刻理解建立交流的重要性"。

漫游在哲学的世界里

- 贝尔·胡克斯的《关于爱的一切》。在该书的第 1 章 "澄清：爱的语言"中，胡克斯描述了什么是爱，并讨论了社会对爱的误解。在第 8 章 "社群：共享生活"中，探讨了贪婪、控制、丧失、利己主义和诚实。

- 《从陀思妥耶夫斯基到萨特的存在主义》(*Existentialism from Dostoevsky to Sartre*)。该书包括《生存哲学》一书的节选。在"论我的哲学"这一章中，有一节的标题为"走近基本问题"，主要讨论什么是真正的交流，以及人类为什么渴求交流。这本书为我们的小小哲学家学们提供了大量优秀的阅读材料。

- 谢尔盖·普罗科菲耶夫的作品《彼得与狼》，由皇家芭蕾舞学校 1997 年出品。时长约 30 分钟，这是一个精心设计的版本，孩子们在观看儿童芭蕾舞表演时一定会被深深吸引。

- 《书信集 1926—1969》（*Correspondence，1926–1969*），是哲学家卡尔·雅斯贝尔斯和汉娜·阿伦特（Hannah Arendt）之间的来往信件集锦。这些信件是一名学生与其老师之间真诚交流的例子。他们之间的友谊是没有排他性的，它跨越年龄、性别，以及阿伦特的犹太传统和雅斯贝尔斯的德国国籍，开出了绚烂夺目的友情之花。两位哲学家在交流中淋漓尽致地展现了人类的本性，也发现了永恒的真理。

第 3 章
责任
Responsibility

对那些迫在眉睫的需求，我们有立即予以关怀的义务；当职责在身的时候，我们有以关怀的态度做出回应的义务。

丽塔·曼宁（Rita Manning），《公正的关怀》（*Just Caring*）

关于责任的哲学对话

每当我踏入一间新教室，往往会在某个显眼的位置看到"责任"一词。它通常以突出强调的形式出现在门口的某个地方，或者被列在黑板上"必办事项清单"的第一行。孩子们被反复叮嘱，必须对这个、那个负责，否则就要承担一定的后果。我们要在什么年龄开始对自己的行为负责？如何确定哪些是我们的责任，哪些不是？大多数人都是靠自己摸索出答案的吗？为什么有些人在生活中承担的义务要比其他人更多？这世上成人也好、孩子也罢，是不是经常被耳提面命"今天所有的问题都是因为你没有尽到责任而造成的"？如果没有尽到个人责任，我们就会心怀愧疚，还会承受很多来自他人的指责。可是，我们为什么必须履行自己的义务呢？

很多成年人热衷于回忆无忧无虑的童年，却忘了记忆可能具有欺骗性，会给我们的青春岁月笼罩上一层玫瑰色的光芒。孩子们会告诉你，他们的生活根本就不是无事一身轻。父母和老师会经常提醒孩子们，无论是作为一名学生还是家庭成员，都肩负着需要他们去履行的义务。在此，我想强调的是，千万不要让"责任"的概念被罩上沉重的惩罚气息。在还没完全搞清楚什么是责任的情况下，却先知道它是我们生活中无法拒绝的一部分，这可能会导致我们本能地想回避它。儿童（其实成人也一样）可能会精心设计出一些旨在逃避责任的策略。

哲学要求我们先停下来好好思考一下，先把责任的含义理解透彻，这样才能确定它在我们生活中的位置。界定责任并不像看起来那么容易。你会发现，"责任"这个词和"快乐""美好"一样，是我们经常挂在嘴边却没有真正停下来思考其含义的概念。在经过一番仔细的思考后，大多数孩子往往都会将"责任"定义为"你必须做的事情"。如果让他们用一个词来定义，那么我经常听到这样的答案："苦差事""职责""任务""工作""责任""义务"。

每当我听完孩子们对责任的看法后，我都会向他们解释，在我的定义中，"责任"的英文"responsibility"一词的词根"response"（回应）是关键所在。每当电话响起时，我们就会去接听，因为我们知道来电者期望得到一个"回应"。我告诉孩子们，这个世界是一个整体，我们都是属于这个整体的一块碎片。当这个世界上的其他某块"碎片"按下我的号码，要求和我通话时，属于我的责任就来了。有些"碎片"大喊大叫，有些"碎片"低声细语，有些"碎片"则默默地向我发出信号。他们从不同的地方远远地呼唤我，要求我做出回答。我的责任来自我在这个世界的生活。我的责任是我身为宇宙成员支付的"会费"。

作为出现在孩子们生活中的成年人，我们有机会引导这些小小哲学家们去看到责任积极的一面，并邀请他们一起维护这个世界，向世人表达关爱。你会惊讶地看到，一旦孩子们明白承担责任是多么明智和光荣的选择，他们对自身责任的看法就会发生转变。我发现，关于"责任"这一哲学主题，孩子们对阿尔贝·加缪和丽塔·曼宁的思想非常感兴趣。加缪认为，对自己的生活负责，是让人生属于自己的唯一方法。"如果我不对我的生活负责，那谁来负责？"加缪质疑道。曼宁则清楚地意识到，所有人都无一例外地与其他人有千丝万缕的联系，她还由此揭示了一个不容置疑的真理：我们必须对这些联系负责。我们必须关注与世界上其他人的关系，因为我们是世界的一部分，而且我们必须用行动来表达关怀。两位哲学家都认为，当我们理解并接受责任在生活中的重要性时，自然就会承担起责任。

可以这样与孩子分享哲学问题

- 一定要把"责任"（responsibility）这个词写在黑板上，并在其词根"回应"（response）下面画一道线。这是你与孩子们讨论"责任"一词的意义的关键。
- 用一个词语来定义"责任"，孩子们也这样做。他们会牢牢记住自己选择的那个词。

哲学探讨

- 你的责任是什么？
- 你认为你应对自己目前的生活负起哪些具体的责任？你作为儿童的责任会在哪里结束，作为成人的责任又会从哪里开始？
- 你认为在何时（如在少年棒球比赛担任裁判时）何地（如在医院、在动物园）很有必要和人们谈谈责任的意义？
- 在你看来，成年人在履行责任时可以做出哪些改进？请具体说明。

 ## 哲学练习

练习 1

在向孩子们讲解"责任"的主题时，可以和他们一起阅读德米（Demi）的《佛陀的故事》（*Buddha Stories*），尤其是"聪明的螃蟹""狡猾的狼"和"黑牛"这几章。这本故事集配有金色和黑色的插图，非常可爱，很讨小孩子喜欢。当你用舒缓的语气绘声绘色地为他们朗读时，这些寓言故事听起来会让人充满愉悦。书中的故事短小精悍，通常不会超过一页，每个故事的寓意都会在结尾处明示。不过，最好让孩子们自己去思考，在他们得出自己的答案之前，不要透露故事想说明的道理。最后，让孩子们好好讨论每个故事与责任的关系。

练习 2

我们还可以把《伊索寓言》当作对《佛陀的故事》很好的补充。我会和孩子们一起阅读和讨论《两只狗的故事》。这个寓言故事可以让孩子们明白，在他们的生活中，有一件事绝对不是他们的责任，即父母身上的缺点。这对孩子而言是一个重要的认识，更是一种巨大的安慰。在练习中，多花点时间和孩子们谈谈其他不属于他们的责任。年幼时就懂得不要承担明显属于他人的责任，这对孩子们来说是一笔非常宝贵的财富。你可以清楚地看到，当知道父母的吼叫、老师的嘲笑或朋友的残忍不是他们的责任时，孩子们的表情都会松弛下来。让孩子们在哲学日记中列出两张清单：一张列出他们认为明显属于自己的责任，一张列出他们认为与自己无关的责任。与每个孩子单独讨论这两张清单的区别，然后再集体讨论，他们关于责任还有哪些发现。

与哲学家相遇

在一个充满关怀的理想社会中，有足够的资源来满足需求并达到一定的繁荣，我们每个人能够获得大致相等的关爱。无论是在童年时还是到了成年后，我们都可拥有这样的体验。

丽塔·曼宁，《公正的关怀》

基于身为母亲、教师、政治活动家和志愿者的经历，丽塔·曼宁告诉我们：为什么要采取实际行动，为什么要对这个世界和与我们分享这个世界的人负责，以及为什么这样做至关重要。从她最有名的作品《肺腑之言》(*Speaking from the Heart*) 中，我们可以看出她的核心观点就是用行动来表达关爱。在有关空气污染、善待动物，以及土地使用与贫困关系等议题的讨论中，采取"负责任的行动"是曼宁的理想，也是曼宁哲学的核心。

每个人都毫无例外地位于一个相互交织的关系网络中，曼宁认为，仅凭这一点，我们就有了相互关心的义务。我们每一天都在与他人和周围的环境互动，在互动中形成联结，这些联结向各个方向延伸，一环扣一环。其中任何一个联结的断裂都有可能导致整体的分崩离析。因此，我们必须承认彼此之间存在着微妙而脆弱的纽带，要小心呵护，永远不要让它们断开。你可以仔细观察一下周围，铁丝网围栏由一根根铁丝连接而成，建筑物由一块块砖头筑造而成，无数单独部件紧密连接继而组成一个整体。你可以在教室内外找到无数类似的例子。我最喜欢带一件手工编织的毛衣给孩子们做实物展示。我让他们挨个传递这件毛衣，每个人都要仔细观察它的构造，体会每一根线、每一个结之间的联系有多重要。

曼宁提倡"负责任的行动"，这一哲学观点取决于我们对自身所有社会关系的认识。在她看来，这些关系和我们担任的各种社会角色就是我们的责任所在。正如她在《公正的关怀》一书中所说："社会角色……让我们承担了去关怀他人的责任。"在向孩子们介绍曼宁对责任的看法时，我首先会和他们一起回顾他们在生活中见识到的各种角色和关系。孩子们通常会从他们最熟悉的例子开始：父母 – 子女、老师 – 学生、朋友 –朋友、姐妹 – 兄弟、教练 – 选手、邻居 – 邻居。随后，他们又会延伸出更多：牧师 – 教众、顾客 – 售货员、工人 – 工人、司机 – 乘客、牙医 –病人。轮到我举例的时候，我会重复一些他们举过的例子：学生 – 老师、母亲 – 女儿、兄弟 – 姐妹、公民 – 国家，这让孩子们觉得很好玩。我们会一起讨论这些关系带来的责任，然后我就会开始提问：在行驶的汽车上，乘客和司机分别有什么责任？售货员和顾客彼此之间有什么责任？我的母亲能从我这里得到什么，我又能从她那里得到什么？

在确认这些关系和由此产生的责任时，小小哲学家们承认，知道自己的责任和履行这些责任是两码事。曼宁和这些孩子们的观点是一致的。虽然我们能预见到自己应当承担的责任并欣然接受，但我们却往往因为粗心大意而没能做到。曼宁的结论是，我们应该利用规则和权限简单地划定一个道德的最低标准，任何负责任的人都不应该低于这个标准。她在《公正的关怀》一书中说："对那些不够关爱他人的人，我们可以用规则来和他们讲道理。"她举了一个例子：在医院急诊室内制定规则是非常必要的，这样才能保证工作人员不会只关注先来者的需求而忽视后到的患者。我让小小哲学家们和我一起思考，在我们身边的世界里，有哪些情况是无须规则我们也应该承担起责任，但规则似乎又必不可少的。这个问题有助于帮孩子们打开思路：身为一个有爱心的人，我们应该预期别人对我们有哪些需求？我举例说，建筑法规有必要强制要求建筑物为乘坐轮椅的人提供便利。在得知这一规定竟然是强制要求的时候，一些四年级的小学生感到非常惊讶，他们很快就举出了一些别的例子：

- 我们学校居然需要用罚款来强制学生归还图书馆的书，这太糟糕了；
- 餐馆里居然必须设置吸烟区，这太疯狂了；
- 我猜有些人根本不会想到要乱扔垃圾，除非看到一个丑陋的告示牌警示他们不要这样做。

如果一个人真正充满人文关怀，就意味着他会在别人开口之前就预期对方有何需要并伸出援手。曼宁坚持认为，不做伤天害理的事只是做人的最低要求，还远远达不到负责任的高度。她设想了一个充满关爱的理想社会，在这个社会中，我们会敏锐地意识到彼此的联结，并理所当然地对彼此负责。曼宁希望，在这个所有人都息息相关的世界里，人们互相关爱，每个人都像钟摆一样，永远负责任地摆动。她在《公正的关怀》一书中指出："我很在意自己在这个世界的位置，也时刻告诫自己要做一个体贴的人，除此之外，我还有责任去关爱他人。"

　　我只不过想说，当今世界上有祸患，也有牺牲品，必须尽可能避免站在祸患一边。[1]

阿尔贝·加缪，《鼠疫》(The Plague)

　　1913 年，加缪出生于阿尔及利亚，幼年丧父，家境贫寒。为维持生计，他在上大学期间做过记者、气象员和汽车零件销售员。加缪之所以能对那些在逆境中挣扎求生的普通人总是怀有特别的钦佩之情，正是源于他在少年和学生时代的经历。第二次世界大战期间，加缪在法国被纳粹占领的区域积极参加抵抗运动，之后又满怀热情地投身于巴黎知识分子和市民的生活运动。除小说外，加缪还创作了不少短篇故事、戏剧和散文。1957 年，加缪获得诺贝尔文学奖，1960 年在一场车祸中不幸罹难。

　　在加缪看来，世上所有人都在挣扎着寻找生活的意义。他认为，尽管我们无法理解整个世界存在的意义，但每个人都有理解自身存在意义的任务。我们必须对自己创造的生活负责，将这种对自己的责任推而广之后，我们自然就会接受对彼此的责任。加缪强烈地希望人类团结在一

---

[1]　本书中所有关于《鼠疫》的译文，均援引自 2013 年上海译文出版社出版的版本。——译者注

起，他认为团结可以帮助我们找到力量，将我们的责任完成得更好。如果我们感受到了以人类团结友爱为后盾的强大支持，就根本不屑于去纠结"人生艰难是否值得"这类问题，我们会携手奋斗，并为在人类共同努力下取得的所有胜利而自豪。

责任的主题贯穿了加缪的所有作品。在讨论时，我经常会引用两部孩子们非常喜欢的加缪小说——《鼠疫》和《西西弗神话》（*The Myth of Sisyphus*）。一边听着引人入胜的故事，一边学习哲学理论，总能让小小哲学家们雀跃不已。在《鼠疫》中，加缪想引导读者看到法国被纳粹占领的惨烈，以及因隔离和不团结而导致的精神瘟疫。这本书也完美地展示了勇于承担责任的美德带来的回报。在小说中，因为爆发了一场完全无法预料的疾病，奥兰市被封城，城中所有人被迫和自己认识或不认识的人一起，被高高的城墙禁锢。他们面临的致命流行病具有惊人的传染性。尽管有明确迹象表明，城内爆发的就是令人闻风丧胆的鼠疫，但封锁中的人们面临的第一个挑战则是承认鼠疫的存在并做出反应。每个"人质"都必须选择自己的应对方式——是躲起来不与他人接触，还是在死亡人数无情上升的情况下与其他人并肩作战，共同对抗可怕的疾病。城中大多数人都选择坚定地与大家站在一起，勇敢地当起了志愿者——这是他们之前连想都不敢想的！小说中有个名叫柯塔尔的罪犯，他拒绝参加卫生队的志愿工作，也拒绝为自己和他人的健康负责。还有一个叫朗贝尔的记者，是一个充满矛盾的人物，一方面他因自己不是奥兰人却被封锁在城中而感到愤慨，另一方面又本能地认为自己有责任加入抗击瘟疫的斗争，他被这两种互相冲突的情感不断撕扯着。加缪笔下的里厄医生是勇敢担责的典范，他坚持履行自己的职责，从不回避与周围人共同面对的惨淡现实。

对城中那些一直活得浑浑噩噩的市民而言，鼠疫的到来让他们有机会唤醒自己的勇气和展现顽强的耐力，以应对突然出现的困境。胜利不在于祛除鼠疫，而在于他们为自己和群体中每个成员的生命而奋斗的英勇努力。最后，很多市民带着激情接受了将他们紧紧绑在一起的命运，这将他们从加缪笔下那不负责任、彼此孤立的精神瘟疫中拯救出来，给他们留下了彼此同呼吸、共命运的难忘体验。

我发现，在孩子们对《鼠疫》这部小说做出自己的解读时，如果让他们把所在的学校想象成故事背景，就会激发起他们更大的兴趣。在和孩子们谈论小说内容之前，我让他们想象一下，假如有很多孩子都得了流感，为了防止扩散，他们每个人都必须待在学校，直到流感大传播的威胁结束。他们马上争先恐后地告诉我，以前曾经有过"大家都得了流感"的时候，所以他们对传染病暴发是有亲身体验的，这使得他们对《鼠疫》的故事并不感到震惊。确实，不管是在学校还是在家里，孩子们都有与流感或其他传染病相关的具体经验，这有助于他们理解加缪的故事和城中居民的困境。发生在奥兰的鼠疫有多么残酷的细节并不重要，重要的是孩子们通过想象获得的对责任的理解——想象自己会有什么样的反应，会做出什么样的行为，无论是在奥兰还是在自己的学校。加缪在《鼠疫》中写道："发生了鼠疫，必须自卫，这是明摆着的。噢！要是一切都这么简单就好了！"如果不幸遇到疾病暴发被隔离的情况，该怎么办呢？孩子们想到了各种负责任的处理方式：

- 我可以帮忙铺好我们要睡觉的小床；
- 如果我得了流感，我就会待在传染病房里，保证其他人的安全；
- 如果发现有人很难过，我就会尽力让他们振作起来；

- 我可以通过电子邮件与家人、朋友保持联系，这样他们就不
  用为我担心了（这是孩子们认识到的他们与奥兰居民相比的
  优势）。

加缪在整本小说中一直强调，既然生而为人，责任便与生俱来，这
是人生的组成部分，无论我们选择如何应对它。在鼠疫到来之前，奥兰
居民与生活中的责任保持着距离，具有讽刺意味的是，里厄医生在书的
结尾说，镇上的人们很幸运地被鼠疫以一种极其震撼的方式唤醒了。《鼠
疫》中有这样一句话："可鼠疫究竟是怎么回事？那就是生活，如此而
已。"责任是每个人生活的一部分，加缪希望每一位读者（包括我们的小
小哲学家们），能用人生必然的责任来丰富自己的人性。

可以这样与孩子分享哲学问题

- 在阅读《鼠疫》时，注意其中的每个人物，找出你认为在探
  讨"责任"这个主题时孩子们会觉得最有趣的角色。例如，
  柯塔尔、朗贝尔和里厄这三个人物是最能反映加缪责任观的
  镜子。柯塔尔是负责任的对立面，他否认对自己以及周围人
  的生活有任何责任。朗贝尔和大多数人一样，既意识到了责
  任的价值，又忍不住想逃避当下的责任。里厄医生不假思索
  地承担起自己的责任，就像游泳者在水中畅游一样自然。加
  缪指出，里厄医生是他在生活中希望达到的目标。
- 在为孩子们讲解曼宁关于相互联结的理念时，将一件纯手工
  粗针编织的毛衣交给孩子们，让他们依次传看、仔细观察。

他们会看到，毛衣中的每根毛线都很重要，都在为维持一个整体而努力。

- 让孩子们观察一张放大的蜘蛛网照片，蜘蛛网的结构复杂而坚固，千丝万缕、彼此交织，如果有一块被撕开了，整张网就散了。用孩子们熟悉的自然现象来准确地阐释曼宁的理论，这是他们喜欢的学习方式。

 哲学探讨

- 曼宁曾说，要让孩子们学会负责任的行为，最好的方法就是让他们去救济院工作。对于这种说法，你怎么看？
- 当鼠疫开始在奥兰蔓延时，为什么连让人们承认现实都那么难？你是怎么想的？
- 加缪的哲学观点是，鼠疫为奥兰的人们提供了一个机会。你如何理解他的这个想法？

 哲学练习

练习 1

与孩子们共同摆一个蜿蜒曲折的多米诺骨牌阵。摆好后，与他们讨论一下，当某个人做出了一个关爱行为后，会如何引发一系列积极结果。比如，随着你的成长，你的外套会越来越紧，最终穿不进去。如果你不是把它扔掉，而是捐给需要的人，就会有一个体型比你小的孩子因它而获得了温暖。再比如，如果你在公园里顺手捡起脚边的垃圾，就可以让人们看到一个干净的公园，因为他们也不好意思再乱丢东西。让一个孩子推倒第一块多米诺骨牌，他们就会看到其他骨牌紧跟着依次倒下。和孩子们聊聊，一个看似微小的负责任的行为会产生怎样的涟漪效应。

练习 2

阅读美国诗人玛丽·奥利弗（Mary Oliver）的《夏日》（*The Summer Day*）。透过她的诗歌，孩子们可以更好地理解人性，因为这些诗让他们看到，他们的生命是与地球以及地球上其他所有生命交织在一起的。如果我们的责任意识没有被唤醒，这首诗中的蚱蜢会发生什么？在对这首诗进行一番讨论后，把重点放在最后两行上——"告诉我，你打算 / 用你那狂野而宝贵的生命 / 去做些什么？"让孩子们以"用我唯一宝贵的生命，我……"开头，写一首诗。

在《铅》（*Lead*）一诗中，奥利弗把她对自然界的赞美与人类的责任联系起来。海岸上曾躺着一只美丽的潜鸟①，现在却已经死去了，罪魁祸首是人类因失误而泄漏到港口的铅。奥利弗希望我们能感受到心碎的滋味，这样我们才能敞开心扉为周围的生命承担责任。这只"布满斑点、色彩斑斓"的潜鸟本来计划"飞回老家去"。这首诗的力量在于，它没有在悲伤中结束，而是激情地呼吁我们张开双臂，去拥抱这个广阔的世界。问问孩子们，潜鸟的生命与他们的生命之间是否也存在着某种联结？和《夏日》中的蚱蜢呢？这能帮助他们寻找存在哪些可能的联结。

---

① 北美的一种食鱼大鸟，叫声似笑声。——译者注

负担

丽塔·曼宁将我们所处的世界描述为一个"前关怀世界"（pre-caring world）。在她看来，这个世界的人们并不是心甘情愿地承担起责任，而是被迫把责任当成不得不扛起的负担。她在《公正的关怀》中写道："我们并没有生活在一个充满关爱的世界里。我的意思是，不是每个人都能认识到他有义务去关心他人。我们的社会并不鼓励这种能力的蓬勃发展，反而以各种方式去破坏它。"曼宁观察到，在我们这个消费社会中，关心自己的需求比关心他人更重要。她进而认识到，很多人对该如何负责任地关怀他人毫无兴趣，因此她很疑惑，在这样一个将关怀他人视为负担的社会，如何才能发展出一种关怀他人的道德伦理。

一定要问问孩子们，他们在哪些方面感到责任是一种负担。告诉他们，有这种感受也是人之常情。一定要不厌其烦地和他们详细讨论这种感觉，只有这样才会让他们顺理成章地发生转变——在充分理解责任的意义后，不再认为它是讨厌的负担，而是将其视为他们乐于去尽到的本分。大多数小小哲学家会告诉我，不再把责任看作一种负担对他们来说是一种全新的观念。他们常说"有了责任，就没时间玩了"。他们也常会用行动提醒我，责任被称为"苦差事"是有原因的。在家里，孩子们完全没有意识到曼宁所强调的那种关系，他们坚持认为，父母要求他们"收拾好乐高积木""记得关上冰箱的门""把恶心的东西拿出去堆肥"实在是太过分了。然而，当我问他们认为这些事情是谁的责任时，孩子们才扭扭捏捏地承认，是别人一直在替他们收拾烂摊子。

曼宁提倡的"负责任的关怀"是互相的，是为了"维护关系中的各方"。如果个人未能承担起自己的责任，那么将会导致的不幸结果之一就是，那个不吝给予关怀的人最终将被"消耗殆尽"。当孩子们诚实地审查内心视责任为负担的想法时，他们会逐渐意识到，这种心态会使那些愿意承担责任的人肩上的担子更重。

慢慢引导孩子们，让他们认识到，一个缺乏责任感的人在生活中往往与身边的人关系紧张。等他们能勉强地接受这个话题后，我就会要求他们好好思考一下，在他们和同学的互动中，有哪些情况符合曼宁所说的"前关怀世界"。我让孩子们想象，假设曼宁正计划前往他们的教室，她会预期在这里看到哪些属于"前关怀世界"的例子呢？很多孩子告诉我，他们曾经在"团队"合作中体会过分工不均。"当我们被分成三组来做任务时，几乎每次到最后，都是我一个人完成所有工作，我的搭档们就坐在一旁聊天。"另一个六年级小学生则主动承认，他会故意在上课铃响之前走开，让其他孩子去收拾刚才大家一起玩的运动器材。从这两个例子中我们可以看到，在团队合作和操场上，并没有曼宁所说的"互相负责"。负担落在了自觉尽责的学生和一起上体育课的其他同学身上。

和小小哲学家们聊聊他们平常的行为，当缺乏对他人关心的时候，他们给周围的同学带来了怎样的负担。你还可以通过这样的讨论帮助他们认识到，逃避责任的行为给周围的成年人造成了什么影响。孩子们一开始并不是很理解我的意思，也很难解释"成为别人的负担"是一种什么样的感受。不过，有一点他们是可以理解的：虽然他们因为年幼可以理所当然地要求得到父母和老师的照顾，但他们的一些行为会把成年人出于爱而承担起来的责任变成一种超出合理范围的负担。孩子们知道，为了养他们，父母需要花不少钱，经常因此而面临困难。尽管如此，我还是经常听到有孩子说，这也不能"让我的要求少一点"。有一个 11 岁的女孩，她的父母总是很担心她的安全，她对此表示理解，但是当她说起有一次"只是忘记打电话告诉他们我在朋友家"的经历时，我提醒她这种行为有可能给父母带来了负担令她觉得不可思议。还有几次，有孩子描述父母在他"和姐姐打架时"看起来有多伤心。小小哲学家们明白，他们也会给老师带来负担："我们总在老师讲课的时候说个不停，不管他讲什么。""课间休息的时候我一个人溜出去玩了，打上课铃时我没听到铃声。"

我从没有遇到过哪个孩子喜欢"我是个负担"的想法。他们越来越被加缪和曼宁的哲学理念吸引，希望成为人类社会中一名负责任的成员。你会发现，这种将责任视为负担的讨论虽然可能会带来消极感，但是可以产生积极的效果。孩子们装满大智慧的小心灵很清楚，如果他们诚实地面对自己目前的缺点，就能取得进步。许多孩子会逐渐认识到，逃避责任"永远没有用"，因为你生活的世界会对你"紧追不舍"。任何年龄段的孩子都曾告诉过我，他们之所以找借口来搪塞，是因为他们发现善后工作实在太难了。"我就没想过要承认把球扔出窗外的是我。"当老师们听到学生说"只要没被当场抓住，我就死不承认"时，他们并不会感到惊讶。在扪心自问并和其他人交流后，孩子们开始为过去的行为感到难堪，觉得自己实在是没心没肺。当你和这些小小哲学家们讨论逃避责任的问题时，他们对责任的看法会慢慢发生转变，摆脱从前的矛盾心理，更多地把责任视为机会。

 哲学探讨

- 你曾经是否逃避过某个具体的责任？为什么？
- 如何才能在逃避责任的同时还能成为一个快乐的人？你认为自己可以成为一个被不负责任的人包围却仍然快乐的人吗？如何才能做到？

哲学练习

和孩子们一起观看《被迷惑的孩子》（*The Bewitched Child*），这是一部由莫里斯·拉威尔（Maurice Ravel）导演、柯莱特（Colette）[①]编剧，长达 50 分钟的歌剧。主角是一个不负责任、自以为是的男孩。他故意破坏了很多东西，包括家里的老爷钟和花园里的一棵树。有一天，房子里和花园里所有受过他虐待的东西都活了过来，而且变得活灵活现！所有物品和动物一起用歌声来宣泄它们的愤怒，混乱中一只松鼠不慎伤到了爪子。男孩曾经伤害过这只松鼠，但这一次他的心被触动了，他为它包扎了伤口。大家看到男孩身上关爱他人的潜质后心软了，把他带回家交还给他的母亲。欣赏完歌剧后，可以让小小哲学家们谈谈这个男孩行为背后的原因。问问孩子们，他们是否能理解这个男孩不负责任的行为和负责任的行为？是如何理解的？

机会

在《西西弗神话》中，加缪向我们介绍了一个名叫西西弗的男人，他坚定而虔诚地接受了一个只属于他的责任，并在履行责任的过程中找到了人生的意义。这个简短的故事揭示了加缪的几个核心理论。例如，他敏锐地意识到了人类对无法掌握人生终极意义而产生的愤慨，但强烈谴责以自杀或冷漠来应对人生困境的态度。为什么我要选择这篇呢？因为它讲述了一个孩子们百听不厌的故事，颂扬了对生活热情负责的态度，并肯定了这样做的好处。虽然西西弗的责任因其永无尽头而具有夸张的戏剧性，但加缪是有意为之，将其比作我们每个人生活中必须日复一日

---

① 柯莱特为曾提名诺贝尔文学奖的法国女作家西多妮－加布里埃尔·柯莱特（Sidonie–Gabrielle Colette）的笔名。——译者注

应对的琐碎事务。

加缪在《西西弗神话》中写道："神话编出来是为了让我们发挥想象力的，这才有声有色。"[1]我请小小哲学家们一边听我讲故事，一边在想象中画出西西弗的形象。我的故事是从加缪的角度讲述的，具体如下：

西西弗非常热爱他的生活，他一门心思地低头过自己的日子，慢待了众神。众神对此深感不悦，于是决定对他略施惩戒。西西弗被勒令一遍又一遍地将一块巨石推上山顶，然后再一遍又一遍地看着巨石从山顶滚回山脚。这样的苦役不断重复，西西弗永远都得不到解脱！然而，令人难以置信的是，西西弗并没有把这当成一种惩罚。他老老实实地安于现状，将这块巨石视为自己的责任，没有丝毫怨言，从不要求休息一天，没有自欺欺人地假装终有一天会得到解脱，也没有哭诉命运不公。他选择去爱这块巨石，因为它是属于他的巨石。

大家可以想象一下，他把脚挤进巨石下方、奋力用双臂抱住巨石、把脸颊贴在巨石上的样子。这是他的人生，属于他的人生，他坦然承担生活的责任。一旦西西弗选择主动去控制局面，他就不再有负担了。

孩子们认同加缪的观点，认为他笔下的西西弗很了不起。他们常常把自己的日常生活和西西弗的巨石联系起来，意识到每个人都有属于自己的巨石要推。在我带过的小组中，有一位小小艺术家生动地描绘了西西弗是如何走下山去迎接他的巨石的——"蹦蹦跳跳，吹着口哨"。不少孩子还为他画了素描：他昂着头，高高地扬起下巴。很多孩子都注意到，西西弗拒绝"以沉溺幻想的方式来逃避"。西西弗是现实的，他知道他的

---

[1] 本书中所有关于《西西弗神话》的译文均援引自 2013 年上海译文出版社的版本。——译者注

巨石永远没有办法停留在山顶，也不会凭空消失。小小哲学家们意识到，如果西西弗能敞开怀抱接纳他的巨石，那他们也可以主动掌控自己的生活。《西西弗神话》中的最后几句话尤其让他们受到鼓舞："攀登山顶的拼搏本身足以充实一颗人心。应当想象西西弗是幸福的。"

在曼宁看来，如果道德理论不能推动我们在无须提醒的情况下采取行动，就没有意义。加缪则认为，负责任的行动使我们有机会体验个人的成长和共同的和谐。两位哲学家都认为，如果你关心自己的人生，关心世界上的其他人，关心这个世界本身，你就会以地球一员的身份欣然接受属于自己的责任。这样的观点让孩子们的境界一下子有了全方位的提升。老师和父母都告诉我，孩子们变得更善良、更快乐了，因为新的责任观尊重了他们的人性，让他们意识到，原来自己在这个世界上真的很重要！

带着这种新的理解，小小哲学家们逐渐热衷于探索他们在这个世界上发挥积极作用的机会。他们越来越清楚地意识到，每个人都必须选择自己的生活方式——是关心他人、积极参与社会建设，还是对他人漠不关心、对社会不负责任？我问孩子们，如果背弃所有关系，人生会变成什么样子？孩子们非常喜欢表演试图背弃世界会是什么样子！比如，有一个孩子选择一遍遍地绕着整间教室转圈，她一边转圈一边忍不住咯咯笑，告诉大家"你只能绕着走，无处可躲"。最后，她如释重负地坐回同学中间，总结了自己的感受："背弃责任只会让我头晕目眩！"

我知道，当孩子们认为自己身为这个浩瀚宇宙中的一员，能为宇宙做贡献时，肯定会油然而生"原来我这么重要"的自豪感。当我提醒他们"你们已经接到了来自宇宙的专线电话"时，他们的背挺得更直了。这个世界正期待着他们的参与。许多孩子说，以这种方式思考责任有助于他们"做自己可能不那么想做的事情"，并教会他们径直去做"需要做的事情"。正如曼宁在《公正的关怀》中所述："我每天都在与不同的人互动，我们互相关心，创造一个爱的网络。"孩子们明白，自己会付出，也会有所收获，这听起来是一个不错的交易。

可以这样与孩子分享哲学问题

- 找一个可以代表西西弗的艺术形象让孩子们欣赏。我带了一个西西弗与巨石在一起的小金像，这样孩子们的脑海中就有了一个持久存在的形象，它代表着西西弗和他的责任。
- 如果让孩子们在倾听的同时也跟着动手，就能让他们更好地集中注意力。画画就是一种特别管用的方法。在讲西西弗的故事之前，先给每个孩子发几张白纸，让他们一边听你讲故事，一边根据故事的内容画画。为了不让自己的画跑题，孩子们会在听西西弗努力推巨石的故事时全神贯注。

 哲学探讨

- 如何才能把责任变成机会？如何才能把它变成受欢迎的邀请？当你把责任视为机会和邀请时，你对责任的感觉会产生什么变化？
- 接受自己的责任可以给你的生活带来哪些好的变化？

- 为一个更美好的世界做出贡献的感觉如何？
- 你会关心受伤的校车司机吗？会关心学校图书馆里那些被损坏且从未归还的书籍吗？你能做些什么来对这两种情况负责？
- 加缪为什么会欣赏西西弗？根据加缪的说法，西西弗的最佳品质是什么？

 哲学练习

练习 1

给孩子们选几首由"岩石上的蜜糖"（Sweet Honey in the Rock）合唱团演绎的歌曲，这是一个无伴奏合唱团，但有源自非洲圣歌的韵律节拍全程陪伴。《在这片土地上》（*In This Land*）和《艰难的时刻》（*Trying Times*）两首歌直指贫富悬殊、无家可归、药物滥用和众生绝望的社会现象，这些都是人们拒绝为他人承担责任的后果。《我是你的甘露》（*I Be Your Water*）恬淡舒缓，冲淡了这些残酷事实给人们带来的悲伤。他们用歌声提出的都是一些大问题，所以在选歌时一定要注意，选择适合孩子们当前年龄和阅历的歌。在听完音乐后的思考环节中，你可以问问孩子们，在他们认识的人中是否有人要推一块非常沉重的巨石。让他们在哲学日记中写下这个人的巨石是什么，并思考自己能做些什么来帮助对方。

练习 2

和孩子们一起朗读美国诗人罗伯特·弗罗斯特（Robert Frost）的代表作《未选择的路》（*The Road Not Taken*）。这是一首非常优秀的诗，可以让我们审视自己的选择和对选择的责任。让孩子们思考"两条路在树林里分岔，而我——/我选择了那条少有人走的路"这句诗。弗罗斯特提醒我们，在选择道路时，不同选择的结果大相径庭。让孩子们画一幅画，描绘两条路朝不同方向分岔的场景，并为这幅画写一首诗，描述他们想选择的人生道路。这条路上有什么？谁来对它负责？在前面提到的《鼠疫》里，奥兰城的人们在鼠疫来临时有哪两条道路可走？

练习 3

先让小小哲学家们去了解自己目前所在学校有多少孩子住在当地的收容所，然后让他们为那些孩子打包午餐带到学校去。这个任务既要求他们主动去关心别人，又要求他们去完成一个像推巨石上山一般的苦差事。如果你让孩子们自己决定往午餐袋里放些什么，那么他们一定会吭哧吭哧地不停地往里面塞东西，把每个袋子都撑得鼓鼓囊囊，包括用贴纸和闪粉装饰的小记事本、铅笔，或是一个小小的削笔器这样的礼物。有一个八岁的小小哲学家此时才突然意识到，原来她有一些同学一直生活在收容所里，她对此却一直毫不知情，这让她极度震惊。在送午餐活动的第二天，我让孩子们在哲学日记中反思一下，他们参与的这项活动与加缪和曼宁的哲学之间有何联系。

练习 4

在每个人的人生中，都有属于自己的"巨石"要推。让孩子们在哲学日记中写下属于他们自己的"巨石"。如果他们愿意，还可以与班上的其他同学分享自己的发现。分享往往是一种安慰，因为这能让他们意识到自己并不孤单。如果西西弗就在他们身边，他会如何推他们的巨石呢？让孩子们用一段文字来描述。

本章小结

　　曾有个孩子问了我一个问题，那是在我第一天走进他们班的教室时问的，当时他脸上的表情令我永生难忘："会不会有一天，你说你会来，却再也不会来了？"他的问题提醒我们，成年人经常不把对孩子们的承诺和义务当回事，只是因为他们是小孩子。

　　起初，孩子们对"责任"这个话题表现得兴味索然，甚至有点抵触，以为所谓的"责任"不过是父母追着让他们干的那些家务琐事。但很快，加缪和曼宁赋予了"责任"一个他们能够理解的简单含义。孩子们提醒我，不管处于哪个年龄，要承担起责任都是不容易的，但当我们投入地推动属于自己的"巨石"时，可以从中得到快乐和满足。事实证明，负责任的生活让人快乐。

　　在环境保护方面，儿童同样表现得警觉而敏锐。在一次关于责任和环境的冗长讨论接近尾声时，一个孩子激动地从地板上蹦了起来。这个刚上三年级的小环保主义者宣称，垃圾回收并不是个好办法，尽管每个人都认为它是。"垃圾填埋场都满得溢出来了，我们不可能永远回收吧？"几乎就在下一秒，她想到了自己的解决办法，"从现在开始，每当我走进商店时我都会停下来问自己，是不是真的需要这个或者那个东西。如果每个人都这样做，那垃圾填埋场里还会有什么呢？"

漫游在哲学的世界里

- 《黑塞童话集》（ *The Fairy Tales of Hermann Hesse* ），这本书深

受中学生喜欢。

- 《从陀思妥耶夫斯基到萨特的存在主义》，其中有加缪的《西西弗神话》。

- 阿尔贝·加缪的《第一人》(*The First Man*)。在这本关于其童年的私密自传中，孩子们可以看到这位哲学家的少年时代，他曾是一个深爱母亲的足球守门员，深受一位睿智师长的影响。成年后的他坚持履行为个人生活负责的理念，这显然是源于其少年时代埋下的种子。可以让孩子们将加缪的童年与他们自己的童年做比较。

- 阿尔贝·加缪的《堕落》(*The Fall*)。这部小说的主人公对自己的人生极度不负责任。在小说中，当一个女人从桥上跳下时，小说主人公对她的呼号声视若无睹，这是整部小说的关键事件。就像在其他场合一样，他永远充当袖手旁观的路人，不停地找借口为自己辩护。

第 4 章

幸福
Happiness

我们不仅要用大脑去思考，还要用心灵去了解，快乐的人生并不在于对幸福的追逐，而在于体验人生的每一个当下并与之同在；快乐的人生并不在于满足个人的愿望，而在于满足生活的需要……

夏绿蒂·净香·贝克（Charlotte Joko Beck）

《每日禅》（*Everyday Zen*）

关于幸福的哲学对话

当陷入忙碌、疲于奔命的生活时，很多人忘记了这么努力到底是为了什么。我们日复一日地奋斗，到底是想实现什么人生目标？难道这一切不是为了确保我们和我们所爱的人得到幸福吗？可是为什么我们常常偏离了方向，没有选择真正的幸福之路？对生活中如此重要之物竟能遗忘，人类的这种表现让哲学家们感到极度好奇。我们怎么会变得如此短视，竟然让财富或社会地位成为幸福生活的可怜替代品？从古至今，世界各地的哲学家都绞尽脑汁，试图了解到底什么才能使我们真正幸福，我们又要如何才能获得这种幸福。

孩子们知道人生多艰难，也接受这个现实。他们还意识到，无论是小孩还是成人，都把相当多的精力投入到一些并不重要的追求中去了。和孩子们讨论的时候，我们会聊一些比较深刻的问题，比如对幸福的意义有清晰认识的重要性，比如在他们的生活中存在着哪些能真正找到幸福的机会。他们的智慧令我受益匪浅，我保证，只要跟随他们的脚步，你定会耳目一新！

接下来，我们将通过两个哲学思考来寻求对幸福的理解。在开始分析之前，我们先来探索一下幸福的核心意义。幸福的生活由哪些成分组成？亚里士多德对"快乐"和"幸福"进行了区分，二者的差异仍然是许多哲学家关注的焦点。哪些是对欲望的暂时满足，哪些是保证幸福人生的长期活动，我们必须搞清楚这二者的区别，因为亚里士多德提醒我们，有些快乐转瞬即逝，有些快乐则持续绵长。一时浮华的快乐往往会给孩子和成人带来不幸的后果。逃避家庭作业会带来一时的快乐，但这种快乐会在转天早上面对考试时烟消云散；一顿奢侈晚餐的记忆是快乐的，但美妙的味道会随着账单的到来而大打折扣。那些能提供持久幸福且没有任何负面后果的快乐是什么样的呢？到底什么是幸福？

只需稍加思索，孩子们就能迅速说出他们对幸福的定义。有人说，幸福是"认为一切都不错，对什么都满意"；有人说，幸福是"对某个地方有归属感"，但一位小小的哲学家迅速将这个定义修正为"对任何地方都有归属感"；有人说，幸福就是人们"对当下的生活心满意足"，并因这种满足感而心情愉悦；还有人说，如果你能够"不害怕，去相信，你就能真正感到幸福"。

我把幸福定义为"我们在这个世界上的某种存在方式"。它是一种感受和思考生活的方式，能让我们在内心深处感到充实。孩子们往往会立即追问我，每个人都能获得幸福吗？我的回答是，每个人都可以选择是否让自己幸福，而一旦做出决定，人们就会以自己的方式去追逐幸福。

在对幸福的意义进行了一番探索之后，我们的下一个哲学思考步骤就是将无数被我们误认为是幸福的东西拿走。当错误被一层层剥离后，幸福的真正来源就初见端倪了。当我们惊讶地意识到，原来即便是拥有了金钱财富与社会认可，我们仍然会感到不安心、不满足时，幸福生活的基本组成要素就浮出水面了。你们看，原来它们就是心灵的平静、安全感、无条件的爱，以及对那些微不足道的事物的欣赏。当然如此，也本该如此。

我让孩子们假设自己是哲学家伊壁鸠鲁（Epicurus）的同道，正陪他在古希腊漫步；想象自己是夏绿蒂·净香·贝克的伙伴，正和她一起坐在加利福尼亚阳光明媚的街头。这是让他们对自己的生活进行诚实审视，对幸福的含义产生最新领悟的理想方法。这两位哲学家为我们揭示了幸福生活的具体特征，提供了如何成为一个幸福的人的实用建议。贝克是美国的禅宗老师，生活在我们熟悉的世界里。她告诉我们，"停下来……静下来……呼吸……"生活中处处充满了简单的快乐，我们之所以看不见，是因为中间隔着一层纱，现在伊壁鸠鲁把那层纱揭开了。他说："停下来，看看周围，注意观察。"他们把地图交到了我们手上，而具体的路线需要我们各自规划。

可以这样与孩子分享哲学问题

- 我喜欢在不同的时间给孩子们播放不同版本的《太阳出来了》（*Here Comes The Sun*）——在开始讨论"幸福"主题之前，在吃小点心的时候，在课程结束的时候……这让他们很开心。当听到由众多不同艺术家演绎的同一首曲子时，孩子们就会被勾起好奇心——那首歌一定蕴含着什么重要的东西！不然它为什么出现在那么多人的歌声里，包括"披头士"乐队、里奇·哈文斯、妮娜·西蒙，还有"阿卡贝拉"摇滚乐队。

- 请记住，在讨论之前，一定要让孩子们在哲学日记中写下他们对幸福的理解，这样可以防止他们人云亦云，还能让他们在轮到自己发言时更胸有成竹。看到自己心里的话变成白纸黑字，会让他们进一步明确自己的想法。

 哲学探讨

- 你如何为"幸福"下定义？这个定义令你满意吗？
- 你是如何区分快乐和幸福的？
- 想象一下，很久很久以后的某一天，也许你已经到了你祖父母的年纪，你坐在前廊的摇椅上。当你回首过往时，你会希望看到什么？你会带着愉悦的心情想起什么？

哲学练习

练习 1

阅读美国诗人 E.E. 卡明斯（E.E. Cummings）的《谁知道月亮是不是一个气球》（*Who Knows If The Moon's a Balloon*）[①]。这首诗中提出的猜想让孩子们兴奋不已。朗读这首诗会让他们享受到暂时摆脱语法规则的乐趣！可以让他们在读完之后，写一首以"谁知道是不是……"开头的诗，在省略号的地方填上各种可能性。"当被称为花儿的脸孔浮出大地"，当然是"群山正在一同跳舞"。在这首《当被称为花儿的脸孔浮出大地》[②]中，卡明斯对春天到来的喜悦让听众深受感染。请你的小诗人们参考它创作一首属于自己的诗，以"群山跳舞"作为结束。

练习 2

用低沉的嗓音为孩子们朗读美国诗人兼剧作家埃德娜·圣文森特·米莱（Edna St. Vincent Millay）的《幼鹿》（*The Fawn*）。在这首诗中，她邀请读者一起分享她在林中遇到小鹿的喜悦。在聆听过程中，孩子们会屏住呼吸，以免让小鹿听到。听到新生的小鹿用瘦弱的四肢颤颤巍巍地站起来时，孩子们感受到了一种简单的快乐。让小小哲学家们写一首诗，描述他们在大自然中遇到某种触动心灵的事物的时刻。米莱的

[①] 《谁知道月亮是不是一个气球》："谁知道月亮是不是 / 一个气球，来自天上一座 / 漂亮的城市——住满美丽的人？/ 你我是否应当 / 进去，他们是否 / 会带我带你进入他们的气球，/ 啊，那么 / 我们就会同所有漂亮的人高飞 / 高过房屋尖塔和云：/ 飞呀 / 远远地飞进一座漂亮的 / 城市还不曾有人造访，那里 / 永远 / 是 / 春天 / 人人都在 / 恋爱，花儿采摘花儿。"译文援引自《卡明斯诗选》（上海译文出版社）。——译者注

[②] 《当被称为花儿的脸孔浮出大地》："当被称为花儿的脸孔浮出大地 / 呼吸就是希望，希望就要实现——然而留守是沮丧是怀疑是一败涂地——是四月啦（是呀，四月；亲爱的）是春天啦！是呀，靓鸟欢腾敏捷欲飞 / 是呀，小鱼嬉戏兴高采烈（是呀，群山正在一同舞蹈）……"译文援引自《卡明斯诗选》（上海译文出版社）。——译者注

《回忆》（*Recuerdo*）描述的是坐着渡船去度假的快乐。给孩子们买一张船票，带他们去实地感受一下，让他们将旅途中所有简单的快乐一一指出来。最后要求他们在哲学日记中写一首诗，以"我们很累，但我们很快乐……"开头。

与哲学家相遇

年轻时不要耽误学习哲学，年老时也不要对学习感到厌倦。维护心灵的健康不分老幼。说自己还不到年纪或已经过了研究哲学的年纪的人，就像说自己还不到拥有幸福的年纪一样……

伊壁鸠鲁，《致美诺西斯的信》（*Letter to Menoeceus*）①

公元前 341 年，伊壁鸠鲁出生于萨摩斯岛，是一名雅典公民。当时的政治动荡和迎来送往的生活方式令他厌倦不已，于是他在雅典郊区建了一座房子和花园，和所有认同他提出的"简单哲学"的追随者们一起生活在那里。他组建了一个"公社"，其成员包括妇女、奴隶以及自由人。伊壁鸠鲁与他的学生和朋友们一起，过着非常恬静的生活，而且从各方面看，这种生活都相当幸福。

在伊壁鸠鲁的作品中，他毫不吝惜对简单的赞美。他的著作通篇都在向读者保证，人生有很多快乐都是最基本、很容易得到的。只要身体和精神上都没有痛苦，就是快乐。奢侈的生活方式会让人失去宁静，催

---

① 在这封亲笔信中，伊壁鸠鲁解释了他最核心的哲学思想。这封信以及他的其他一些作品可以在《西方哲学经典》（*Classics of Western Philosophy*）这套书中找到。这套书包含了本书提到的几位主要哲学家的作品。——译者注

生焦虑。类似饥渴这样的生理需求很容易得到满足，无须与人争抢，而欲望却永远得不到满足。美好的生活由友谊带来，以安全感为基础。

在我提及的哲学家中，伊壁鸠鲁被讨论得最多。孩子们会赶着回家与父母讨论他，于是知道他的人就更多了。他提供了一种实用的方法，可以帮助我们卸下现代生活带来的包袱，这就是他的魅力所在。"审慎"或"常识"是伊壁鸠鲁哲学的最大优点，因为它能帮助我们区分哪些事情是真正重要的，哪些事情与人类的幸福无关。他揭示了一种看待我们当前生活方式的"新"方法，建议我们重新对那些认定的优先事项进行彻底审视。从古希腊时期开始，他就苦口婆心地劝诫世人，幸福来自简单的生活，它是治疗压力和痛苦的良药。现代的小小哲学家也好，成人哲学家也好，都对他推崇备至，认为他唤醒了我们曾经本能地知道但却不自觉地遗忘了的东西。如果伊壁鸠鲁知道现在有那么多人正在深入思考他的观点，比如，何为美好生活以及如何实现美好生活，那么他一定会感到很欣慰。

现在就让我们来看看伊壁鸠鲁关于幸福生活的秘诀吧。只要"身无病痛，心无挂碍"，就是幸福的生活。幸福其实触手可及，因为"向善轻而易举，为恶不可持续"（《致美诺西斯的信》）。精神上的安宁和满足来自基本需求的满足。奢侈是不必要的，敛财求富不是通往幸福的道路。所有东西都是"多则惑"，身边的东西越多，你的生活也就越来越被这些东西操控。我们要以实用哲学为工具，重新规划自己的日常生活。常识告诉我们，要对生活做减法。

心灵的恐惧是最严重的痛苦，是复杂化战胜简单化的结果。日常生活中就有无数简单的快乐将我们围绕。与朋友的一席清谈、一段悠闲的漫步、一只蝴蝶的翩翩起舞，都能让我们内心充满喜悦。然而，如果我们的思想和心灵过于拥挤，这些简单的快乐就会与我们无缘，就像鸟儿无法在喧嚣中歌唱一样。哲学可以再次告诉我们，如何区分什么是必要的、什么是不必要的。确定生活中哪些是不必要的，并把它们清除，能够让我们的心灵变得更平静。

孩子们几乎立刻就明白了这种伊壁鸠鲁式的基本需求和浮华需求之间的区别。让他们奇怪的是，成年人喜欢"为了自己并不需要的东西而超前消费"，然后为如何支付账单操碎了心。这些人们"并不需要的东西"包括电视机、豪车和"潮鞋"等。孩子们带着一丝抵触的情绪，最终勉强承认微波炉和洗碗机都不是必需品。当一个孩子建议把电子游戏也归入"非必需"那一栏时，看到其他孩子意料之中的反应是非常有趣的。最初一片哗然，夹杂着几声哀号，然后是否认、拒绝，最后一致赞成。关于电子游戏是否重要的讨论是一个很好的例子，让我们看到了孩子们最担忧的问题，即简单生活并不那么容易实现。有很多孩子坚持想要别人都有的东西，即使他们知道这样不好。可悲的是，有孩子声称，如果不赶时髦，你就会觉得自己有问题。对这样的孩子，伊壁鸠鲁的提醒是，当他们感到被遗弃或孤独时，可以加入他的花园，"然后，我们必须认真思考那些能使我们幸福的东西……"（《致美诺西斯的信》）

审慎！　快乐是人类幸福的关键成分，但我们必须警惕快乐行为带来的后果。伊壁鸠鲁在《主要学说》（*Principal Doctrines*）[1]中写道："任何快乐本身都不是坏事，但产生某些快乐的手段所带来的困扰却会比快乐多很多倍。"精神上的快乐往往更为丰富，且很少有痛苦的后果。来自物质财富的快乐是短暂的，却需要我们终生汲汲营营、担惊受怕。美好的

---

[1]　这部作品由40个简短的段落组成。第4、5、15、21和29段非常适合用来探索幸福这个主题。第27和28段则在歌颂友谊。《西方哲学经典》也收录了这部作品。——译者注

记忆（如一个笑容、一个场景或一种香味）是无数宝藏的来源，且不费吹灰之力。伊壁鸠鲁坚持认为，回忆与朋友的一席谈话可以让他忘掉身体的慢性疾病，因为"最剧烈的痛不会持久"（《主要学说》）。用今天的话来说，这叫"精神战胜物质"。伊壁鸠鲁口中的常识就是"不审慎，则无快乐"。

如果我告诉你，你现在的生活状态已经很完美、很完整、很圆满了，那么你可能会觉得我是个疯子。没有人会认为自己的生活是完美的。然而，在内心深处的某个地方，几乎每个人都知道，我们是无边界、无限制的。

夏绿蒂·净香·贝克，《每日禅》

夏绿蒂·净香·贝克出生于新泽西州，年少时就读于公立学校，随后在欧柏林音乐学院深造。作为一位离异的单身母亲，她做过教师、秘书，辛苦挣钱养大了四个孩子。40 多岁的时候，她开始学禅并修行。她师从日本的前角博雄禅师，最终被选为他的第三代传人。目前她在圣迭戈的禅修中心生活和教学。

作为一名普通的美国妇女，贝克将日本精神融入了自己的生活。她想努力解决人类普遍关心的一些问题。她将禅修应用于管理愤怒、绝望、恐惧、爱、痛苦、希望等情绪和为人处世中。贝克的话朴实无华，既不矫饰也不自负，她传授的是能帮助我们在生活中找到幸福的实用方法，这种方法吸引着学生来到禅宗中心修行，也吸引着读者来读她的作品。

每个人都有一个内在的灵性生命，就其本质而言，它是一个澄净、简单、安宁的所在。这种佛教信仰表明，幸福的潜力就在我们体内，每个人都有能力实现幸福人生。幸福来自一个没有碎片和杂念的统一生活，也就是极简生活。

贝克对快节奏的美国式生活十分清楚，多任务处理能力通常被视为一种成就。然而，果真如此吗？那因内心平静而生出的安宁又算什么？与伊壁鸠鲁相似，贝克认为自己关于幸福的实用建议"平淡无奇"。我们只需在自己身上下功夫，通过修行来减少生活中物质层面的杂乱，也减少我们心灵层面的混乱。每个人都会找到属于自己的幸福之路，这是肯定的。好消息是，"每一个当下都蕴含着无数机会"（《每日禅》）。我们必须有耐心，不要期望立即脱胎换骨。唯有努力修行，我们才能减少内心的欲望，才能将肩上担负的东西一一放下，让自己站得更挺拔。要从多任务模式过渡到简单模式需要一个漫长的过程。正念是佛教修行的一个重要组成部分。只有头脑没有被杂念占据，才更有可能让正念发生。

日常生活本身就充满了奇迹。但当我们疲于追逐的时候，生活就像滚筒洗衣机一样疯狂转动，根本无暇体会"生命是一秒接一秒发生的奇迹"（《每日禅》）。孩子们能在一片草叶中看到这样的奇迹。世界上得有多少这样的叶片呢？对孩子们来说，与昔日友邻的意外邂逅是奇迹，训练轮突然从自行车上脱落也是奇迹。你一定记得，当字母表上的字母变成你可以读出来的单词时，那种感觉有多奇妙吧！

所有来到这世上的人都有属于自己的功课。贝克鼓励每个人，无论年纪大小，都要对那个唯一真正属于我们的功课全力以赴，并从中找到幸福。是的，我们的功课就是找到自己的幸福。幸福来自全心全意的生活。如果我们能找到平衡、安守内心，幸福就是我们的。

我们要如何才能安守内心呢？贝克告诉她的学生，只需好好打坐。冥想是佛家修行的核心。从个人的修行经验中，贝克清楚打坐有多难。

各种曲折幽深的情绪和乱七八糟的想法充斥着我们的头脑，无处安放的四肢蠢蠢欲动。每当她的学生抱怨冥想太难且成效未知的时候，她总是回答：好好打坐。贝克用自己的经验在《每日禅》中告诉他们："我们的生活会逐渐安定下来，变得更加平衡。情绪再也不能支配我们了。我们在打坐的时候会发现，必须处理的主要对象就是我们忙碌而喧嚣的心灵。"

孩子们不仅看到了冥想能给自己的生活带来哪些好处，还选出了心仪的师从对象。他们打算和谁讨论"定心"的事情呢？许多孩子希望自己的校长和老师赶快去报个班好好学学禅修。仔细想想，教职人员、食堂工人、保育老师和校车司机都可以报名参加。或许他们的家人在一起吃饭之前应该围着餐桌"打打坐"。教练们如果在比赛前能在他们的板凳上"打打坐"，可能就不会再大吼大叫了。对孩子们来说，如果身边的成年人都心态平和，那真是天大的福分。

忍耐是佛教徒追寻幸福的不二法门。快乐来自内心，"不要指望去身外寻找真正的平和与满足"。我们必须从花花世界收敛心神，慢慢转向遵从本心的简单生活并自得其乐。人生并非注定是一场苦役。正如《每日禅》中所述："我们的身体自有其智慧，是我们的大脑被误用了，才把生活搞得一团糟。"

可以这样与孩子分享哲学问题

- 在讨论贝克的哲学时，我最喜欢的开场白就是问孩子们，是否有人知道什么是"冥想"。有一次，一个孩子把它听成了

"药物"，他自信地大声说，他当然知道，而且他每天都要"服用"两次。好吧，只能说冥想确实是另一种方式的"药物治疗"！ 所以，一定要在开始讨论前把"冥想"这个词写在黑板上，让孩子们搞清楚它的定义。强调一下，冥想就是"打坐"，是让自己沉入稳定、平静的思考。用贝克的话说，这种方法"平淡无奇"。

- 在讨论伊壁鸠鲁的哲学时，可以花点时间对"公社"一词做出明确的定义。听听孩子们对这个问题先入为主的看法是很有趣的。例如："你知道公社是嬉皮士出没的地方吗？"我的定义是，"公社"就是一群志同道合的人聚集在一起，同吃同住，同工同酬。

- 孩子们喜欢找一个成年人来扮演哲学家的角色。当我成为伊壁鸠鲁时，他们一定会问我是否真的认识他。别担心，你会习惯成为一个 2500 岁的人。

- 孩子们经常听到"常识"这个词，但要确保在讨论伊壁鸠鲁的过程中，每个人知道的含义是相同的。我会给出一个更适用于孩子的定义："就是我们稍加思索就能知道的常规想法。"

 ## 哲学探讨

- 一些肤浅的快乐最终会酿出苦果，请举一些这样的例子。
- 用一个非常具体的理由来证明你是幸福的。
- 描述一些你不幸福的时刻。造成不幸福的原因是什么？

- 你会把谁形容为一个幸福的人？你认为这个人是如何变得幸福的？你幸福吗？

 哲学练习

练习 1

在美国儿童文学作家诺顿·贾斯特（Norton Juster）充满哲理的奇幻故事《神奇的收费亭》（*The Phantom Tollbooth*）中，百无聊赖的主人公米洛发现自己的房间里出现了一个收费亭。让孩子们想象正和米洛一起置身于故事中，分享他的冒险经历，用这种生动有趣的方式来了解与幸福相关的新知识。随着故事的发展，米洛慢慢意识到，其实我们需要的东西一直就在眼前，是所有奇迹的来源，比如地上的毛毛虫、天上的云。尤其是最后一章"再见，你好"，写得非常可爱。这本米洛历险记创作于 1961 年，它直接指向了当时人们在追求幸福方面的错误观念。阅读的时候，提醒孩子们留意书中的插图，这些黑白素描出自美国著名漫画家朱尔斯·费弗（Jules Feiffer）之手。问问他们，这些画是怎么做到以如此简单的方式表达出这么丰富的内容的。孩子们喜欢小说中描写的所有拼词游戏，比如"balderdash"（胡言乱语），第一次说出这个词的感觉实在太奇妙了。问问孩子们从米洛身上学到了什么，你可以先告诉他们这个小男孩让你认识到了什么。贾斯特与谢尔顿·哈尼克（Sheldon Harnick）联袂为此书改编的音乐剧撰写了剧本，该音乐剧于 1995 年首演。如果你运气好，说不定能去剧场一睹为快。

练习2

和孩子们一起欣赏音乐剧《你是一个好人，查理·布朗》（*You're A Good Man, Charlie Brown*）[1]，它能完美地让我们从音乐中体会到最简单的快乐。在名为"幸福"的终章中有这样一句歌词："爬上一棵树，抓住一只萤火虫，然后又放了它……我们要回家。"查理·布朗和他的朋友们认识到，正是这些平常琐碎的小事给他们带来了幸福。让孩子们创作一部连环画并加上文字说明，描绘和谐生活中那些简单的快乐。他们会给自己的连环画起什么标题呢？你可以把他们的连环画贴在大海报板上，展示给所有人看。

简化

理解"简化"的概念和实际简化自己的生活完全是两回事。孩子们对日常生活的匆忙深有体会，也愿意去整理那些困惑和混乱，让自己的脚步慢下来。孩子们知道，从他们踏入尘世的那天起，就已经被卷入了这个物欲横流的世界，但他们并不认为这是什么不可避免或令人绝望的陷阱。他们想把自己的精力投入到能带来持久满足的幸福生活中。有多少人在扼腕感叹时光飞逝、一事无成，孩子们不止一次把他们的生活比作"在跑步机上狂奔的仓鼠"。对此，伊壁鸠鲁和贝克有话要说。

伊壁鸠鲁从他的经验中领悟到，其实我们可以学会减少需求，但这并不只是将需求降到最低那么简单。更好的说法是，简化的目的在于真正明白我们的需求到底是什么。首先，我们必须区分虚荣的欲望和自然的需求，并摒弃那些属于虚荣的欲望。对衣服的需求是自然的，但标签

---

[1]　此剧由克拉克·格斯纳作曲、作词、编剧，根据查尔斯·舒尔茨的漫画《花生》（*Peanuts*）改编。——译者注

上的品牌并不能提供温暖。正如《主要学说》所述："在所有的欲望中，有些是自然且必要的，有些是自然的但不必要，有些既不自然也不必要，而是源于无聊的想象。"而现在我们要做的，是区别两种自然的欲望，一种无关紧要、琐碎平庸，一种对美好生活至关重要。友谊是必要的，但朋友的数量并不重要。《主要学说》中写道："智慧告诉我们，要让人生圆满幸福，有些东西必不可少，其中最重要的就是拥有友谊。"在哲学送给我们的礼物中，最符合基本需求的就是明智的判断和务实的理性。游戏和放松是来自生活的必要礼物；另一方面，各式玩具并不是必需的。

孩子们恨不得让所有人都知道简单快乐的珍贵，只要你愿意听。他们向我描述的一些简单快乐包括：懒洋洋地过一天、窗外没人吵美美睡一觉、光着脚丫走路、发现一个旧鸟巢、找到一顶和自己很搭的旧棒球帽、比赛吐西瓜籽、不用打针就可以离开医生的办公室、大雪天学校放假等。说到这些简单的幸福时，孩子们都不由地感叹，居然忽略了那么多的快乐。哪怕只是简单的放松，也是如此美好的享受。

如果贝克和伊壁鸠鲁同时代，那么她可能会是"公社"的女性成员之一。她坚持认为，如果没有简单的生活，就不可能"安守内心"并拥有一个稳定的生活。她在《每日禅》中写道："我开始一层层剥开我的生活，直到那些我真正需要的东西出现。我不会再忽然认为自己一定要拥有这个或那个。这并不是说我放弃了它们，只是我并非真的那么需要它们。大多数人在打坐几年后，会发现他们的生活大大简化了——不是因为突然拥有了什么美德，而是因为需求减少了，欲望自然也就淡了。"欲望让我们永无宁日，哪怕暂时得到了满足，也会被驱使着很快开始新一轮的追逐。

贝克很清楚，很少有人能像伊壁鸠鲁那样，有机会远离尘世喧嚣，隐退到能保护他的安全家园。这位居住在圣迭戈的美国禅宗大师的问题也是每个人的问题——活在当代，如何才能简化自己的生活？

可以这样与孩子分享哲学问题

给孩子们看一些禅宗花园的照片并向他们解释，为了不让枝节横生而抑制健康的新枝生长，花园中的植物都会被定期修剪。你可以把这种修剪比作伊壁鸠鲁和贝克所建议的从生活中剥离非必需品。这些花园能让孩子们感受到平和安宁。你也可以鼓励他们去寻找一个安静的户外场所并将其辟为自己的休憩之地。

 哲学探讨

- 人生有哪些东西是你曾经以为必须拥有，但在仔细思考后发现并不重要的？这些不必要的东西有什么共同之处吗？
- 你的生活可以如何修剪？你认为修剪完成之后你会享受到更简单的生活吗？
- 假设有一棵树上挂着一千个橙子，每个橙子代表一种简单的快乐，等待着你去采摘，那么你会将哪些快乐摘下来放进篮子里？
- 为什么我们会忘记那些简单的快乐以及它们对我们的意义？你的生活中缺少哪些简单的快乐？

哲学练习

练习 1

让孩子们在哲学日记本上选一张空白页，将其分成两栏。一栏的标题是"必要 / 幸福"，另一栏是"快乐 / 愿望"。请他们清点一下家里的物品，把物品名字写在他们认为属于的那一栏里。在这个过程中，随机让他们解释一下分类的理由，比如"为什么蹦床或海报是必需品"。接下来，把范围再缩小一点，先让他们对卧室里的物品如法炮制，然后是厨房。如果你有信用卡，可以借助最近的账单和孩子们讨论"必需品 vs 欲望，幸福 vs 快乐"的话题。有许多孩子以前没有见过信用卡账单，这样一来，他们就可以把未来的购物与账单联系起来了。比如：我们在那家餐馆吃了什么？在玩具店买了什么？

练习 2

让孩子们围坐在钢琴或键盘周围，请一位专业人士来弹奏传统的摇篮曲《简单的礼物》（*Simple Gifts*）。和孩子们一起学唱这首歌，用高声部、女高音以及你能想到的所有声部来和声。如果这首生动摇篮曲的作曲者老约瑟夫·布拉克特（*Elder Joseph Brackett*）听到美妙的童音在赞美"真正的简单"并"转身找到幸福"，那么他一定会非常欣慰。你还可以组织孩子们去其他地方为不同人群（比如养老院的老人或紧急救援人员）表演，还可以去离学校最近的社区。当然，关于如何安排这场即兴音乐会的具体问题，你也可以广泛地向孩子们征求意见。

练习 3

和孩子们一起欣赏美国"灵歌天后"艾瑞莎·富兰克林（Aretha Franklin）的歌。艾瑞莎在底特律出生并长大，孩提时期的她经常与兄弟姐妹们在前廊唱福音歌，一起度过了许多快乐的时光。和孩子们一起，在《我做一个小小的祈祷》（_I Say a Little Prayer_）的歌声中"奔向公交车"。让孩子们在歌声中即兴起舞，在《跷跷板》（_See Saw_）的歌声里尽情摇摆，在《傻瓜一族》（_Chain of Fools_）的歌声中排成长队。问问这些欢快的舞者，为什么不论哪个时代或地域的人都喜欢跳舞？舞蹈和幸福是一对孪生兄弟吗？为什么人们认为音乐和舞蹈是生活中最简单也是最美好的快乐？有一次，当我和一个小组做这个练习时，一个留着小辫子的九岁女孩一边跳舞一边对我唱道："我就是爱跳舞，我超爱这感觉！"

平衡

冥想可以帮助我们为人生清理出一条平坦的道路。安静的打坐为我们的生活带来了平衡与从容。贝克在《每日禅》中写道："我们唯一要做的，就是不断地将我们的思绪从脑子里那些狂乱的念头上一点点移开。"在静默中，变化会一点点发生。打坐让我们进入了不为外物所动的内心世界。打坐唤醒了我们内在安宁且平衡的圣地。就像学生用量角器定位圆心一样，我们也可以在打坐中找到自己的中心，让我们的一切有为，更重要的是，一切无为都以此为据。一旦你心甘情愿地在沉默中静坐，生活就会逐渐慢下来，最终与自然的节奏完全合拍。冥想就是这种打坐的练习：沉下来，沉入稳定、平静的思考中——"平淡无奇"。

我特别热衷于向孩子们介绍冥想练习。我给他们的解释是，只需定期打坐，他们就会变得更平静放松，还能获得一种减少生活中种种困惑和混乱的能力。以下是我常用的冥想引导语，你也可以用它来引导学生：

现在，请你放松地坐在椅子上，挺直你的脊背，抬起你的头，想象有一根无形的绳子，把你的头顶和天花板连接起来……放松你的肩膀，让你的双肩保持在同一条直线上……双肩放平，放平到如果有一支箭射过来，可以直接穿过一个肩膀，然后再穿过另一个……想象你的脊柱是大写字母"T"垂直的部分，你的肩膀是水平的部分……将你的双脚稳稳地安放在地板上……现在，将一只手的掌心放在另一只手的手背上，再将它们放在你的腿上……这个姿势会让你感到很自然，很放松……可以让你的呼吸轻松地进出你的身体……现在，你可以闭上眼睛，如果你愿意……当然，你也可以把目光集中在你面前地板上的某个地方……接下来，用你的腹部，通过鼻子一点点吸气，同时在心里默数 1、2、3、4……屏住呼吸，同样数四下，1、2、3、4……再用嘴呼气，把腹腔内的气体一点点推出去……慢慢地，一点一点地，1、2、3、4……

一遍一遍地重复。如果是在室外打坐，就让孩子们想象有一根绳子把他们的头顶和天空连接起来。

对大多数人来说，把自己的身体调整到"T"的形状是一种全新的体验。我们已经习惯了含胸驼背、用胸腔做短促呼吸的姿势。有时孩子们会把被要求坐直与不舒服或遭训斥联系起来。因此，在练习的过程中，一定要在孩子们中间来回走动，默默地帮助他们调整身体并鼓励他们适应这个新姿势。很快，缓慢的呼气就会成为现场唯一的声音。你可以根据需要重复某些具体的指示。

孩子们对第一次打坐的描述相当生动。有的说"有点吓人"，因为他们从来没有这样静止不动过。有的说一开始有点惴惴不安，不知道接下来会发生什么，但后来觉得"还不错"。经常有孩子说在第一次冥想时会听到某些声音。还有一个女孩，虽然她解释不了自己的体验，但不管它是什么，她还是很肯定地告诉大家"一切都很真实、很清晰"。她的 12 岁同学科里提供了一个非常中肯的描述，也是对正式佛教冥想的准确写照："我真的非常专注。我看着，听着，然后一切都开始融合在一起了，包括我在内。当我融合进去时，感觉眼前似乎一片虚无。一切都感觉很近又很远，很奇怪但很有趣。"

孩子们是冥想最好的代言人。他们告诉我，当头脑清晰时，他们很少生气，因为没有困惑。这是多么强大的悟性！仅仅只是那么坐着，他们年幼的生命就拥有了伊壁鸠鲁所推崇的可"避免痛苦和恐惧"的强大判断力和审慎心。他们的杂念更少，"贴近真我的感觉太好了""没有狂乱，没有大喜大悲"。如果在校车上或做作业前能够让心安静下来，似乎就"可以更好地集中精力做任何事情"。

如果人能在年少时就学会欣赏平衡的生活，那么这种经验可以伴随他们一生。能够在繁忙的世界中保持稳定将使他们终身受益。打坐会让他们在此时此地体会到意想不到的快乐。我清楚地记得，在第一次尝试冥想后，九岁的凯欧娜手心朝上伸出双臂的样子。她用自己的节拍摇头晃脑地大声说："这感觉太神了！"

一旦我们的心灵安定下来，就会像泥水变得澄清一样，那么我们的真性也可以陶醉在简单平凡但永恒的快乐中，就好像为了让我们的生命空间更开阔而需要把垃圾扔出去一样。伊壁鸠鲁在《致美诺西斯的信》中也承认"摆脱欲望有莫大的好处"。我们有能力通过冥想创造一种内在生命，通过自我约束创造一种外在生活，用这种方式获得幸福。我们需要努力去了解什么是幸福，然后选择如何在生活中实现幸福。

可以这样与孩子分享哲学问题

在讨论平衡问题时准备一个飞盘，在它的中心位置做个记号。冥想可以帮助我们到达我们自己的中心点。这个中心点是飞盘的平衡点，也是人类的平衡点。问问孩子们，他们会如何确定自己的中心点。一个完全平衡不动的跷跷板也是一个能为你带来帮助的比喻。你可以模仿这个平衡的跷跷板，把你的双手伸直，中指指尖相对。请孩子们也摆出这样的姿势，观察一下平衡情况。

 哲学探讨

- 在你周围的成年人中，你希望谁能通过打坐享受一段安宁的时光？为什么？
- 你认为打坐难吗？如果你觉得难，原因是什么呢？打坐是不是让你的心更容易静下来了？你看到了冥想的哪些好处？
- 你会觉得生活太过忙碌吗？你的生活中是否发生了太多的事情？为什么会这样？

 哲学练习

每天抽一点时间来安静地思考。每日冥想会让孩子们从中获得更多好处。这种慢下来、定下来的状态会慢慢地渗入他们生活的其他方面。告诉他们，你在他们的行为和态度中看到了哪些因冥想而发生的改变。

注意，当你自己或其他志愿者给孩子们示范如何冥想时，一定要保证你们的姿势是正确的，要让孩子们看到自由流动的呼吸，全程要慢慢地引导他们。每次在做这个练习的时候，我会要求孩子们不要问问题，这样就会慢慢进入静默状态。

本章小结

孩子们的话里话外、声音表情，无一不流露出他们对幸福的渴望。有太多孩子过得郁郁寡欢、十分艰难。有一些孩子一面沉迷于消费，一面又困惑不安。几乎所有孩子都立即接受了伊壁鸠鲁和他提倡的简单快乐的生活方式。但他们也认为，在当今这个狂热的世界上，简单的生活并不那么容易创造。除非成人和儿童一起努力，驱散那些威胁着所有人（不分年龄）的压力和困惑，否则孩子们将不可能摆脱这个陷阱。我发现孩子们真的很感激我教他们打坐。每次走进教室，那些从冥想中得到快乐的孩子都会对我笑脸相迎。

当孩子们审视自己稚嫩的人生时，他们展示了一个人在追求幸福的过程中可能走过的许多弯路。他们坦然承认所有不幸都是自找的，但所有人都拥有无限可能。即使是成年人也可以清空自己的头脑，找到新的玩法。

漫游在哲学的世界里

- 夏绿蒂·净香·贝克的《每日禅》。"我的狗从不担心生命的意义"，以这样的句子开头的书，谁能忍得住不往下读呢？
所有的内容都值得一读，尤其一定不能错过《无心的寓言》
（ *The Parable of Mushin* ）。无心住在一个名叫"希望"的小
镇上，几乎所有时间他都待在一个火车站照顾孩子们。这里
有巧克力棒和秋千架，还有一支在火车站后面打球的棒球
队。请坐上这趟属于无心的列车，你和孩子们会记住这次旅
行的。

- 摇篮曲《简单的礼物》，由老约瑟夫·布拉克特创作。亚
伦·科普兰（Aaron Copland）在舞剧《阿帕拉契亚之春》
（ *Appalachian Spring* ）中收录了好几个不同版本的《简单的
礼物》。孩子们喜欢威廉·沃菲尔德（William Warfield）的
男中音演绎。

- 艾瑞莎·富兰克林的《我做一个小小的祈祷》和《跷跷板》。

第 5 章

公正
Justice

不论是谁，在任何时候都不应把自己和他人仅仅视为工具，而应该永远将自身视为目的。

伊曼努尔·康德（Immanuel Kant）

《道德形而上学的奠基》（*Grounding for the Metaphysics of Morals*）[①]

关于公正的哲学对话

在与孩子们谈论公正时，我发现这是一个很难把握的概念。这个概念的核心是平等观念，但考虑到每个人独特的生活环境，平等真的可能实现吗？也许真正的公正在于承认人与人之间存在差异并努力将其减小到不那么夸张的程度。一个重视公正的社会会让大多数人感到舒适并加倍珍惜。

[①] 所有关于该书的译文，均援引自《道德形而上学的奠基（注释本）》（中国人民大学出版社）。——译者注

那么，什么是"公正"呢？社会对其含义的理解是否与时俱进？有哪个社会接近于实现公正了吗？如果对"公正"的概念有了更好的理解和把握，社会问题会变得更少吗？压迫和公正似乎是对立的，如果在还没有完全搞清楚公正的本质的情况下就认为压迫是可以被推翻的，那么这是否只是一句空话？

在哲学和宗教文献中，随处可见前人对公正所涉及的诸多问题的探索。柏拉图殚精竭虑地创造了一个公正社会的模板，并希望其能为各希腊城邦所用；亚里士多德研究了分配、补偿和惩罚之间的差异；在《旧约》和《新约》中，关于公正的概念（如寻求报复、"以眼还眼""主动奉上另一边脸颊"）是清晰且对比鲜明的；在印度教和佛教经典中，公正感是建立在因果报应法则之上的。

孩子们为公正下定义时干脆利落。他们告诉我，公正意味着"平均""平等""平衡"以及"公平"。然而，话刚出口，他们就感觉自己并没有完全理解这个概念。当我探究他们感到不确定的原因时，他们告诉我"看起来不公平的事情可能是公平的"，反之亦然。例如，有些学生在数学学习上会得到更多来自老师的帮助，因为他们真的需要；有些学生会因为他们根本没有做过的事情而陷入麻烦；不是所有饮水机都必须是同样的高度，因为低矮一些对孩子们来说更方便；还有"我可以走楼梯，但拄着拐杖的人需要坐电梯"。孩子们知道，一件事是否"平等"或"公平"，往往取决于旁观者的眼光。

为了帮助大家拓宽对公正的定义，我向孩子们提出了这种可能性：公正是一种保护，保护所有人都有充分发挥潜力的机会，无论是谁。然后我问他们："有哪些东西需要保护才能成长？"他们的答案五花八门："幼树""小狗""营火""友谊"。随着对话的推进，不少小小哲学家几乎同时意识到，他们自己也是一个特殊的群体，需要精心呵护才能成长，才有机会发挥自身的潜力。因此，当我问"还有谁需要保护"时，他们齐声回答："我们！"

儿童对公正很敏感，对不公正则更敏感。很多孩子都声称曾见识过那种不公正的老师。有些老师会明显更宠爱某些学生，还有一些老师会看人下菜碟。父母也是孩子们经常抱怨的对象，认为他们在对待子女时做不到一碗水端平。教练们必须注意自己的言行，因为小运动员们可全都看在眼里呢。孩子们也承认，他们有时候会在明知不对的情况下也嚷嚷某件事情不公正，例如："就因为我碰巧把山姆的午餐吃了，就让我罚站，这不公平。"孩子们有很多像这样的例子，其实处理是公正的，但他们当时就是不高兴。不过，本能会提醒他们注意到不公正的待遇，就像他们装着某种雷达一样。孩子们可能没办法把问题表达得很清楚，但他们会敏锐地感觉有什么不对劲。

从很多方面看，孩子们是社会中最脆弱的成员。他们个子小，声音也小，如果成人不弯下腰去倾听他们的声音，他们就有可能受苦。因此，身为成年人，我们一定要帮助孩子们，让他们对公正有正确、全面的理解，并将他们作为社会的正式成员来对待。我在讨论中发现，有的父母和其他权威人物有时对待孩子有失公正。与孩子们的合作让我们对孩子生活中的公正有了更好的理解，虽然必须依赖成年人，但他们是独立而完整的个体。

在公正的核心问题上，康德和巴西著名教育家保罗·弗莱雷（Paulo Freire）与孩子们是站在同一条战线上的。康德试图让公平和尊严的概念适用于所有人。弗莱雷着眼于探索贫穷和压迫之间的联系，以及教育在打破这种束缚方面应该发挥的作用。康德依靠人类的推理能力来做出公正的决定，弗莱雷提出了以尊重人性为前提的公正的教育理论。

可以这样与孩子分享哲学问题

- 在和孩子们讨论公正的时候，最好不要只给出定义，你可以讲一个与这个主题相关的故事，或是举一些与这个概念相关的例子，这样对孩子们更有吸引力。令人遗憾的是，人类受到不公正待遇的故事实在太多了。别忘了要不断地把孩子们的注意力从故事上拉回来，让他们用一两个词语来定义这个概念。

- 如果孩子们觉得对公正的含义不甚理解，那么可以先给他们举一些代表不公正的例子，从反面来进行阐释。

- 注意那些以偏概全的说法。当孩子们积极踊跃地指出各种不公正现象时，他们可能会一概而论，比如人们如何如何，老师如何如何，教练又如何如何。提醒他们在做出"所有……都……"这类"一竿子打死一船人"的陈述时要及时警醒。如果你不慎犯了这种错误，就向孩子们展示你是如何自我纠正的，这是以身作则的好机会。

 ## 哲学探讨

- 你听到过"公正"一词的哪些用法？
- 所有人都是平等的吗？所有人都是一样的吗？你能解释你的推论吗？

- 在你生活的小圈子以及外面更大的世界里，有哪些不公正的
  例子？

 哲学练习

听听美国作曲家亚伦·科普兰（Aaron Copland）的《林肯肖像》（*A Lincoln Portrait*）。这部作品将林肯的演讲内容、信件节选与他那个年代的歌曲巧妙地融合在一起。让孩子们假装林肯就在现场对他们讲话，并要求他们对林肯的观点做具体的阐释。例如，林肯说，以往陈旧的思维方式已经不够用了，我们需要新观念和新方法来解决当前的问题，为所有人创造更好的生活。请孩子们举出具体的例子，证明旧的思维方式不够用了。例如，独立办学是缓解种族关系紧张的好办法吗？暴力是否为冲突提供了一个永久的解决方案？如果你无视不公正，它就会消失吗？在小小哲学家们至少听了两次录音后，让他们假设你代表林肯，并与你分享他们发现的问题或观察到的结果。认真倾听他们关注的内容。

与哲学家相遇

按照一个同时能够被视为一条普遍法则的准则行动！

康德，《道德形而上学的奠基》

康德一生都生活在东普鲁士的柯尼斯堡，去过的最远的地方就是周

围的乡村。他从学生时代开始就在大学任职，最终成为一位著名的逻辑学教授。在 1781 年出版了《纯粹理性批判》(*Critique of Pure Reason*)一书后，康德就与柏拉图一起，被尊为西方哲学的奠基人。

作为一位崇尚推理能力的逻辑学家，康德提出了一个完全以理性来解决道德困境的框架。他坚持认为，人类的感情用事和"唯结果论"妨碍了客观性和公正性。康德伦理学对我们的法律制度和当代道德理性的影响，怎么强调都不为过。这种伦理的吸引力在于，它可靠地过滤了不纯洁的动机，照亮了对所有人都公平的东西，保证了平等和公正。

康德相信，所有普通人（比如，和他一起坐在柯尼斯堡公园长椅上休憩或一起观看棒球比赛的小市民）的内心对于是非善恶都有"一杆秤"，即使他们无法清楚地表达出来。他信誓旦旦地告诉大家，只要拥有了逻辑推理的力量，每个人就都能创造出一个适用于所有人的道德理论。如果一件事对你是公平的，那对我和所有其他人也是公平的。在《道德形而上学的奠基》中，康德的任务就是把这种"绝对道德"带到大家面前，让大家看清楚。在康德的核心道德理论中，基本的原理就是"己所不欲勿施于人"。例如，如果我为了自己方便而对你撒了谎，那我就不应该指望你在这段关系中始终保持诚实；如果我要求你在我外出时照顾家里的小动物，并对你的责任感百分百放心，那当你去度假的时候，如果我拒绝照顾你的宠物就是不公平的。

我让孩子们以康德的理论为根据，指出我前面举的例子有什么问题，他们马上说："这就是不公平呀。"小小哲学家们紧接着举出了很多他们行为有失偏颇的例子。他们同意康德的观点，认为人很容易"对自己破例"。还有几个孩子承认："我跳绳的时候会埋怨别人摇得太快，害得我跳不过去，但轮到我摇绳的时候，我也会摇得那么快，因为看到朋友们的脚被缠住很有趣。"一个班所有的孩子都认为捉迷藏的基本规则是"不能偷看",但每个人都举手承认他们"偶尔会飞快地偷看一下"。显然,为自己找借口是人之常情,所以小小哲学家们急切地想知道康德会给出什么样的改进建议。

康德提出了一个逻辑结构:逻辑思考就像一个过滤器,可以用来净化动机,通过这种净化作用,人类的头脑就可以客观地审查问题。在困境经过清晰思维的过滤之后,最终留下的就是解决方案。正确的行为动机必须是"善的意志",一个超越自私、个人感受和"唯结果论"的意志。他在《道德形而上学的奠基》中说:"善的意志并不因它造成或达成的东西而善,并不因它适宜于达到任何一个预定的目的而善,而是仅仅因意欲而善,也就是说,它就自身而言是善的。"当我向孩子们解释,康德的"善"意味着你能从公平中得到什么并不重要时,他们向我保证完全明白他的意思。"我在食堂帮忙并不是因为会得到校长的点名表扬,而是因为每个人都应该帮助别人。""我花时间帮朋友找到他的外套,因为这是朋友义不容辞的责任。"你做正确的事情,只是因为这样做是正确的。

这个逻辑框架明确了什么是正确的事情,康德称之为"定言命令"(categorical imperative,也称绝对命令)。当你向孩子们介绍"定言命令"这个概念时,最好将"定言"和"命令"两个词分开解释。一个"定言"陈述是一个毋庸置疑、放之天下而皆准的真理,适用于所有人。"定言"的一个确切替代词是"绝对"。在任何可以想象的情况下,无条件的陈述都不可能是不真实的。我经常提醒孩子们,康德正在寻找一种方法来得出对任何人、任何时间都是真理的结论。在英语中,祈使句是一个发出命令的句子,比如:"跳!""继续努力!""你必须尊重他人!"一个祈使句就是在不容置疑地告诉我们应该做什么。

在孩子们理解了这两个词的含义后，你就可以把它们放在一起，更明确地表达康德的意思：定言命令是一个对所有人都适用的普遍性命令。我发现，小小哲学家们说起"定言命令"这个短语的时候有点拗口，在学习了它的含义之后，他们喜欢用它英文的前三个字母"cat"（猫）作为这个重要理论的简称。

对康德来说，定言命令依赖的是客观的推理，这显然保证了决定的公平性。他在《道德形而上学的奠基》中提出了两个定言命令式的陈述，尽管它们的措辞截然不同，但他坚持认为是相同的。

第一个陈述是，"按照一个普遍的准则行事"。因为道德决定具有普遍意义，所以它们可以促进一个公正社会的形成。虽然在康德看来，人们很少会遇到艰难的道德选择，但若不幸面临这样的处境时，出于公正，他们必须做到不偏不倚。而要做到不偏不倚，就必须让所有人都做出同样的选择。如果我选择不交税，我就会希望每个人都不交税；如果在经济拮据的情况下我也选择慷慨解囊，那我就会希望慷慨成为一种普遍法则。

每个人的"良心"，也就是康德所指"善的意志"，都会用"定言命令"来要求一个人永远不要把自己当成例外。康德认识到，按照"定言命令"逻辑所产生的答案可能不是你想要的答案，但符合逻辑的命令会让你知道什么是普遍的公平。在他著名的"虚假承诺"的例子中，他问你是否能在根本不打算还钱的情况下借到钱。虽然你可能有很多现实的考虑（比如债主很有钱，而且你只借20美元，或是这些钱可解决多少燃眉之急等），但你是否愿意让说谎变成普遍法则？康德的"定言命令"强调不偏不倚地使用理性，对此的回答是"绝对不行"。很多小小哲学家在无意中重复了康德的信念，即"定言命令"存在于我们的日常理解中。"现在我知道在公园摘花为什么不对了——要是每个人都这样做，那么花园得变成什么样啊？"

第二个陈述是"不要让你自己成为他人的纯然手段，要对他们来说同时是目的"。人是有尊严的，本身就是目的，而不是棋局中的棋子，任由他人随意摆布。在对"命令"的这一描述中，康德坚持认为，利用别人来满足自身需要的行为（例如剽窃行为，剽窃者利用原作者、老师和其他学生只为一己私利）是绝对不能接受的。我要求孩子们回想一下，他们是否曾为了自己的需要而以他人为某种手段。利用他人，将其作为自己达到目的的手段，这对孩子们来说并不难理解。事实上，他们明白这样做是多么地容易，尽管"感觉不好"。"我故意扰乱课堂，这样我们就不用做数学题了。""我只在午餐时和萨拉坐在一起，因为她会把她的饼干分给我。"我问孩子们，用这种方式利用他人有什么不公平，对此他们有什么解释。他们的答案五花八门，其中包括："其他人也是人啊""人不像钱，不能用来换东西""我认为每个人都应该得到尊重"。

尽管康德觉得，普通人并不会用"绝对命令"这样的语言来描述做"正确的事"具有怎样的意义，但他坚持认为，我们内心知道这就是事实。他承认，人类的动机是非常复杂的，也许不管怎么努力，都会残留一些自私的痕迹，但他深信不疑地认为，一个有理智的人能够在"定言命令"的公正框架内行事。在康德的设想中，一个将他的"定言命令"付诸实践的世界极有可能在重大问题上毫无异议，因为每个人都抛弃了私欲，只剩下理性的头脑。这是一个平衡的世界，公正在其中茁壮成长。

在我们与学生的关系中，不应缺少的另一个见证是我们对公正、自由和个人权利永不停止的追求，是我们在弱者受到强者剥削时对他们尽心竭力的保护。

保罗·弗莱雷

《作为文化工作者的教师》(*Teachers as Cultural Workers*)[①]

保罗·弗莱雷是一位巴西教育家，他将自己对教育的一腔热忱投入到成人扫盲的事业中。作为累西腓大学的教育哲学教授，他一生的工作目标就是让更多的人有机会学习，以此来对抗贫困对巴西人民的压迫性影响。由于他致力于让巴西农民接受教育，这让巴西军方感觉受到了威胁，也导致了他长达 15 年的政治流亡。1969 年，弗莱雷成为哈佛大学的访问学者。1989 年，他被任命为圣保罗的教育部长。

多年的流亡生涯证实了弗莱雷的怀疑，他对教育政策和实践的激进要求"可能会在一些读者中引发负面反应"。他很清楚，如果现状让有些人感到很舒服，那他的革命言论肯定会让这些人感到不舒服。什么样的人会对社会现状深感满意呢？弗莱雷对此进行了深入的挖掘，并在哲学领域取得了新突破。如果我们要认真、严肃地探索何为公正，那必然也要诚实、严谨地研究何为不公正。弗莱雷挖开了那片滋生压迫的土壤，让它下面那纵横交错的根须暴露在光天化日之下，从而让我们知道，之所以有那么多贫困以及因贫困导致的种种不公，部分原因就是令人窒息的教育方法促成并支持了黑暗的生长。

对巴西民众的苦难，弗莱雷终生感同身受，因为他也是他们中的一员。弗莱雷在贫穷中长大，从未失去对那些无力与贫困抗争的人的同情。弗莱雷深知，被压迫的个人失去了控制和主导自己命运的权利，因为他

---

① 此书汇编了弗莱雷写给广大教师的一系列信件。弗莱雷在其中分别检验了专制和放任的教学方法。——译者注

们无法摆脱经济的制约。穷人处处被剥削，沦为社会的边缘人群，忍受苦难、挣扎求生。在他们看来，世道注定不公，所以从没想过要采取政治行动来改变它。正如他在《作为文化工作者的教师》中所述："如果人们被世界孤立，就不会有寻求解放的意识。"压迫者完全不把被压迫者当人看待，被压迫者也就不把自己当人了。在压迫者的心目中，草芥一般的被压迫者是麻木无知的，必须被隔绝在正常社会的成员之外。在没有得到任何资源的情况下，被压迫者永远不会知道或无法想象另一种生活方式，他们内化了这样一种观念：他们穷困潦倒是应该的，是他们自己造成的。

弗莱雷领悟到，对压迫者来说，完全没有必要对一个能很好满足他们需求的系统做任何改变。压迫者从廉价的劳动力和服务中获益——这是一个以其他人为手段来达到目的的真实例子。压迫消灭了被剥削者的声音，而那些剥削者则享受着未受教育的大众毫不反抗、毫无异议的顺从。他在《被压迫者教育学》（*Pedagogy of the Oppressed*）一书中指出："压迫者……既不愿意让人看到世界的真相，也不愿意看到它被改造。"压迫者却不认为他们是这样的，并对认为他们代表不公的指控表现得义愤填膺。他们干什么了？强者的统治天经地义，所以特权是他们应得的！无论是被压迫者还是压迫者，都没有"公正"的概念。压迫造成的去人性化现象在社会的各个层面循环。

弗莱雷认真地研究了教育机构在延续压迫中所扮演的帮凶角色。他把这种压迫性的教育方法称为"储蓄式教育"，即教师们将当前社会的价值观如存钱一样存入学生的思想中，学生只能被动地接受，就像没有生命的容器一样——不问任何问题，也不采取任何行动。

弗莱雷知道，如果不进行教育改革，要想打破贫穷的恶性循环就只能是徒劳。他敦促各地的教育工作者重新对自己的教学方法和教学内容进行批判性思考。在他充满反抗精神的激进教育哲学中，"觉悟启蒙"是核心所在。"觉悟启蒙"是通过了解社会不公正的原因而意识到社会的不公正，并通过教育发展出各种技能来抵制和推翻压迫。弗莱雷要求教师鼓励学生在课堂上积极交流，让教育理论变得生动鲜活起来，并要求教育理论必须实用，能帮助学生将来在社会上安身立命。

我发现，在和孩子们讨论"贫穷"这一极度棘手的话题时，弗莱雷向我提供了新的方法。在这些孩子们的生活中，社会经济不平等有一种微妙而且有时是显而易见的影响。例如：可以清楚地看到有些学生正在努力将他们的"减价餐"藏起来，不让那些享受美味便当的同学看见；当一个孩子穿着打补丁的大衣坐校车时，他从上车到找到位置坐下这一段短短的路可能是一段充满羞耻的旅程。正是因为有了弗莱雷的生活经历和哲学思想，我们才有可能在一个教室里和不同经济阶层的孩子谈论贫困问题。我把"贫穷导致不公"这一主题特地留到对弗莱雷的观点做完详细讨论之后。在得知弗莱雷也是个穷人后，每个孩子都由衷地向他致敬，特别是那些亲身体验过贫穷所带来的孤独感的孩子。"有一次，我们必须做一个项目，我用的是从垃圾箱里捡回来的纸板，和其他同学的新海报板相比，我的作品看起来糟糕透了。"一个 10 岁孩子的发言鼓舞了其他人。又一个孩子勇敢地发言了："电脑对我家来说太贵了，所以我不得不在课间休息或者放学后留下来使用学校的电脑，而且其他同学都知道这是因为我家很穷。"弗莱雷让那些对自己的生活环境羞于启齿的孩子鼓起了发声的勇气。我发现，几乎所有孩子在听了他们的发言之后都表现得很体贴热情，"我回去问问妈妈，看看你能不能在放学后和我一起回家，我们可以一起用我的电脑"。在弗莱雷的帮助下，小小哲学家们懂得了贫穷不可耻，注重平等的教育才是出路。弗莱雷认为，所有成年人都有机会在儿童的生活中给予他们适当的教育，而且，正如他在《作为文化工作者的教师》一书中所说，这种教育"并不限于数学、地理、语法、历史……还应该涉及社会不公的内容并致力于战胜这样的不公。"

教育能解放人的思想，揭露压迫的卑劣本质，鼓舞越来越多的批判性思想家为自己的人生奋斗。当一个充满可能性的世界向个人打开时，压迫性的结构就会崩溃。

可以这样与孩子分享哲学问题

- 在向孩子们解释康德提出的"普遍法则"的概念时，可以说"它意味着如果我应该这样做，那么每个人在同样的情况下都应该这样做"，这可以帮助他们更好地理解。
- 在探讨弗莱雷的哲学时，一定要让小小哲学家们明白，贫穷并不是他们的错。在你讨论弗莱雷的贫穷观时，一些孩子会平生第一次摆脱因贫穷而产生的自责和内疚。
- 在学习康德提出的"纯洁心灵"这一概念时，用同义词"洁净"来解释"纯洁"会有助于孩子们理解。"纯洁心灵"就是已经得到彻底清洗的心灵，没有任何自私的动机。

 ## 哲学探讨

- 你对定言命令的两个陈述有什么看法？你会在生活中采纳康

德的建议吗？为什么？

- 为什么有些孩子拥有健康、乐趣和机会，有些孩子却在受苦？你相信运气吗？如果相信，那么你觉得运气是公平的吗？

- 有哪些不公平的情形，虽然现在不影响你，但以后可能会出现在你的生活中？例如，如果有一栋大楼是坐轮椅的人无法进入的，那么你认为你什么时候才会真正注意到这种缺乏通道的情况？

- 什么是压迫？你会在哪里看到它？你能对它做什么？

- 什么是权力？为什么有些人那么渴望它？为什么有的人总想控制别人？

- 不平等现象是如何出现的？是什么造成了贫富差距？为什么有些人的生活很轻松，有些人却在苦苦挣扎？

- 你的老师能从弗莱雷那里学到什么并使你受益？如果弗莱雷是你的老师，那么你认为你的学校生活会是怎样的？

- 如果弗莱雷在你的教室里待一个星期，那么他会有什么看法？是否会在你们的教育中看到"储蓄式教学法"或"提问式教学法"？

 哲学练习

练习 1

听听美国歌手鲍勃·迪伦（Bob Dylan）的《且听风吟》（*Blowin' in The Wind*）。在和孩子们讨论公正的问题时，这首歌的歌词为你提供了丰富的话题。迪伦的口琴和吉他伴随着他绝望的追问"还有多久",令人动容。他质问爱心人士,还要继续无视严重的社会问题多久。请孩子们和他一起追问,在每个人都能同意"不再"之前,还会有多少人死去。让孩子们告诉迪伦,为什么让每个人都得到人道主义对待是如此地难。和孩子们讨论,人们该如何做才能防止自己成为不公正问题的一部分。要求孩子们在他们的哲学日记中写下他们可以与鲍勃·迪伦分享的解决方案。你也可以播放不同艺术家对这首歌的演绎,孩子们一定会很喜欢。

练习 2

阅读《比阿特丽斯的山羊》(*Beatrice's Goat*),这是一本可爱的图画书,展示了一个九岁的乌干达女孩人生中发生的变化。当山羊产的羊奶和生的小羊被卖出去后,比阿特丽斯就可以去上学了。她和山羊穆吉萨一起,让小小哲学家们知道了学习有多重要,并鼓励他们思考自己受教育的意义。通过这本书,孩子们可以看到这个村庄遭受的贫困是多么地不公平,又是多么地不应该。只需向这里的人民提供一些最基本的资源,就可以帮助减轻他们身上不公正的负担。山羊是送给村庄的礼物,来自"国际小母牛组织"(Heifer International)① 赞助的一个项目。这个组织是帮助不同年龄的哲学家们了解全球问题并激励他们采取行动的绝佳资源。山羊穆吉萨的到来影响了整个社区,使比阿特丽斯村的贫困状况得到了极大的改善。让孩子们仔细看看"国际小母牛组织"为学校和社区规划的各种优秀教育项目。一定要让这些孩子们明白,他们并非无能为力,年纪小也并不意味着不可以给予这个世界积极的关注。帮助他们选择一个由该组织赞助的项目,并指导他们一步步实现这个项目。

---

① 这是一家著名的全球性非营利机构,通过向贫困地区提供畜禽及饲养技能培训,帮助贫困国家摆脱贫困,实现自力更生,自主发展。——译者注

练习 3

阅读爱尔兰诗人谢默斯·希尼（Seamus Heaney）的三行诗《海滩》（*The Strand*）。向孩子们解释，诗中的"ashplant"是指手杖。请他们想象多年后自己沿着海滩行走，像诗人的父亲一样挂着手杖休息的情景。手杖在海滩上戳出的点组成了一条线，海水永远冲不走。提醒小小哲学家们注意康德的道德理论，"规则永远适用于所有人"。请孩子们在他们的哲学日记中写下一些他们认为无论如何都应该永远存在的道德规则，这些规则就像《海滩》中手杖留下的痕迹一样永久。

尊严

"像你希望别人如何对待你那样去对待别人"，这是孩子们反复听到的提醒。在探讨公正、公平和平等的概念时，这句暗示了如何尊重他人的话语值得我们做进一步的哲学分析。根据我的经验，当询问孩子们"你想被人如何对待"时，就有了丰富的讨论内容。他们的回答不仅更好地诠释了前面那句"黄金法则"，也让人看到了他们对自尊的认识。"我喜欢被当作有价值的人对待，有很大价值的那种。""我希望人们把我视为一个独立的人。""虽然我还小，但我希望别人把我当成聪明人来对话。"孩子们喜欢了解人类尊严的主题，特别是当他们意识到尊严也适用于他们时。对许多年幼者来说，"自尊"是一个新观念，他们会认真思考如何看待这个概念，以及如何将它用到生活中。你会发现，不论是康德的"绝对命令"还是弗莱雷倡导的批判性思维，在涉及公正概念的核心——"尊严"这一话题时，都能激发大量讨论，让孩子们受益匪浅。

我遇到的许多孩子都能生动地描述"储蓄式教学"是什么样子的。不管是小学生还是中学生，都能举出例子说明弗莱雷所批评的这种"储蓄式教学"理念是如何降低学生的价值感,将他们的潜力一点点泯灭的:"被迫背诵成吨的东西,又累又没意义。""我只能用一种方式握笔。""数学卷子必须是'那个'样子的。""我们在走廊上只能这样走。""你的答案很有创意,但你不能这么答。"弗莱雷在《被压迫者教育学》中说:"不幸的是,那些拥护解放事业的人本身就被生成'储蓄式'概念的氛围所包围和影响了,他们往往没有察觉到它的真正意义或它的去人性化力量。"在和孩子们讨论"储蓄式教学"概念及其与不公正的联系时,我在多个课堂上都听到他们说:"那种教学方法对待学生的方式我很不喜欢,因为它让我觉得自己很愚蠢。"

"储蓄式教学"方法假定儿童都是无知的。在奉行这一方法的教师看来,维护儿童的自尊心往往只会起"反作用",因为儿童的头脑被认为是空的容器,他必须尽可能高效地将既定的信息存入其中。正如《被压迫者教育学》中所说:"他往这个容器里塞的东西越多,他就越会被认为是好老师;学生越是顺从地允许自己的大脑被填满,就越被认为是好学生。"在一些班级里,如果孩子们不听话或学习落后,他们就会被剥夺"额外"的机会,如课间休息、音乐课和艺术课。这些活动是自我表达的重要机会,没有这些活动,孩子们就会失去自我价值感。众多孩子争先恐后地给我举例说明,在学校期间,他们觉得自己不被尊重。"在教室的前面有一个写着我名字的小槽,会根据我表现的好坏插上不同颜色的旗子。当我表现不好时,我必须当着全班同学的面站起来,换上代表表现更差的颜色的旗子。""我们白天有很多时候都不被允许说话,甚至在午餐时也不允许说话,可小孩子真的很喜欢说话。""我曾经被带去听其他同学讲他们的故事,他们说自己因为说话方式'不对'而被纠正,这让他们很羞愧。"弗莱雷在《作为文化工作者的教师》一书中写道:"只有当学习者认可自己……并看到他们说'I be'的权利受到尊重时,他们才能够学习到应该说‘I am’的原因。”

孩子们和我把康德的第二个"定言命令"陈述"永远不要只把别人视为达到目的的手段，也不要让自己被利用"与"尊严"的概念联系起来。这句话会如何帮助他们成为独立自尊的人呢？孩子们对于这点有所疑虑。有的孩子表示担心，不知道该如何做才能避免被利用。孩子们有时候会被大人们为了自己的方便而利用，有时候会被一群人当作笑料，有时候会被迫成为替罪羊，有时候会被父母中的一方用来对付另一方。一个孩子能做什么来维护自己呢？为了回答这个问题，我和孩子们一起更仔细地研究了第二个陈述。这个"定言命令"不仅否定了利用他人，还禁止允许自己被利用。你，一个有理性的人，是有尊严的。这个"定言命令"的陈述可以用在哪些地方呢？我问孩子们，作为有尊严的人，他们对自己有什么要求？如何才能公正地对待自己？康德坚持认为，公正的要求意味着我们对自己和他人都有道德义务。于是孩子们开始探讨他们对自己的义务。"考试的时候我不会让别人抄我的答案。""当有些事我做不到的时候，我会跟体育老师说不要对我大喊大叫。""如果有十几岁的大孩子给我钱让我干坏事，我就会马上跑开。"这些充满智慧的小人儿拥有康德在《道德形而上学的奠基》中所说的"理性人的尊严"。

可以这样与孩子分享哲学问题

- 你在什么情况下会失去尊严？当你受到尊重时有什么感觉？
- 你知道有谁应该受到尊重却没有被尊重吗？

哲学练习

向孩子们介绍美国歌手妮娜·西蒙（Nina Simone）的两首歌。一首是《为什么？爱的王已死》（*Why? The King of Love Is Dead*），另一首是《做一个年轻有天赋的黑人》（*To Be Young, Gifted, and Black*）。妮娜深情的自弹自唱充满了打动人心的力量。在第一首歌中，妮娜为马丁·路德·金的去世感到悲痛，坚持认为我们应该停下来追问，他是不是白死了？问问孩子们，如果路德·金今天还活着，他对美国的"公正"会有什么看法。在第二首歌中，你可以体会到妮娜作为一个有天赋的黑人音乐家所遭受的歧视。她恳求年轻人保持"灵魂的完整"。告诉孩子们，妮娜所说的"完整的灵魂"是指孩子们需要保持内心的强大，无论如何都要保持应有的尊严感。与孩子们讨论如何才能不让自己的灵魂被不公正的事情压垮。要求孩子们以"我的灵魂是完整的"为题创作一首歌曲。妮娜的钢琴曲听起来与其他钢琴曲不同，还混合了古典、爵士和蓝调。在孩子们创作曲子时播放她的音乐，让她的歌声激发他们的创作灵感。

儿童权利

我从大学就开始学习哲学，现在的教学工作也是以哲学为主，但我发现很少有哲学家去处理儿童权利的问题，对此我一直深感震惊。有很多哲学家对儿童问题只是顺便一提，一些当代哲学家也只会深入研究某个特定的兴趣领域。但令我不平的是，哲学家们宁愿把更多的精力花在诸如人工智能和克隆等问题上，也不愿为儿童主持公道。不过，对自己的权利问题，小小哲学家们可是有很多话要说。

康德毕生追求的是具有普遍适用性的道德理论，既然是普遍适用性，那就意味着在确定什么是人类的公正和公平待遇时，肯定要将儿童包括在内。如果不考虑儿童，就会使他的"绝对命令"失去完整的意义。这并不是说儿童是完全独立的道德主体，能够自己做出重大的道德决定。这只是表示，如果你要让一个行为普遍适用于所有人类，那么儿童作为人类的一部分，理所当然应被纳入你的思考过程中。

课堂上，在讨论了康德和弗莱雷之后，我问孩子们是否愿意自行制定一部《儿童权利法案》。几乎是话音刚落，他们就迫不及待地拿出纸，开始奋笔疾书。我们一起反复讨论，直到他们对列出的权利清单感到满意为止，然后打算用永久性记号笔把这个清单写在大幅海报上。其中一些条款是每次都会出现在海报上的，比如"呼吸新鲜空气""作为个人被尊重""被倾听""喝干净的水""可以自由玩耍，除非生了病""安全并受到大人的保护""有食物吃""感到安全，没有害怕""获得良好的教育"等。

我们必须要问，当所有人的生存环境都可以被经济和政治所左右时，这些儿童的权利是否包括在我们目前的教育理念中。一个孩子的人生道路从一开始就在很多方面被注定了。学区与收入水平直接挂钩，孩子的学习成绩与其家庭的经济状况之间也存在着联系。弗莱雷提出的"提问式教学"方法是解决不公正的方式之一，为每个孩子提供了推翻当前和未来各种压迫形式的工具。

与"储蓄式教学"这种加剧社会压迫的方法形成鲜明对比，弗莱雷的"提问式教学"方法是对社会压迫有力的反抗。在弗莱雷看来，学校绝不能复制社会的不公正，且必须保护学习者并给予他们力量。教育者必须成为变革的推动者，并时刻警醒自己不要间接参与不公正的社会秩序。弗莱雷在《作为文化工作者的教师》一书中鼓励教师"从低年级开始一直到高年级，通过游戏、故事和阅读的方式不断向学生提问，让学生理解理论与实践形成一致的必要性"。他宣称，教师的权威和专业知识应该是为学生利益服务的，这样学生就能成为改造自身生活的积极参与者。教学中必须让学生有时间进行讨论和反思，以决定知识的意义何在，以及知识为什么重要。教师应该尊重学生的观点和不同的生活经验。在同一本书中，弗莱雷指出："教育者需要了解学生的世界里发生了什么，了解学生的梦想世界，了解学生用来巧妙地保护自己免受他人攻击的语言，了解学生对校外生活到底知道多少，以及他们是如何知道的。"在弗莱雷设想的教育实践中，教师和学生会在坦诚的对话中一起去探索这个世界。这种生动的互动和思想的交流是无可替代的。同意和反对，问题和进一步的分析，都在这种给予和接受的对话中占有一席之地，从而创造出具有批判意识的思想者。弗莱雷呼吁："让我们日夜奋斗，争取建立一个与学习者自由对话的学校，让我们能听到他们的声音，也让我们的声音被他们听到。"

哲学为儿童和成年人提供了方法，让我们可以拓宽"公正"的概念，将儿童也充分考虑进去。对于年幼者的公正问题，我们可以问自己一些尖锐的问题。我们每个人都需要警惕自己的文化盲点。康德在《论优美感和崇高感》（*Observations on the Feeling of the Beautiful and Sublime*）中写道："我很难相信女人也能讲原则……"康德的聪明才智并没有阻止他将女性排除在定言命令的适用范围之外，他忽视了自己的矛盾之处。而我们又忽视了什么？

"所有人都享有自由和公正"，是所有人吗？

可以这样与孩子分享哲学问题

讨论公正会使许多孩子产生改造世界的梦想。请确保你能向他们推荐一些可行的方法。

 哲学探讨

- 在你的儿童权利清单上会有什么？
- 可以全面描述你对一个公正世界的设想吗？你看到和听到了什么，人们在谈论什么？你的公正世界有可能实现吗？
- 你要怎样做才能更好地认识世界的不公正？你要怎样做才能不让自己成为不公正问题的一部分？

 哲学练习

与你的小小哲学家们合作制定一部《儿童权利法案》。在对儿童生活中的公正进行长时间讨论之后，一定要让他们用清晰而简短的语句列出他们想要的权利。问他们想在哪里展示自制的彩色海报，是否愿意复制一些张贴在其他地方，并要求他们解释为什么想在这些地方张贴海报。例如，孩子们向我建议把他们的海报带到娱乐中心和几个特定的餐馆。

本章小结

儿童与生俱来的自尊感给我留下了深刻的印象。他们还那样幼小，必须依赖他人生存，但他们的人性是完整的。我看到他们与生俱来的能力和想要成为世界的一部分的愿望。一旦意识到孩子们是多么无助、多么容易成为不公正的受害者，你就会觉得无比心痛。

聆听他们的人生故事会激励我尝试更好的教学方法，对可能会遗漏的东西保持警觉。我还会时刻提醒自己，要不断努力，永远做到公平和尊重。我敬佩他们。

漫游在哲学的世界里

- 弗莱雷的《教育的政治学》（*The Politics of Education*）。此书对权力和解放文化进行了正式分析。

- 伊曼努尔·康德的《道德形而上学的奠基》一书，可重点关注这几方面：康德对动机的纯洁性的看法；定言命令；虚假的承诺测试；他呼吁培养我们的天赋，实现对他人的慷慨。

- 《鲍勃·迪伦与哲学》（*Bob Dylan and Philosophy*）一书对作为哲学家的迪伦进行了 18 种不同的分析。

- 《鲍勃·迪伦精选》（*The Essential Bob Dylan*）。这张专辑是对他许多经典作品的致敬，以他在 1963 年创作和演唱的《且听风吟》为首。

- 妮娜·西蒙的《歌曲精选》。除了深情演绎了《且听风吟》外，你还可以在这张专辑中找到《为什么？爱的王已死》《做一个年轻有天赋的黑人》和《太阳出来了》。

第 6 章

时间
Time

如果我们试图思考时间流逝的速度或事物变化的速度，头脑就会陷入一片混乱，因为这是一个永远无法计算的速度。我们总是留恋当下、不想撒手，想抓住欢愉让它永久，还试图给眼前事物下一个永远令人满意的定义，但往往越是朝着这个方向努力，结果就越是扑朔迷离。

阿伦·瓦兹（Alan Watts），《禅的精神》（*The Spirit of Zen*）

关于时间的哲学对话

小小哲学家们会好奇地问："时间是从什么时候开始的？"仅是这个问题就已经让我为难了，可他们后面还有一大堆更难的问题要追问呢！举一个例子吧，"我第一次开始数数的时候，以为自己可以一直数到无穷大，但什么是无穷大？"

你还记得第一次学习怎么看时间吗？那只是一个了解时钟如何工作

的简单过程，还是远远不止于此？从很小的时候起，我们就意识到了时间在生活中的流逝。一棵树需要时间才能长成参天大树，雪花需要时间来积累至一定厚度才能让雪橇滑行，月亮需要时间才能从一弯新月变成满月。但我们对时间又真正了解多少呢？它到底是什么？你挖掘得越深，想问的问题就越多。时间是独立于我们这个世界而存在的，还是只因我们这个世界而存在？它对人类以外的万物有意义吗？它是否只是人类大脑虚构出来的东西呢？它是我们为安排现实并使之合理化而设计的一个工具吗？我们如此依赖时间提供的结构，是因为无法一下子处理所有的事情吗？

人类对时间的关注度相当高。"太忙""时间不够用"是我们经常听到的抱怨。我们在很小的时候就被告诫要善用时间、切勿浪费。时间对我们提出了很多要求，而且从不松懈。当我们因身体疼痛或情绪低落而难受时，它以令人痛苦的速度缓慢爬行；当我们与所爱之人共度美好时光时，它又溜得飞快。也许作为成年人的我们，会更强烈地感受到对过往的怀念和对未来的焦虑。但归根结底，成年人对时间的感受和疑问与孩子们并无不同。

全世界的哲学家都渴望看到某种能够脱离时间掌控的永恒事物，这种渴望永不衰竭。但是，如果真的有什么东西是时间无法触及的，那它是什么呢？孩子们对这个主题浮想联翩。关乎时间的问题总是环环相扣、永无穷尽，孩子的思绪被它牵引着上上下下、进进出出，像是在跳一曲探戈。不过，尽管孩子们可能会被时间的神秘感深深吸引，但他们仍然笑着对它保持怀疑。毕竟，时间总是拖住和阻止他们尽兴地玩耍，比如，课间休息的时间倏地就过去了。确实，孩子们也感受到了时间对他们的限制，因为他们必须争分夺秒地去赶校车，去参加可能影响他们未来的考试。

由于时间难以捉摸，因此我们根本没办法给它一个明确的定义。也许斯蒂芬·霍金对时间不可思议的科学分析可以提供帮助，但这是另一个说来话长的主题了。在探索"时间"这一主题时，人类的思想即使悄悄接近了也会退缩。一个孩子向我解释说，面对这个神秘的东西，最好的办法是"拥抱它，但小心不要压碎它"。在与孩子们进行关于时间的哲学对话时，你可以先告诉他们，这是一个可能永远都找不到满意定义的概念。

为了能够更好地讨论时间，我们将借鉴一位哲学家——在 20 世纪帮助美国人了解佛教的阿伦·瓦兹的作品。他努力追求每一个瞬间的感悟，从而激发了幼小心灵对时间的好奇。

可以这样与孩子分享哲学问题

- 等待和倾听孩子们的话语！孩子们喜欢关于时间的讨论，他们会变着花样地玩，然后一起哈哈大笑。哪怕只是问他们"时间是什么"这么简单的问题，都会让他们兴奋起来。我会顺水推舟地根据他们的好奇心来提出问题和意见。
- 在教室的各个角落摆上一些时钟，并将它们设置为世界上不同地方的时间。为了方便讨论奥古斯丁，还可以增加一个日晷，带孩子们去外面学习如何使用日晷，并准备好回答他们可能会提出的一大堆问题，比如：晚上怎么看时间？当这里是上午 11 点时，布达佩斯、北京、安克雷奇、悉尼的时间分别是什么？这是引导孩子们去了解时间奥妙的好方法。

哲学探讨

- 关于时间，如果只能问一个问题，那么你最想问的问题是什么？

- 当你学会看时间的时候有什么感觉？你认为自己到底在做什么？

- 你是否曾沉浸在生活的洪流中，以至于你并未觉察时间的流逝？你当时在做什么？为什么一项活动能让你如此全神贯注？

- 如果没有时间，你的生活会乱成一团吗？你需要时间来让一切保持井井有条吗？

- 有没有可能数到无穷大？有什么东西可以永远运行、没有终点吗？是不是万物都有一个开始？

- 你能在生活中制造出更多的时间吗？每个人每天的时间都是一样的吗？

 哲学练习

练习 1

在孩子们了解时间的运行时，让他们与不同年龄段的人互动是一堂微妙但难忘的课程。具体的做法就是，让孩子们参加一些由年长和年幼的人群参与的活动。你可以去当地的老年中心询问是否有资深人士自愿给孩子们上一堂缝纫课或带着他们做一些园艺工作。要求孩子们帮助年幼的兄弟姐妹或低年级学生学习如何阅读（或学习如何看时间），让这些稍微年长的孩子们看看，自己在那个年龄段时是什么模样。不管是与经验丰富的年长者一起学习编织，还是与年幼者一起玩他们认为已经不适合自己年龄的熟悉的游戏，都会让小小哲学家们对时间的流逝有更多的了解。

练习 2

和孩子们一起阅读美国作家马德琳·英格（Madeleine L'Engle）的《时间的折皱》（*A Wrinkle in Time*）。这是一部永恒的经典，能让人在阅读的时候心潮澎湃，书中充满了对时间的哲学思辨。让孩子们加入主角梅格·穆里（Meg Murry）和她哥哥查尔斯·华莱士·穆里（Charles Wallace Murry）的行列，一起去穿越时空、探索世界。让他们试着代入梅格或查尔斯，在哲学日记中写一个简短的冒险故事，作为对书中这个故事的补充。问问他们，这本书是否在他们脑海中唤起了关于时间的新疑问，如果是，就把这些冒出来的问题一一列出来。如果孩子们通过穆里兄妹对时间有了更好的理解，就让他们将自己的看法充分表达出来。

练习 3

在《时间与河流的回声》（*Echoes of Time and the River*）这部作品中，美国现代作曲家乔治·克鲁姆（George Crumb）找到了期望的音符来表达他对时间的迷恋。虽然这类音乐对孩子们而言相对陌生，但他们的态度很开放，也很享受进入克鲁姆的思想世界。让孩子们按顺序欣赏这部作品的四个乐章并分别进行分析，然后再完整地将整部作品听一遍。观察他们的面部表情随着音乐的变化而产生的变化。就每个乐章的标题与孩子们对话——"冻结的时间""时间的回忆""时间的崩塌"以及"时间的最后回声"。问问孩子们，"冻结的时间"是指当下的时刻吗？时间的最后回声是低语还是雷鸣？音乐经常被称为"时间的艺术"，这意味着它存在于时间中，从一个音符过渡到下一个音符。当孩子们倾听克鲁姆的音乐时，让他们写下对时间的看法，鼓励他们从克鲁姆的音乐中寻找灵感。

与哲学家相遇

有人说"定义就是杀戮"，如果风停一秒让我们抓住它，它就不再是风了。生命也是如此。万事万物永远都在移动和变化，我们无法抓住当下这一刻将它留在身边……

阿伦·瓦兹，《禅的精神》

阿伦·瓦兹 1915 年出生于英国，是一位哲学家，也是一位多产的作家，他出版了大约 25 本书，同时还是一位颇具魅力的演讲家。通过比较宗教学方面的工作，他充当了东西方文化之间的桥梁。瓦兹经常指出基督教和亚洲宗教在信仰上的互补，并以一种西方文化能够接受的方式，向人们解释和介绍东方哲学。《禅的精神》一书写于瓦兹职业生涯的早期，非常适合我们用来探讨时间这个主题，因为他从佛教的角度探索了时间和永恒的概念。

在《禅的精神》中，瓦兹透过佛教理论的观点，清楚地看到了时间的本质。"简而言之，佛家学说认为，人之所以受苦，是因为他们渴望永远拥有和保留那些本质上是无常的东西"。瓦兹指出，时间就像风一样，无法抓住也无法保留。人生如同身处漩涡之中，永远动荡，世人却妄想万物永恒，人类的痛苦往往来源于此。

只有在精神世界中才存在不变的永恒，精神永远活在当下这一刻。这就是关键所在——当下的时刻是永恒的。当人们完全沉浸于当下的生活时，他们就会失去时间感。专注于当下需要全神贯注于你眼前的事物。当你将注意力凝聚在一点上，专注于体验当下时，就直接跳过了时间的陷阱，精神得到了解放。时间在一个人彻底投入的那一瞬间消失了，笼罩在被划分为过去、现在和未来的人生之上的迷雾消散了。没有人渴望永恒，永恒就在每一个当下。

在与孩子们讨论时间的时候，你可以像瓦兹那样向他们暗示，解决时间之谜的办法可能就在他们自己身上。问问他们，我们的本性是永恒的吗？如果我们能发展出专注的能力，将我们所有的精力都集中在眼前的事物上，那将会怎么样？如《禅的精神》所述，专注每一个时刻，我们就会与"一直从我们身边流过的不断变化的事件流"融为一体。让每个孩子都和大家分享曾经感觉过得非常快的一天，以及在他们看来，产生这种感觉的原因是什么？

与孩子们分享佛教的"真实时间"概念是一种享受。孩子们喜欢这种想法，即我们永远活在当下，也唯有当下。人生就是"当下"的不断运动。尽管如此，他们还是会觉得，对当下的专注需要一些时间来适应。"如果时钟的指针不再移动，那么我要如何做到准时呢？"不过在进一步讨论后，当孩子们意识到他们可以长时间失去时间感时，他们会发现这"非常酷"，因为"空闲时间"有了全新的含义！在对时间进行哲学探讨之前，有两个六年级孩子承认他们不知道该把"一整天都在游泳"或"坐在火车上无所事事地看着窗外"这样的经历称为什么。现在，他们将这些经历描述为"摆脱时间的枷锁"。

可以这样与孩子分享哲学问题

- 和孩子们一起了解不同宗教对时间的看法，这是提醒他们即使不同的宗教也往往有类似观点的好机会。
- 在黑板上写下"恒定的当下"。"当下"是一个能让孩子们触及永恒的概念。在对时间的现实性提出疑问时，你可以提到这个词，这更容易让孩子们去思考人类的时间和永恒之间的区别。还有一个技巧也对我很有帮助，就是把这个简单的（佛教）减法等式写在黑板上：生命 – 时间 = 当下。没有了时间的限制，生命就活在恒定的当下。

哲学探讨

- 当你想到"恒定的当下"这个概念时，你能想象自己的生活被分成了不同的时刻吗？有没有可能你因为完全沉浸在当下而对过去和未来都失去觉察？
- 如果你有一块手表显示的时间总是当下这一刻，会是什么样子？
- 你觉得有没有可能只有当下是真正存在的？如果你的答案是肯定的，那么你会如何解释？

哲学练习

练习 1

和孩子们坐在一起，要求每个人认真做一件事，且只做一件事，持续 10 分钟。比如：专注于一棵草、一片叶子或一个鸟巢；听听蟋蟀的声音；享受风信子的香味；摸一摸树皮；一小口一小口地慢慢品尝一个苹果。结束后，问问孩子们：是否能描述一下那 10 分钟是什么样子的？愿意和别人谈论这段经历吗？为什么？是否知道在这样坐着的时候，时间流逝了多少？这段全神贯注的时间是显得漫长还是短暂？

练习 2

阅读 13 世纪中国宋代无门慧开禅师的禅诗《颂平常心是道》："春有百花秋有月，夏有凉风冬有雪。若无闲事挂心头，便是人间好时节。"这首诗完全解释了瓦兹所说的"专注于生活"是什么意思。如果我们的头脑清晰且专注，就可以认真地去体验月亮、花朵等世间万物。问问孩子们：他们是否能够如此密切地关注自己的生活，让每一天都成为最好的一天？是否能够想象那种每一刻都能成就最好的一天的生活？是否同意无门慧开禅师的观点，即每个季节都可以是人生最好的季节？让他们在哲学日记中详加描述。

练习 3

向孩子们介绍书法，这是一项练习自律的艺术形式。书法是毛笔和墨汁的艺术，写的时候要求心无旁骛。专注于书写可以让人忘掉时间感。瓦兹对这种艺术形式充满热情，不仅对其进行了深入研究还亲身实践。在每个孩子的书桌上放一支毛笔和一张白纸。你既可以用字帖，也可以用书籍。翻阅一本用汉字书写的书是一种享受。要求他们随便选择一个字，并尝试准确地临摹它。你可以和孩子们一起练练书法，你的参与会让这项活动显得很不一样。向孩子们解释，在书写汉字的时候，即使只对这个字的线条或阴影做出最轻微的改动，也会"差之毫厘，谬以千里"。当孩子们抱怨不能擦拭或一张纸不够用的时候，请保持微笑。提醒他们，他们正在培养自己的专注力，需要全神贯注才能做到恰到好处。《禅的精神》中说"如果艺术家在画画的过程中停下来思考，画上将会出现一个丑陋的污点。"如果可以反复重来，那还用得着小心谨慎吗？一项需要长期坚持的活动会让人养成专注的习惯，比如书法。孩子们会记得自己花了很多时间去了解时间。也许有一天，他们会习惯并享受在白色宣纸上用墨汁和毛笔写字。

变化

我们生活在一个似乎一切都在变化的世界里，对时间的流逝无能为力。没有什么保险箱能让我们人生的宝藏逃离时间的魔掌。时间最终会夺走一切，包括我们的纯真、健康和所爱的人。时间会步步紧逼并最终夺走每一条生命。与孩子们讨论时间的这一面会很难，一些我们作为成年人所知道的事情也许最好不要跟他们说。但是你会发现，在有机会讨论变化时，孩子们会表现得很兴奋。你可以请他们讲一讲生活中那些值得怀念的事物，比如曾经给他们带来快乐但现在只剩下回忆的人或地方。孩子们对以前存在、现在消失无踪的东西念念不忘，对那些现在没有但未来肯定会存在的东西也心存向往。

二年级的彼得用一种令人惊艳的方式向我解释了时间带来的伤害："时间是所有东西的创造者，也是破坏者。开始是它，结束也是它。我的每一个麻烦都在那里——开始的时候在，结束的时候在，中间的时候也在。我们家年底就要搬走了，我不想离开这个城市。"彼得的这些思考让我想起奥古斯丁在《忏悔录》卷十一中的感叹："我被时间分割成碎片。"彼得继续剖析了时间造成的动荡，他认为一切都在变化，没有什么能维持原样。"没有人可以不长大，要跟上所有的变化真是太难了，把人都搞糊涂了。我和去年的我不像，和在上一个学校念书的我不像，甚至和昨天的我都不像了。你也不是同一个人。"彼得认识到了瓦兹在《禅的精神》中所说的错觉："错觉从这一刻到下一刻存在的是同一个自我，认为坐在这里的我确实是 10 分钟前从门口进来的我。"时间确实是个怪现象。一个年仅七岁的孩子怎么就能拥有这样的智慧呢？

　　与我交谈过的许多孩子都告诉我，他们依稀记得在人生中曾有一段时期对时间毫无觉察。那时他们完全沉浸在自己的世界里，没有时间的概念。他们甚至可以描述逐渐远离那个世界并进入这个被时间操控的世界的过渡期，并说这是他们人生中一个痛苦的变化。有很多孩子会充满怀念地回忆起那段可以长时间满足地做一件事的日子——哦，那些仿佛不受时间影响的日子：父亲在地下室的办公桌前工作，他们在地板上玩过家家；心无旁骛地坐在后门的门廊上看鸟；骑自行车一直到天黑……和你的小小哲学家们聊聊这些过往，帮助他们找到能继续享受那种永恒快乐的方法。提醒他们，佛教的建议是平和地接受时间在不断流逝的事实，不要贪念所谓的"永恒"，这样只能让内心生出更多的不满足。《禅的精神》一书所说："若有人为世事变迁而遗憾惋惜，就表明他没有随着生命的节奏前进。"

可以这样与孩子分享哲学问题

在窗口放一盆植物，让孩子留意它的生长。这株植物相当于你发出的邀请，邀请孩子在几周、几个月后，再来回顾"时间"这个主题。

 哲学探讨

- 当你专注于某个事物的时候，能保持多长时间不分心？让你的头脑专注于眼前的事物是否很难？为什么？
- 你会如何利用过去学到的东西来激励自己在未来取得进步？
- 利用你的五种感官去探索时间。时间的照片会是什么样子的？时间给你的感觉是更像水还是更像石头？

 哲学练习

练习 1

用雄浑有力的声音朗诵美国诗人艾丽丝·沃克（Alice Walker）的《女人》（*Women*）一诗。沃克对以前的女性一直怀着钦佩和感激的心情。她们努力工作，毫无怨言，不知不觉间为她铺设了一条通往广阔天地的道路。她想知道"那些我们必须知道的／她们是如何得知的"。问问孩子们，他们是如何与过去联系在一起的，是谁让他们有了现在的机会？我给他们举了我外祖母的例子：在经济大萧条时期，她作为一位单身母亲，独自将两个女儿抚养成人。请孩子们说出一个他们认为与之有联系但从未谋面的人物，并用诗的形式来解释这种联系。这个思考过程会像魔法一样，将时间从过去拉到现在。孩子们很喜欢追溯他们的生活，并在这个过程中认识新旧人物。

练习 2

给孩子们播放加拿大音乐家琼尼·米歇尔（Joni Mitchell）的《大黄出租车》（*Big Yellow Taxi*）。可以让大家和她一起唱"你不知道自己拥有什么，直到它消失无踪"。问问孩子们，为什么我们总是在犯错后才认识到自己的错误？是不是只有在新建的停车场铺好后，我们才会怀念那些因碍事而被砍掉的树？接下来，让孩子们听歌曲《旋转木马》（*The Circle Game*），在歌声中审视他们的童年。歌里唱到，有个孩子发现自己已经历了十度春秋，并期待着第 16 个夏天的到来。米歇尔用凄楚的声音唱着，现在希望时间走得快点的孩子，很快就会求它慢下来。季节转啊转，我们坐在时间的旋转木马上。让孩子们充当作词家，为米歇尔的这首关于时间的歌曲重新填词。

永恒

在与孩子们讨论时间的主题时，我发现他们有一个强烈的信念，即时间不能改变真正美丽的东西。他们认为的永恒之美包括爱、信任和思想。人生有些东西可以完美到连时间都无法伤其分毫。有几个孩子甚至向我表示，他们希望告诉奥古斯丁，他不必等待天堂，在地球上就可以尝到永恒的滋味。我最喜欢一个八岁的小小哲学家的见解，他是这样说的："我希望他知道我们在这么多年后还在研究他。他战胜了时间而不自知——我们现在正在听他说话。"

奥古斯丁在《忏悔录》中问道："既然过去已经不在，未来尚未来到，那么过去和未来这两个时间是怎样存在的呢？"随后，他不自觉地在推理中反映出佛教的思想，"如果永久是现在，便没有时间，而只有永恒。"当下毕竟不是时间，它是永恒的。以夕阳为背景，问问身边聪慧的孩子们，"永恒"这个词对他们意味着什么。一天真的只有 24 小时吗？

瓦兹建议，如果我们把头脑训练得只有一念，永远聚焦当下，便能以不受时间阻碍的方式生活。如果是我们的头脑创造了生活被时间分割的概念，那么我们的头脑也可以消除这种伤害。孩子们知道，拥有这种心无旁骛的专注不是一件容易的事。他们长篇大论地倾诉了集中注意力有多困难，以及想做到专心致志会面临着多么巨大的阻碍。一个一年级小学生告诉我，他的头脑"像一只蚱蜢"，总是带着他跳跃到时间的前面。他的一位同学对因做错事而受到"限时隔离"深感懊恼，但要"安静下来"真的很难。时间在孩子们和成年人看来是一样的，就是个大大的嘲弄——无论我们如何努力，时间都拒绝被我们掌控。

不过，孩子们在帮助下开始意识到，他们在某些方面已经有了这种专心的态度，并且努力把它更多地带入生活。只要稍加思考，他们就会想到很多关于永恒体验的例子，比如在浴缸里玩水的时候、练习钢琴或小提琴的时候、沉迷于一本好书的时候、观察猫咪的时候、投入地跳芭蕾的时候、盯着鱼缸里的鱼的时候，或和奶奶一起做馅饼的时候等。事实证明，他们可以很好地集中注意力，而且令人惊讶的是，可以说是不费吹灰之力。这种认识最令人鼓舞。很快，他们就能想象在生活中充分觉察眼前事物的好处。他们预见生活的压力会更少，做事不用再那么着急。他们可以"更好地倾听""不再像虫子那样疯狂扭动"。他们可以"做功课，也有时间休闲放松"。你可以"像个巫师一样，让时间嗖的一声消失"。多么孩子气的话！一些初中一年级学生则隐约知道，如果他们能够过好眼前的生活，那么未来自然就不会太差，他们相信，时间会证明这是真的。这对相信它的人来说是一种无比的安慰。

如果你的生活就像没头苍蝇一样，不知朝哪个方向飞，那就只能任由时间操控了。把你所有的精力都放在眼前的事情上吧，这样一来，就没有那么多变化多端的时间了。如果一个人像奥古斯丁所说的那样，活在每一个不可再分割的当下，那时间就不复存在了，只有生活一直存在。正如瓦兹在《禅的精神》一书中所说："专注才能带来平静……不必徒劳奔波，亦无须担心过去、未来。"

可以这样与孩子分享哲学问题

当听到有孩子提出特别有见地的意见时，可以用沉默来回应，这会让这个想法显得很重要。孩子们很快就会意识到，无言的回应表明你正在认真思考他们的见解。

 哲学探讨

- 有哪些东西是时间无法改变的？时间会影响莫扎特的音乐吗？所爱之人逝去后，我们还会爱他们吗？
- 用尽量简短的话来描述"永远"。
- "浪费时间"是什么意思？"善于利用时间"又是什么意思？
- 你是如何理解"努力过好眼前的生活，未来自然就不会太差"这句话的？你相信这句话吗？

哲学练习

　　和孩子们一起欣赏中国的山水画，你可以从一些艺术书籍中寻找作品，最好是去博物馆参观。瓦兹被这些画中的辽阔空远所吸引，这种空间感会使观察者感到自己在某种程度上悬浮于空间和时间之上。让孩子们静静凝视这些艺术作品，过一段时间后，问他们看着那些开阔的空间有什么感觉？空间是否像当下一样显得静止和永恒？让孩子们用尽量少的颜色，在一幅宽大的白纸上画出自己心中的风景。问问他们想不想给自己的画命名？为什么？

本章小结

　　孩子们会提醒你，当漫游在时间的迷宫中时，哲学可以多么有趣。孩子们表达得很清楚，他们敏锐地意识到了与这个叫作"时间"的东西有关的问题，尽管它的现实性值得怀疑。为什么他们会"比大人多出那么多的时间"？孩子们有时候会感受到内心的纠结，他们希望有些时刻能永恒（比如，周末永不结束），又对未来可预见的改变欣然接受（比如，明年的新老师）。他们有时会用"现在不行"或"过一会儿"这类话来搪塞并因此自嘲，但又很讨厌成年人拿这些话来应付他们。

　　当你引导着他们展开这场关于时间的对话时，他们全身心投入的样子会让你觉得，时间本身已经消失了。

漫游在哲学的世界里

- 马德琳·英格的《时间的折皱》《银河的裂缝》(*A Wind in the Door*)和《逆转的地球》(*A Swiftly Tilting Planet*)。这三本书让《重叠的时空》(*The Tesseract*)一书更完整。

- 艾丽丝·沃克的《女人》。

- 阿伦·瓦兹的《禅的精神》。孩子们喜欢瓦兹在研究柔道、击剑和音乐时提到的那些简单的传说和轶事，以及从中传递出来的永恒感。我发现，在这本书的所有章节中，"禅的秘密"和"禅与远东文明"这两章特别有用。书中所附的书法作品和其他亚洲艺术品也值得欣赏。

- 阿伦·瓦兹的《道：上善若水》(*Tao：The Watercourse Way*)。瓦兹在书中介绍了道家关于变化和永恒的观点，这些对佛教的观点有很大影响。

- 史蒂芬·霍金的《时间简史》(*A Brief History of Time*)。

第 7 章

勇气

Courage

不管发生了什么事情，永远都要记得先问问自己拥有什么能力去应对。

爱比克泰德（Epictetus），《手册》（*Enchiridion*）

关于勇气的哲学对话

是什么让我们能够应对生活中的许多挑战？是勇气。那么，问题来了：勇气是天生的吗？如果勇气不够，可以想办法增加勇气储备吗？勇气的意义是对每个人都相同，还是会因每个人生活环境的不同而各异？

千百年来，在不同的文化背景下，哲学家一直在思考勇气和恐惧之间纠缠不清的关系。他们坚持认为，承认恐惧也是勇气的一部分。勇敢的人会直面恐惧，即使在最险恶的情景中也能做出英明实用的决策。尽管如此，我们往往都清楚，恐惧很容易产生并像滚雪球一样越滚越大，我们甚至会创造出想象中的担忧，就像生怕自己没有东西可害怕一样。

然而，究竟什么是勇气呢？亚里士多德和孔子都认为，勇气是在极端压力下仍能举止有度的能力。所以，勇敢的行为既不鲁莽也不懦弱，而是介于两者之间。那么，我们要如何培养"勇气"这一美德呢？亚里士多德认为，只有通过勇敢的行动才能成为勇敢的人。佛陀强调利用日常生活中的每一个机会来训练自己的勇气。例如，克服害羞、捍卫自己的信仰，或是在艰难的情况下为朋友出头，如果你能做到这些，那么当更严峻的挑战到来时就会有所准备。佛教哲学主张，我们不可能等到急需之时或危急关头才突然获得勇气，而是必须慢慢地、逐步地在自己身上培养它，直到它成为我们的一种习惯性倾向，在面对挑战时会直接而坚定地迎难而上。让勇气成为一种可靠的条件反射，无论眼前的困难是大是小。

在给"勇气"这个概念下定义时，小小哲学家们表现出了强烈的信念感。他们告诉我，勇气意味着"不断地反击，因为你的内心很强大"。当你有勇气时，你总能找到让自己坚持下去的方法，勇气让你在人生最艰难的时候也能做到最好。

为了让对话往更深的层次推进，我经常会跟孩子们聊一些他们在新闻中看过和听过的关于非凡勇气的故事：将宠物从危险中救出并带到安全地带的消防员，在暴风雨中让飞机安全着陆的飞行员，或者通过拨打急救电话让母亲从窒息中得救的孩子。然而，那些每天都在发生但很少被周围的人注意到的寻常勇气呢？许多孩子在回答这个问题时，都会对我将如何描述这种寻常勇气感到好奇。我告诉他们，对我来说，当我愿意承认自己犯了一个错误，或是敢于在无人认同的时候坚持自己的价值观时，就是我最勇敢的时刻。在了解了我的亲身经历后，小小哲学家们深受鼓舞，也开始在自己的生活中寻找勇气。我永远不会忘记一个五年级小学生的经历，她描述了当所有朋友都跳进游泳池的深水区时，承认自己不会游泳是多么地困难，"走开比跳进去更需要勇气"。她的一位朋友还补充说："你必须非常坚强，才能承认自己害怕。"

当你和孩子们谈论面对恐惧的勇气时，你会立即感觉到，对他们来说，说出自己的感受并发现自己并不孤单时，真是如释重负。当看着他们慢慢意识到勇气是每个人都可以得到，而不只是宇航员和登山者的专利时，真是让人打心眼里高兴。

和孩子们讨论"勇气"主题时，古罗马哲学家爱比克泰德[①]和18 世纪英国启蒙时代著名的女哲学家玛丽·沃斯通克拉夫特（Mary Wollstonecraft）是完美的向导。他们的理论给小小哲学家们提供了两种虽迥异却互补的观点。虽然两位哲学家都立足于精神的力量，但爱比克泰德决定忍受世界的现状，而沃尔斯通克拉夫特则为解放世界而奋斗；爱比克泰德专注于用坚定的理论来解决困难，而沃斯通克拉夫特的勇气却被男性主导的社会视为非理性，因为这个社会试图将其对女性的种种限制强加于她。

可以这样与孩子分享哲学问题

记住，一定要让教室里的每个人都参与进来。只要有一个被动的旁观者（比如，一个助教或来旁听的学生），就有可能导致某个小小哲学家退出。不知是什么原因，这种不愿意加入、袖手旁观的情况在讨论勇气

---

① 后移居希腊。——译者注

时特别常见。

哲学探讨

- 你在生活中的哪些时刻表现勇敢？以前有没有意识到自己的勇敢？

- 在你认识的人中，谁算得上勇敢？这个人有什么故事？

哲学练习

　　阅读威廉·阿姆斯特朗（William Armstrong）的经典作品《桑德尔》（*Sounder*），这本书从多个角度描述了"勇气"。在 1933 年的路易斯安那州，一个佃农家庭在难以想象的艰难环境中生存了下来，在奋斗中增强了信任和爱的能力。让孩子们选择一个最喜欢的角色，并虚构一段和这个角色之间进行的关于勇气的对话。孩子们可以问："当……的时候，你害怕吗？""你哪来的勇气去……""意识到……是什么感觉？"这可能是他们的第一个原创剧本。为了犒劳他们，可以请他们一边吃着爆米花一边靠着枕头舒服地观看 1972 年的一部改编自这部作品的同名电影（又被译为《儿子离家时》），由西西丽·泰森（Cicely Tyson）和保罗·温菲尔德（Paul Winfield）主演。告诉孩子们，电影中的音乐是由塔吉·马哈尔演奏的，他在片中扮演艾克。为桑德尔（影片中狗的名字）欢呼！

一起欣赏歌剧《汉泽尔与格蕾太尔》（*Hansel and Gretel*），这是德国作曲家英格伯特·汉普丁克（Engelbert Humperdinck）1893 年为他的外甥们创作的。汉泽尔和格蕾太尔是一对兄妹，他们用自己的勇敢和机智成功地逃离了那个拿着烤炉的可怕女人的魔爪。虽然小小哲学家们肯定永远不会面临这种特殊的困境，但你可以问问他们是否觉得自己与汉泽尔、格蕾太尔有一些相同的品质。让孩子们将这对兄妹身上不同方面的勇气列出来。你还可以给孩子们朗读格林兄弟的这个童话故事，作为对歌剧内容的补充。让孩子们写一个关于勇敢逃亡的小故事，这个小故事是他们希望也能被改编成歌剧的。让他们把自己写的故事读给全班同学听。

与哲学家相遇

任何东西都有两个"把柄"，一个是你可以拿的，另一个是你不能拿的。如果你的兄弟冒犯了你，那么不要以他的错误为把柄，因为这个"把柄"是不能拿的。拿另一个"把柄"——他是和你一起长大的兄弟，这个"把柄"是你可以拿的。

　　　　　　　　　　　　　　　　　　爱比克泰德，《手册》

爱比克泰德是斯多葛学派的代表人物。斯多葛学派是一种实践哲学，从公元前 300 年左右开始，维持了大约 500 年鼎盛时期。爱比克泰德和他的母亲都是奴隶，直到尼禄（古罗马暴君）死后才获得了解放。爱比克泰德的人生大概从公元 50 年到公元 130 年。在获得自由身后不久，他在罗马开始了他的教学和对斯多葛派哲学的研究，后来又到希腊去传授斯多葛派哲学。

在身为奴隶时，爱比克泰德被戴上脚镣并受到虐待，这导致了他的腿脚不方便。遭遇了这样的经历，难怪爱比克泰德会被斯多葛派强调的"用理性来处理所有困难"的观点所吸引。爱比克泰德生活的年代是西欧历史上一段非常难熬的时期，斯多葛派哲学为他提供了应对困苦生活的勇气。斯多葛学派的《手册》告诉了人们如何应对各种生活环境，无论环境有多险恶。这本手册记录了爱比克泰德向他的一名学生口述的内容，以斯多葛学派的信念（即宇宙是按照理性原则运行的，人类生活也应该按照理性运作，每个人的生活都应该是宇宙本身的大逻辑的一个小副本）为基础。

当你第一次接触爱比克泰德的哲学时，最令你印象深刻的，可能是你无法从他的态度中找到乐观和喜悦。然而，在进一步思考后，你就会发现，当你需要一针强心剂来帮助自己解决问题时，爱比克泰德的哲学是非常有价值的，于是你会因此原谅他对生活中那些令人兴奋、充满激情的事物的忽略。爱比克泰德式的斯多葛派哲学的核心就是他的信念——他坚信勇气来自认识到我们有能力处理生活中的一切。每一个负担肯定都有一个可以让我们能拿的"把柄"，当然也有一个不能拿的"把柄"。当面对恐惧和困难的时候，情绪化的反应就是使问题恶化的"把柄"，因为它造成了额外的担忧。

态度是关键。理智给人的最大启示是，虽然大多数事件都在我们的控制之外，但我们依然会徒劳地操心。理智会引导我们去区分哪些事情可控、哪些事情不可控。我们可以控制自己的思想和行动，但不能控制自己的身高或他人的行为。虽然我们不能控制自己的生活环境，但爱比克泰德给我们的巨大安慰是，我们可以管理自己的反应。正如他在《手册》一书中所说："扰乱人心的不是事件，而是他们对事件的判断。"对任何一种情况，我们永远都可以选择如何去看待，因为人类的意志强大到足以使我们超越对"你所控制的区域"以外的事物的恐惧和焦虑。爱比克泰德认为，选择从合理的角度来看待我们生活中的事件，可以保证我们内心的安宁。例如，我们知道陶罐终究会破裂，这是自然规律，所以当陶罐破裂时我们不会哭泣。《手册》一书中举了这样的例子："当你想要拿起某件东西的时候，要提醒自己这件东西是怎样的。如果你要洗澡，就该提前把洗澡时会发生的事情设想一遍。"你准备好被推搡和被泼水了吗？如果有人会不公正地对待你，那么处处期待公平是明智之举吗？再次强调，态度是关键。

要想拥有安全感和自我满足感，就应该明智地将精力花在适当的事情上。因此，爱比克泰德建议，我们要了解自己的长处和短处。他在《手册》一书中说："如果从不参加一场你无力取胜的比赛，你就永无败绩。"有了这样的认识，我们就可以从事令人满意的工作，并避免在行动中不自量力并最终令自己失望。在了解自身能力和局限性的情况下，我们就有信心沉着冷静地应对困难。曾有人让你生气过吗？从来没有，爱比克泰德回答说，因为没有人有那种能控制别人情绪的本事。我们最多只能说，我们允许自己愤怒。斯多葛学派认为，我们可以控制自己的思想和行动，这样的感悟真的太有用了。那么，身体上的疾病可以剥夺我们精神上的力量吗？绝对不能！经验丰富的爱比克泰德在《手册》一书中如是说："跛脚是腿上的障碍，但不是意志上的障碍。"

我曾在很多教室里都讲解过斯多葛学派关于勇气的哲学，这些教室里坐满了饱受人生之苦的孩子。我从来没有听到过哪个孩子，无论是用提问的方式还是简单的就事论事的方式，说他认为爱比克泰德的忍耐哲学是成人用来对虐待或忽视儿童的开脱。孩子们根本想不到居然会有人对他的哲学持这样的看法。我听过很多正在与生活抗争的小小哲学家的想法，他们从爱比克泰德的哲学中得出的结论可以用一个八岁男孩的话来概括："他的意思是，让我理智地处理我的问题，比如去跟谁说、什么时候说，以及我到底应该说什么。我喜欢他，因为他给了我去处理问题的勇气。"

无论小小哲学家们的生活环境如何，他们几乎都能直觉地领悟到，爱比克泰德所提供信息的核心是什么，以及该如何将他的哲学用于生活。总是有一个"把柄"是他们触手可及的，可以用它来承担起生活中的艰难困苦，而且是充满勇气地承担起它们。用孩子们的话说，"如果我陷入困境，他就是最好的""他帮助我走出灰心丧气的困境""他的哲学告诉我，只要改变对问题的看法，我就能克服困难"。孩子们认为，爱比克泰德"很酷，因为他告诉我如何在压力下保持冷静"。

爱比克泰德对勇气的态度是既不炫耀也不夸张。他对勇气的看法是，人要冷静自信，将生活掌控在自己手中，只朝着可能的目标努力。爱比克泰德认为，只要认识到一切都取决于自己的看法，那么一切困难就都尽在掌握之中。孩子们对这一主张尤其喜欢。很多孩子说，这使他们有勇气对抗来自同龄人的压力，在被孤立或欺凌时能更坚定地捍卫自己。孩子们太了解流言蜚语会带来的刺痛了，所以他们对爱比克泰德的这个建议如获至宝：当你听到别人说你的坏话时，对自己说，他们一定不太了解你，否则他们会提到你的许多其他缺点。他们可喜欢这个说法了！

在讨论斯多葛派哲学的时候，我听到了两个学生之间生动有趣的对话，我想爱比克泰德一定会很喜欢。一个叫马库斯的孩子嘟囔着说他害怕鲨鱼，他的朋友彼得回答说，理智的做法是不要在清晨或傍晚鲨鱼进食的时候去游泳。马库斯冥思苦想了一番，最后提出了一个问题："那鲨鱼吃午餐吗？"

我特别希望让大家知道真正的尊严和人类的幸福是由什么构成的——我希望说服广大女性去争取力量，包括精神上和身体上的力量……

玛丽·沃斯通克拉夫特
《为女权辩护》(*A Vindication of the Rights of Woman*)

玛丽·沃斯通克拉夫特 1759 年在伦敦出生，1797 年死于分娩时的并发症。她出版了 12 本书，全部是她在努力养家糊口之余创作的。不得不提的是，当时距离美国女性可以投票还有 100 多年，沃斯通克拉夫特将这些书出版需要莫大的勇气！沃斯通克拉夫特在审视了自己所处的社会，特别是英国女性的地位后，发出了一声直到今日仍有回响的叹息："太不合理了！"她倡导建立一个新的女性概念，以让女性接受教育和实现独立自主为目标。沃斯通克拉夫特寻求改善法律制度，保障女性的平等权利，特别是婚姻中的经济平等和职业中的机会平等。在她的著作中，她对当时的知名哲学家（如卢梭、格里高利和伯克）提出了质疑。尽管沃斯通克拉夫特很年轻，而且是女性，但她对这些哲学家的作品有独到的见解，这表明她接受过良好的教育。她深刻透彻的分析广受好评。也许沃斯通克拉夫特不会对她具有里程碑意义的《为女权辩护》没有被列入西方哲学典籍感到惊讶，但在阅读了她的作品后，我发现这种明显的遗漏太荒谬了。

多年来，不断有读者发出感叹，在沃斯通克拉夫特所处的女性被社会严重边缘化的年代，如此具有前瞻性的哲学思想居然来自一位女性。除了社会强加于女性的种种限制外，还值得一提的是，沃斯通克拉夫特几乎没有接受过正规的学校教育，而且还在成长过程中受过不少来自家庭的虐待。尽管如此，沃斯通克拉夫特自学成才，不仅启迪了与她同时代的人，而且至今仍是一个代表着进步的声音。她为女性提出的主张——实现女性在公共和私人生活中的平等地位，仍然是现代行动主义者们持续的诉求。

她在《为女权辩护》一书中写道："在我们这个国家，对革新的恐惧已经扩大到恐惧一切了。这不过是一种上不得台面的恐惧罢了，是懒惰的蛞蝓那忐忑不安的胆怯，为了护住舒适的地盘，宁可把自己死死地黏在上面。"沃斯通克拉夫特的勇气哲学始于她对懦弱的定义：懦弱是对被约束的现状示弱屈服，是与不公正的社会制度同流合污。因为革新需要付出太多的意志去抗争，懦夫缺乏力量去反抗被支配的生活。她还在这本书中写道："只有强大的头脑才能坚定地形成自己的原则，因为现在思想懦弱是主流，这导致很多男性在任务面前犹豫退缩或半途而废。"勇气不是碌碌无为，也不是三心二意。

与懦弱相反，勇气是意志的坚忍，它是我们决意改变并战胜困境的信心来源。仅仅了解自己所处的情势并默默忍受是不够的。沃斯通克拉夫特在《为女权辩护》中，首先要求她自己，然后要求所有女性，要充满勇气地去"找到让自己变得强大的气势……找到让自己冷静理智的力量，不受压迫制度的影响……"正是在这里，沃斯通克拉夫特比爱比克泰德多走了一步，她鼓励女性要自信果敢，坚持不懈地对既定的秩序发起挑战，不必理会他人因此而产生的不适或愤怒。

每个女性都必须有勇气为自己制定适合个人特色的人生道路。女性的平等必须由女性自己来实现，期望从男人那里得到它是一种软弱的表现。每个女性都应该拒绝社会期望的支配，并对现状提出强有力的个人挑战，因为"一个理性的人，如果没有通过自己的努力去得到一些东西，那么如何能赢得大家的尊重呢"。因为害怕改变而加入一个使你屈服的体系是懦弱的，梦想一个你无意去实现的美好未来就是放弃。

沃斯通克拉夫特的主要作品在基调上是严肃、苛刻的，有时候也会有嘲讽和幽默，而且总是充满激情。她主张在严格的教育基础上为妇女争取充分的人权，使之拥有与男子相平等的教育机会。她呼吁对女孩的教育进行改革，其最终目标是培养包括投票权在内的积极公民意识。让女孩和男孩在公共学校一起接受教育，这会让整个社会变得更加繁荣昌盛，每个个体蓬勃发展。她在《为女权辩护》中写道："简而言之，如果性别之分没有在自然差别出现之前就早早被灌输，女孩和男孩就会和谐地玩在一起。"

对于男女差别，年幼的孩子都有所意识，当然，有些孩子会比其他孩子更清楚。比如在课间玩球时，是没有人会把球传给女孩的，而且女孩会被要求细声细气地说话。沃斯通克拉夫特提高了孩子们对不平等待遇和社会期望的认识。她会一直活在孩子们的记忆里，因为她就是活生生的证据，让孩子们知道，你可以靠自己去克服困难，困难不能毁掉你的人生。她还为孩子们留下了勇气，让他们学会坚定勇敢地捍卫自己以及自己的信念。多年来，总是有很多孩子对爱比克泰德不认识沃斯通克拉夫特感到遗憾。他们希望他能看到，她发现"自己能控制的远不止于此"，超越任何一位自认为理智的人的想象。沃斯通克拉夫特在《为女权辩护》中写道："我可能会被指责为傲慢。"不过，孩子们不会这样指责她。

玛丽·沃斯通克拉夫特是一位极致的冒险家。她有勇气超越自己所处的社会和时代。她没有成为社会的受害者，也没有把强加给妇女的严格限制作为借口。虽然她的腰部被紧身胸衣牢牢束缚，就像爱比克泰德的腿被束缚一样，但她找到了释放自己的勇气。

可以这样与孩子分享哲学问题

- 帮助孩子们在地图或地球仪上找到两位哲学家的家。把希腊和英国之间的距离标出来。
- 在探讨哲学的过程中，尤其是在讨论一个艰深的话题时，可以做一些游戏。准备一些颜色鲜艳的美术纸，在上面打印一些摘自爱比克泰德《手册》中的句子。把它们放在一个帆布袋里，让孩子们挨个传阅，让他们挑选出自己喜欢的彩色语录。让孩子们向全班宣读他们挑选的句子，然后把这些句子粘在公告板上。当上课遇到难题或个人生活中出现困难时，他们可以从爱比克泰德那里得到帮助。

 ## 哲学探讨

- 你最喜欢爱比克泰德的哪三条建议？你生活中的哪些具体事情可以借助这些建议获得更好的处理？
- 你是否同意爱比克泰德的观点，即在你的生活中，有一个"把柄"，有了它，生活中所有的一切你都可以"拿得起"？解释一下你的想法。

- 你能在多大程度上区分生活中哪些是可控的，哪些是不可控的？你认为人们是否经常会为他们无法控制的事情而担心？

 哲学练习

邀请当地一位曾经在生活中体现出勇气的人，来和孩子们聊聊天。他们对这个人的认同感越高越好。让孩子们去了解一下，在他们所居住的社区中，是否有一些每天都在战胜困难的人，比如，盲人大学生、战胜了病魔的人、残奥会运动员等。

直面你的恐惧

在与孩子们讨论"勇气"主题时，你会发现，正如一位小小哲学家所说，"承认你的恐惧需要最大的勇气"。一些孩子费尽心思，用我能理解的语言，将那种状态形容为"无法说出是什么让你害怕"。在哲学对话的开始阶段，孩子们并没有寻找解决方案，但他们似乎确信，一起面对恐惧比独自面对要好。这是一个很重要的开始。这让他们"感觉没那么大的压力了，因为只是说'我害怕'就已经是一种解脱了"。他们同意"知道其他小伙伴和我有同样的担心，让我感觉好了很多"。小小哲学家们是如何表达直面恐惧的难处的？"恐惧是因为我必须对自己诚实，而且要说出关于我所爱的人的真相。"看到他们深入探讨一个我知道对他们来说很困难的话题时，我感觉到房间里的气氛变得轻松起来，因为孩子们找到了信心去揭开那些令他们恐惧的东西。他们看到了承认恐惧的积极意义，因为他们觉得自己确实在为解决问题而努力。

有些成年人以为孩子们的生活很轻松，我身边的孩子们的情况可以让这种假设不攻自破。在每个教室里，我都会发现一些来自各种背景的孩子正在尽力应对真实的困境。以下是一些令人心酸的例子："当爸爸开始对我大喊大叫，像疯了一样把我扔进车里，并把车开得飞快的时候，我真的吓坏了。""疯狂发脾气的声音会让我发抖。"一个三年级小学生小声地告诉全班同学："我妈妈让我在上学前去商店为她买香烟一类的东西，外面天还很黑。"有个叫帕特里克的孩子说的话引起了很多孩子的共鸣，他承认"去医院的时候需要勇气，因为那是病人待的地方，我以为自己好不起来了"。还有一个孩子说："和朋友闹别扭的时候，不互相刻薄而是想办法解决问题需要勇气。"有一个孩子的父母离异了，她面临着选择与谁生活的问题，当她表达自己的焦虑时，另一位同学回应她说，他最担心的是"我父母不会离婚"。一位口吃的孩子是这样说的："如果你……像我一样……口吃……那你……每次……说话……都得……鼓起勇气……"当孩子们把自己的恐惧说出来直接面对的时候，就会迫切想要对勇气有更多的了解。"勇气"不再是一个抽象的概念，而是一种他们渴望拥有的财富。

孩子们还会预期未来可能会遇到很多难以处理的事情。很多孩子都会有一种难以解释的模糊预感，认为生活会让他们大吃一惊。许多孩子预见的第一个真正难题是"长大"，他们最大的担心是将来找不到工作。很多孩子都害怕将来自己会疾病缠身，这与对亲人离世的恐惧不分伯仲。有个孩子表达了他的胆怯："搬到一个新的地方，却不会说当地的语言。"因为家贫而不得不辍学，这对所有年龄段的孩子来说都是可怕的。还有一种发自内心的焦虑是，这个世界可能会"让我变得虚伪"。从孩子们的表情中可以看到，当诚实地思考自己的生活时，会触碰到一些痛处，有时甚至是长期的痛苦。

爱比克泰德给孩子们带来了巨大的安慰，因为他可以帮助他们分辨出哪些担忧是人为的、不必要的，还提供了有效评估困难的方法。他在《手册》一书中写道："如果它涉及我们能力范围之外的东西，那么现成的答案就是，它对你来说不算什么。"来自恐怖电影或万圣节化装晚会的恐惧可以被消除，但"马路杀手"或来自陌生人的邀请仍然是合理的担忧。只要坚信一切事物都有可拿捏的"把柄"，孩子们就可以对被人遗忘生日或被成人忽视的情况有一个新的看法。斯多葛学派的方法鼓励他们在考试结束后就忘掉考试，就算因口吃而引起别人注意也要继续说话，停下来，再开始。爱比克泰德和沃斯通克拉夫特为孩子们提供了一些处理恐惧的新方法。勇气就在他们身边。恐惧不能被消除，但可以成功面对。面对障碍，我们可以"跨过去，将它抛在身后"。孩子们对生活中的许多事情都感到无能为力，只需让他们有一丁丁点控制权，就能让他们摆脱这种无力感。

可以这样与孩子分享哲学问题

- 由于恐惧常常会造成一种孤立感，因此在开始讨论时要告诉孩子们，所有人在生活中都会遇到麻烦。在整个对话过程中，要提醒他们这是一种普遍的困境。
- 列举大量合理面对恐惧的例子。比如，我告诉他们，如果我有恐高症，我就不应该计划成为一名宇航员。
- 一定要谈谈你自己的恐惧。在你承认你的恐惧时，孩子们会立刻效仿。

哲学探讨

- 你预期未来会有一些让你难以面对的事情吗？
- 在我们讨论了勇气问题之后，有哪些恐惧以前让你感到沉重，但现在你可以放下了？
- 有哪些简单的方法可以帮助你每天培养勇气，在你需要的时候勇气就会出现？你能坦然承认自己对某些东西不懂但并不感到羞愧吗？承认自己的恐惧需要勇气吗？

 哲学练习

练习 1

当孩子们与那些比自己更年长、阅历更丰富的人交朋友时，他们就会发现忍受身体疼痛和孤独所需的勇气。这一课会让他们对自己的人生产生更深刻的认识。你可以带孩子们去拜访镇上最近的退伍军人医院，在他们和那些老兵之间搭起沟通的桥梁（一定要选择那些愿意和孩子通信的老兵）。每个孩子都可以写信和创作艺术作品，寄给这些未曾谋面的朋友。你可以将班级诗歌朗诵会或春季音乐会录制成视频发给医院，请医院在公共区域为住院的患者播放。如果老兵允许，小小哲学家们还可以从住院部那里了解老兵们的背景、经历和日常生活。帮助孩子们想想有哪些被忽视的人群，如退伍军人医院的老兵，以及他们认识的正处于悲伤中或正在疗伤、需要获得更多勇气的人。

练习 2

与孩子们一起区分不必要的恐惧和合理的恐惧。让他们在自己的笔记本上把其中一页命名为"无端恐惧"，另一页命名为"合理担忧"，然后让每个孩子诚实地填写这两页。这里有一些常见的例子，可以作为"无端恐惧"页的候选项：鲨鱼、鬼魂和过山车。询问他们是否见过鲨鱼或鬼魂，如果他们仅是想想都觉得可怕，那么是否可以选择拒绝坐过山车，通过这种对话帮助他们思考。以下几项是经常出现在"合理担忧"那一页上的：狗打架、堵车。是的，明智的做法是永远不要"介入狗打架中"。

找到你的声音

我一次又一次地从孩子们那里了解到，对他们来说，找到自己的声音是多么重要。当我向小小哲学家们介绍思想的世界、奇迹、提问的乐趣时，教室里至少会有一个孩子用下面的话来回答："从来没有人问过我的想法。"此外，许多孩子的困难是难以"说出来"的，他们私下告诉我，出于某种原因，他们不敢在课堂上发言。当我要求他们解释为什么难以说出心中所想时，得到的答案包括："很难坚持自己的声音""刚准备开口我就决定放弃了，因为无论我说什么都是愚蠢的""有些孩子总是说个不停，而我没办法逼自己加入他们"。这些令人不安的言论大多数来自小女孩。

为了和孩子分享哲学之美，我去过不少地方，所到之处有很多家长向我表达了他们的担忧，这些担忧与老师们对我提出的要求相呼应。老师们的要求是："你有没有办法和我的学生们谈谈女孩感到被排斥和被男孩支配的问题？"正如我们需要和孩子们讨论"小团体"和欺凌所造成的伤害一样，我可以利用老师们的这个要求，去观察一下性别角色的限

制是如何在儿童的早期生活中发展的。我们没有理由去淡化这个问题的
严重性，就像我们对待所有基于种族或经济差异的不平等一样。我发现
了一个问题，那就是每次让大家发言的时候，最先举手的往往是男孩，
而且很少放下，而女孩举起的手却常常被忽视；某些行为（比如打打闹
闹、扰乱课堂的行为），在男孩身上是能被预料的，有时是可以容忍的，
但发生在女孩身上却很少被接受。根据我的经验，男孩比女孩更有可能
对老师提出质疑，正如《为女权辩护》一书中所述："完全不用考虑他是
否因为放纵这种高尚的野心而越界了。"

　　女孩们向我证实，当感觉自己不如男孩重要时，她们感受到了伤害。
她们开始觉得有些事情"我甚至不应该去尝试，因为女孩就是做不到"。
一些女孩认为自己的身体很弱，某些活动是禁区，比如爬树、扔橄榄球、
在课堂上为老师搬桌子等。不幸的是，除了被认为身体无力外，女孩常
常还会面对"智力低等"的偏见："女孩不擅长数学。""女孩甚至不应该
上手艺课。""只有男的当过总统，所以他们一定更聪明。"

　　有了玛丽·沃斯通克拉夫特的哲学，我相信可以解决所有儿童（尤
其是女孩）勇敢为自己发声的问题。女孩周围的每个成年人都应该要求
她说出自己的想法，耐心倾听她说的话，并创造一种氛围鼓励她将自己
的心里话讲出来——这也许是她人生中的第一次。本着哲学的精神，我
们可以向个别儿童提出更多的问题："你想要……""你对……感兴趣
吗？""你想知道……""你想第一次尝试……"对于如此简单的问题，
孩子们的回答也会五花八门。在等待答案的过程中，你有机会欣赏到孩
子们找到自己声音时的惊喜，正如一些孩子在我面前感叹的那样："我好
喜欢听自己说话！"

　　我把哲学带到了一所女子中学，这所学校建立的初衷是为了鼓励女

孩在数学、科学和技术方面不受阻碍地发展。以前有太多教师认为女孩们对这些学科缺乏兴趣，尽管并没有证据表明她们确实缺乏这方面的好奇心或能力。创办这所学校的是两位经验丰富的教师，他们还创建了一个文科课程，专门向学生介绍女性作家、艺术家和发明家等。当我与这所学校的一些学生单独交谈时，她们表达了对沃斯通克拉夫特为女孩设计的那种教育的喜爱。"它让我充满了勇气。""我学到的知识越多，就越善于用自己的语言来维护自己的想法。"还有个学生说："我可以坚持自己的观点了，但这并不意味着我很固执！"正如沃斯通克拉夫特在《为女权辩护》中所言："我敢断言，在女性受到更多合理的教育之前，人类美德的提升和知识的进步一定会经受接连不断的考验。"

沃斯通克拉夫特送给大家的"勇气大礼包"是一面多色棱镜。在她的人生和哲学中，软弱的生活方式只配用代表懦弱的色彩来涂抹。她坚持认为，所有学生在面对自己和其他人时，都要敢于提出难题并鼓起勇气，使问题得到更好的解决。在学习了爱比克泰德和沃斯通克拉夫特的哲学后，有更多的孩子感觉到，他们在某些重要方面是完全能够照顾自己的。他们可以"忠于自己的内心"。此外，他们还可以找到力量去处理那些明知是错误的事情，并且有足够的智慧来找到解决的办法。

"我必须拥有自由提问的权利……"沃斯通克拉夫特让孩子们知道，提出问题和表达不同意见是完全可以的，这种许可具有重大的意义。在知道了这一点后，一个如释重负的二年级小学生兴奋地宣布，从今以后，她可以理直气壮地举手提问了。

可以这样与孩子分享哲学问题

　　承认"我不知道"或"我不懂"并不是软弱的表现，在教导孩子们这一点时，和他们谈论勇气是一个理想的铺垫。告诉他们，事实恰恰相反，这些话可以让周围的人知道他们有强烈的学习欲望。

 ### 哲学探讨

- 你是否对某项活动感兴趣，但该活动对你而言似乎是"禁区"，就因为你是个女孩或男孩？你是否有勇气像沃斯通克拉夫特那样克服这些限制？
- 你有勇气做自己吗？
- 你认为对玛丽·沃斯通克拉夫特来说，大声说出自己的想法很困难吗？为什么她并没有告诉自己生活太艰难并因此而放弃？

 ### 哲学练习

练习 1

　　想象一下，如果要让英国歌手约翰·列侬（John Lennon）在歌曲《想象》（*Imagine*）中描述的世界成为现实，需要多大的勇气。为孩子们反复播放《想象》，他们每次听时都会产生新的想法。孩子们同意列侬描绘的世界是最令人向往的，他们思考着那句"只要你努力，就很容易"，质疑我们为什么没有勇气去尝试。让孩子们以"想象"为题创作一首歌曲，然后问他们是否会有足够的勇气去尝试。

练习 2

英国诗人约翰·梅斯菲尔德（John Masefield）在他的名作《海之恋》（*Sea-Fever*）中，执着地邀请人们去海洋冒险。和孩子们一起阅读这首诗，让孩子们分享他们对未来旅行和探索的梦想。"我一定要重回大海 / 回到那海天一色的寂寞 / 只需一艘扬帆的船 / 自有星星为它指明方向……"让孩子们详细描述大海对他们的召唤，就像大海对梅斯菲尔德的召唤一样。让孩子们解释勇气和冒险之间的联系。给他们布置的任务是创作一首题为"我愿意为……付出一切"的诗。

本章小结

孩子们瘦小的肩膀担负着现实的艰辛。当小小哲学家们向我诉说他们的恐惧时，我总会悲哀地意识到，他们的问题往往出现在教室、家庭或者要好的小团体里。以八岁的小马特为例，他向我保证："就算谁都不和我玩，我也要保持勇敢。"他在每次活动中都会提到这种恐惧。顽强的小心灵要想变得强大和聪明，孩子们一次又一次地告诉我，有时勇气"不过意味着再试一次"。他们一次次让我深刻意识到，承认恐惧及其原因需要多大的勇气。我心里很清楚，当面对困难时，孩子们的反应完全取决于他们观察到的周围成年人的行为——是勇敢地直面困难，还是哭诉自己无能为力。

即使是在那些有哭泣和沮丧的谈话中，我也笃定地认为，一定会在小小哲学家们身上看到轻松和乐观。比如小杰曼，他决心将来做一位全职哲学家，当然，要等他长大以后。他的害怕是，有一天他必须知道如何拼写"philosophy"（哲学）这个词。于是他勇敢地尝试了一次，"f-o-l-o-s-o-f-e"，虽然拼得完全不对，但我还是为他的勇气鼓掌。我最喜欢的一次关于勇气的谈话是和米里亚姆进行的，当时她哀叹自己缺乏勇气，在我面前露出了一个悲惨的表情。米里亚姆的故事是她显然"拿着姐姐的东西胡闹"，但在母亲问起的时候又死不承认。就在我思考并准备用合适的话鼓励她时，她自己承认了："是我干的。我用姐姐的激光器把自己的腿毛剃了。"撇开她终于讲了真话这件事不谈，不得不说，剃腿毛也确实是需要一些勇气的。

漫游在哲学的世界里

- 玛丽·沃斯通克拉夫特的《关于女儿教育的思考》（*Thoughts on the Education of Daughters*）。《弗兰肯斯坦》（*Frankenstein*）这本著名小说的作者玛丽·雪莱就是她的女儿。由此看来，沃斯通克拉夫特对该主题确实颇有见地。

- 爱比克泰德的《手册》。他把这本手册分为 53 个非常短的小节。第 1、10、19 和 43 节介绍了他的核心信念；我们自己态度的重要性和我们对这些态度的责任构成了第 5、12、23、35 和 48 节的主题；第 6、33 节以"如何化解傲慢"为主题；第 9 节让我们看到了精神战胜疾病的能力；第 25 节提醒我们，任何事情都是有代价的；而第 20 节排解了我们入不敷出时的抱怨，将愤怒的责任放在了愤怒者的肩上。

- 约翰·列侬的专辑《列侬传奇：列侬精选集＋想象》（*Lennon Legend：The Very Best of John Lennon and Imagine*）和《给和平一次机会》（*Give Peace a Chance*）。《想象》还被收录在除这两张合集之外的其他专辑里。
- 约翰·梅斯菲尔德的《海之恋》。

第 8 章

死亡
Death

没有什么是可以失去的。

铃木俊隆，《禅者的初心》（Zen Mind，Beginner's Mind）[1]

关于死亡的哲学对话

在和孩子们讨论死亡时，有什么正确的方式吗？由于每个孩子的生活都是不同的，因此你需要非常灵活地选择让孩子们加入对话的方式。最重要的是，一定要认真倾听孩子们的心声。只要花了心思，你就一定能够根据每个孩子的特殊情况和问题适时地做出调整。在听小小哲学家们谈论他们关于死亡的想法和情感时，我有一种感觉，就好像他们正在摸索着穿过一片浓密的灌木丛，前往一片开阔豁亮的空地。他们紧绷的肩膀逐渐放松了，紧皱的眉头也慢慢舒展了。孩子们很乐意有机会了解

---

① 本书所有关于《禅者的初心》的译文，均援引自海南出版社 2018 年版本。——译者注

死亡，他们坚定地认为，如果故意对死亡视而不见或希望它完全消失，就只会让死亡更令人恐惧。

每当我的哲学课程全部结束时，也就是和孩子们相处的最后一天，我都会给他们一个很深的口袋，让他们把最想得到答案的一个问题塞进这个口袋里。无论这些孩子们的年纪是多大，无论他们居住在哪个地区，到目前为止，他们问得最多的问题都与死亡的不可避免性相关。比如：我什么时候会死？会怎么死？为什么我们不能阻止它？会发生什么？世间所有生灵真的会完全死亡吗？为什么没人来跟我说说与死亡相关的问题？

孩子们很清楚不同宗教对死亡的看法。有些孩子接受了父辈灌输的关于死亡的观点，对此我会谨慎地营造一种氛围，保证让这些信仰得到尊重。不过，很多孩子都希望超越那些老掉牙的、听得耳朵都起了茧子的解释。他们和无数哲学家一样，不断地回到这两个核心问题上：（1）人们如何处理丧失带来的难以忍受的悲痛，如何安抚想再多看逝者一眼的渴望？（2）死后到底会发生什么？

"战胜你对死亡的恐惧，好好活着"，这是由苏格拉底、伊壁鸠鲁和爱比克泰德组成的"希腊哲学天团"反复强调的。直面死亡，为生命赋予激情和紧迫感，这是存在主义者最爱的论调。而东方哲学家则呼吁，结束作为一个孤立个体的幻想，全身心地投入生活。当然，一些佛教徒会笑着说，所有生命的来源都是非物质的，不在我们的感官范围之内。物质或能量能否被创造或摧毁呢？如果不能的话……

死亡主题的核心是什么？死亡真的是一个问题吗？或者说只有对死亡的预期才是问题吗？有什么能够逃过死亡？如何才能逃过？为了帮助孩子们解决这些问题，我向他们介绍了禅宗大师铃木俊隆，他会指引他们去看"瀑布"——在铃木俊隆的理解中，"瀑布"是生死一体的隐喻。在这次对死亡的探索中，我们的另一个向导将是印度教的经典著作《薄伽梵歌》，它将带领我们进入自己的内心，触碰我们永恒的灵魂。

可以这样与孩子分享哲学问题

- 告诉孩子们，分析死亡可能没什么结果——既得不出定论，也找不到永恒的出路。总的来说，孩子们要做的是开动脑筋多提有意义的问题，从多个层面、多个角度探索死亡，并努力表达自己的想法和感受。

- 虽然最初有一点犹豫，但孩子们很快就踊跃地加入关于死亡的哲学讨论。死亡会成为他们认真研究的另一个主题。不过，我们得承认，对任何人来说，谈论一个如此触动内心的话题有时候会很难。向孩子们保证，每个人都在努力解决围绕死亡而产生的困惑和伤害。我经常提醒小小哲学家和成年哲学家，流露出感性的一面不仅不失礼，而且还很健康。要是没有这样的心理支持，你们的对话可能就会停滞不前。

- 准备好谈论你自己的感受。在第一次开始讨论时，你可以对孩子们坦白自己已经领教过死亡带来的悲伤。你不需要说得太详细。孩子们会一直围在你身边分担你的感受，他们很愿意在成人的带领下，一起去处理那些敏感的问题。在孩子们分享他们的经历时，一定要让他们知道你完全能够感同身受。

哲学探讨

- 很多人会拒绝谈及死亡，你认为这是为什么？
- 死后会发生什么？你听说过哪些关于这个问题的看法？你自己的看法是什么？
- 你是如何看待死亡的？死亡对你意味着什么？
- 如果你认为死亡是一位老师，那么它能教你什么？

哲学练习

听一听美国作曲家塞缪尔·巴伯（Samuel Barber）的《弦乐柔板》（*Adagio for Strings*）。尽管巴伯在创作这首曲子时并没有考虑到死亡，但我们经常在葬礼和悼念活动中听到这熟悉的旋律。当它那令人振奋又安抚人心的音符在空气中回荡时，有一种庄严肃穆的美丽。你可以让孩子们观看美国总统富兰克林·罗斯福或约翰·肯尼迪葬礼的片段，体验音乐中蕴含的敬畏之情。在肯尼迪的葬礼上，让孩子们注意那两个失去父亲的小孩子。问问孩子们，为什么这么多人愿意选择这种音乐来向生死致敬？还可以选择其他什么音乐作品？让孩子们列一个自己喜欢的清单。

与哲学家相遇

好比无风之处一盏灯，它的火焰静止不动。

《薄伽梵歌》[①]

《薄伽梵歌》的字面意思是"神之歌"，它是除世界上最长的史诗《摩诃婆罗多》之外，由印度教先贤创作的另一首史诗。后来，这两首史诗合二为一，实现了完美的结合。两部作品都写于公元前五世纪至公元前二世纪之间，但《薄伽梵歌》对当代印度教徒仍具有现实意义。肉体的死亡不可避免，《薄伽梵歌》对"不灭"进行了阐释，这为面对肉体必然死亡这一命运的世人提供了莫大的心理安慰。

诗中有两个核心人物，一是大神毗湿奴的化身黑天，二是在战场上哀叹死亡困惑的战士阿周那。黑天以多种方式向阿周那解释那些他早就应该知道的事情——无论是在战场上，还是在其他任何地方，都不会有死亡。灵魂是死亡永远不可企及的。

阿特曼（Atman，即自我、灵魂）是人性本质的纯粹之光，永生不灭。自我与梵（Brahman）相同，梵是生灵的神性之源，是灵性实相的无限基础。梵即为自我，"汝即梵"是印度教哲学的核心。人类的灵魂是永恒的，因为人神之间没有区别。物质世界是一层面纱，掩盖了万物合一的灵性本质。自我即梵，你即不朽。

想象你在剥洋葱，剥开一层又一层，一层层直到看不见的中心。人类也是有层次的。从外在的物理外观到更里面的层次，一层接一层，把

---

① 本书所有关于《薄伽梵歌》的译文，均援引自商务印书馆 2011 年版本。——译者注

我们带到自己的真实本性。这个真实的本性就是阿特曼，即我们永恒的灵魂，过去、现在和将来都是如此，永无改变。因为死亡是存在于物质世界中的，因此如果我们把注意力集中在肉体上，就会害怕死亡。由于阿周那没有体验到内心的阿特曼，因此他会在亲人和战友们准备上战场时担心他们的人身安危。他向黑天提出的问题有助于任何与人类必然的命运——死亡——做斗争的人。当他在战场上看着两支军队中那些亲人的面孔，看到悬挂在师长、叔伯和朋友头上的死亡阴影时，他心如刀割。黑天的任务是说服这位萌生退意的战士，"无论死去或活着，智者都不为之忧伤"。

虽然物质世界最终是不真实的，但它仍然是一个有着强大吸引力的所在。对物质的依恋紧紧地抓住我们，对肉体的关注成为重中之重。活着的当务之急迄今仍是对肉体死亡的焦虑。讽刺的是，人类最渴望的东西其实我们已经拥有了。《薄伽梵歌》中写道："刀劈不开它，火烧不着它，水浇不湿它，风吹不干它。劈它不开，烧它不着，浇它不湿，吹它不干，永恒，稳固，不动，无处不在，永远如此。"定义我们每个人的东西永远不会消失。黑天不断向阿周那解释这令人安慰的消息，直到他深以为然并刻骨铭心。

我们每个人都必须努力实现精神的进化，以体验真实的自我。随着精神的成长，死亡会慢慢地、自然地被我们过滤掉。当死亡越来越显出它真正的无能时，它就变得无关紧要。《薄伽梵歌》中写道："这遍及一切的东西，你要知道它不可毁灭；不可毁灭的东西，任何人都不能毁灭。身体有限，灵魂无限……"

印度教信仰强调，肉体死亡后会发生两件事：（1）阿特曼（即灵魂）将转世，有无限的机会进一步进化；（2）如果达到了物质世界进化的最高境界，灵魂就会脱离轮回，回到精神合一的原始充实状态。正如《薄伽梵歌》所述："万物开始不显现，中间阶段显现，到末了又不显现，何必为之忧伤？"

在讨论中，小小哲学家有一部分是黑天，有一部分是阿周那，理解但不完全理解，既以为然又不以为然。一个孩子把阿特曼比作一个"与肉体相伴而行"的能量体。他解释说，这基本上意味着"我已经永生了"。有几次讨论非常好玩，孩子们在谈到"改善自己的内在"时，用动作来表演死亡是如何一点点占据生命的。孩子们假装自己就是死亡，扭动或蠕动着向生命靠近，但他们扭动得有点太快了，死亡可没那么快。他们最喜欢的观点是，只要你一心想着如何生活，就会慢慢忘了死亡。《薄伽梵歌》中写道："正如灵魂在这个身体里，经历童年、青年和老年，进入另一个身体也这样，智者们不会为此困惑。"

也许你会认为，你死的时候就会消失，就不再存在了，但就算你消失了，有些存在着的东西仍不会消失的。那只有魔法才办得到。

铃木俊隆，《禅者的初心》

铃木俊隆是大名鼎鼎的道元禅师[①]的传承人。在到美国之前，铃木就因其充满智慧且颇有成效的非正式弘法方式在日本闻名遐迩。1958年，铃木到美国进行短期访问，其间举办了一系列佛法讲座，这次访问一直持续到1971年铃木去世。他在旧金山的禅修中心举办了多次冥想课程，在授课时发现美国民众渴望禅学并且接受度很高。后来，旧金山禅修中心规模不断扩大，并在多地建立了分院，其中就包括著名的禅山中

---

① 日本佛教曹洞宗创始人，生活于公元 13 世纪。——译者注

心，这是亚洲以外的第一个禅宗培训寺院。铃木是第一任住持。

铃木是一位出色的倾听者，不管学生提出什么样的问题，他都能对答如流。就像黑天对待阿周那一样，铃木对学生很有耐心，他会以各种不同的方式去解答同一个问题，直到他找到一个能让所有学生都明白的比喻或形容。无论是在日本还是在美国，铃木都深谙学生们对死亡挥之不去的担忧，并以亲切的幽默和不懈的鼓励向他们解释佛教关于死亡的看法。

接受无常是佛教理论的中心思想。人生就像不断变化的河流，这是所有人都必须面对的现实，无一例外。我们的名字不过是暂时有用的称呼，并不意味着一个永久的人格，不会一刻不停地生存，更不用说死亡了。《禅者的初心》中引述了道元禅师的观点："万物无非浩瀚表象世界的一下电闪。"没有任何一个作为个体的"你"或"我"会经历死亡。现实是一个永恒的精神联盟，万物都在其中。这是一个违背语言和逻辑的悖论，你存在，但不是作为一个独特的个体。这一佛教真理使"死亡"成为一个毫无意义的术语，但代价是一个人的个人身份认同感的丧失。不过，铃木也在这本书中写道："不管你对无常的道理是喜好还是厌恶，都必须改变思考方式去接受它。"

佛陀坚持认为，物质世界的生活就是受苦，之所以受苦，是因为从出生就开始的分离。离开精神合一的原初幸福，进入作为一个孤立生命而存在的孤独体验是痛苦的。我们的真实身份是在精神世界中，这需要"大心"来体验这个无限永恒存在的真实。铃木在《禅者的初心》中写道："大心会体验到，一切都尽在自己一心之中。"铃木称这种"大心"为"初心"。有了这种开放、宽容、海纳百川的心态，人们就能体验到生命的真谛，不会以个体的形式与之分离。"大心"毫无分别地接受了万物一体，充分领悟到没有一个"我"会死，只有"生命"可以"活"。所有生命都是永恒的。

让我们接受铃木的邀请，前往美国加州约塞米蒂国家公园，遥望高达 1340 英尺[①] 的瀑布。我们从远处看到的瀑布是一整匹水帘，完全看不出任何单独的水滴。然而，当我们徒步走近时，可能就会看到水并不是成片落下的，而是分成很多股细流。当水从高处落下撞击岩石时，水珠会洒向四面八方，有的随风飘散，有的飞溅到悬崖的缝隙中。如果我们再回到原来的远距离位置，那么看到的依然只是一匹呈整体流动的水帘。当我们作为个体出生时，就像一滴独立的水，人生所有的困苦从此开始。

铃木坚信，死亡意味着再次"回归"生命的瀑布，不再是孤零零的一滴水，而是回到家中，成为一整匹瀑布中毫无分别的一分子。水是由水组成的。每一滴水都是水。灵魂就是灵魂。"大心"从远处领悟了瀑布的真谛，永远不会迷失在因飞溅和喷射的水珠而产生的困惑中。与再次回归本源的喜悦相比，因死亡和身份丧失而产生的恐惧根本不值一提。铃木在《禅者的初心》中写道："回到河里去的水滴是何等快乐！如果是这样，我们死的时候会是什么感觉呢？"

对小小哲学家们来说，"加入"和"回归"的理念非常有吸引力。他们似乎并不担心自己对"瀑布"的理解不如对其他哲学思想的领悟那样透彻。他们告诉我："我明白了，但只可意会不可言传。"作为一名带领者，我非常清楚，要找到合适的语言来传达"瀑布"的秘密是个多大的挑战。对于铃木推荐的约塞米蒂国家公园之旅，孩子们的反应各不相同。有些人感到"迷茫"，而其他人则"有所得"。他们感觉到了那种"联结

---

① 　1 英尺约等于 0.3 米。——译者注

感"，感受到了"万物皆可"。许多孩子觉得那种认为"生死并非相反或敌对"的想法很稀奇。八岁的马修最近沉浸在哀伤中，因为他的父亲刚刚去世。他在课后问我，他的父亲会在"瀑布"的哪个位置。我代表铃木给了他这样的回答："你不能把你爸爸看作一个单独的人，是在这里或那里与整匹瀑布分开的存在。你只需要这样想一想，你爸爸原本就是水的一部分，现在他再次成为水的一部分了。"他没有再问下一个问题，而是表达了自己的看法。他猜想铃木会说，有一天他也会成为瀑布的一部分。《禅者的初心》中说："你将会找到生命真正的意义，哪怕你的人生还是会像一滴落下瀑布的水滴一样历经险阻，但你却能享受它。"

有一个孩子将视死如归的概念与爱人如己的理想相比较。他直觉地认为，他会以某种方式作为一个独立的人死去，因为"我会与周围的人紧密相连，你无法将我们区分开来"。他不是第一个在铃木的"瀑布"和耶稣的"命令"①之间找到这种相似的孩子。《禅者的初心》在前言中就写道："修行的目的就是要始终保持这颗初心。"

可以这样与孩子分享哲学问题

- 在与孩子讨论时，带领者必须把个人观点放在一边，"死亡"就是对这种能力提出严峻考验的话题之一。一定要提高警惕，否则就会搬起石头砸自己的脚！ 在关于死亡的对话中，要特别表现出对孩子们各种想法和感受的接纳，让每个孩子都觉得可以畅所欲言。同时还要让孩子们知道，他们并不是

---

① 指的是天主教和基督教中耶稣对教众的基本要求，其中包括"爱人如己"。——译者注

必须发言，要确保每个孩子都感到放松安心。

- 在教室里挂一张约塞米蒂国家公园瀑布的海报。当你和孩子们讨论铃木对死亡的看法时，让他们全方位地欣赏这幅海报。孩子们很喜欢收集各种瀑布的照片，配上铃木的名言警句，并用它们来装饰教室。
- 在黑板上写下"梵＝阿特曼"和"阿特曼＝梵"，并在讨论《薄伽梵歌》时让孩子们注意这个等式。它们的意思是"汝即是梵"，即人类的灵魂是神圣的，这个等式是维系印度教"不灭"信仰的主旋律。孩子们被"自我＝梵"的想法所吸引，因为这表明他们的本性和神是一样的。

哲学探讨

- 你是否觉得，自己的某一部分永远不会死亡？
- 如果你是阿周那，你想问黑天什么？
- 当你和铃木一起观看瀑布，听着瀑布发出的巨大轰鸣时，你会有什么感觉？你想和他说话吗？

哲学练习

阅读玛格丽·威廉斯（Margery Williams）的作品《绒布小兔子》（*The Velveteen Rabbit*）。在这个短篇故事中，一只绒布做的兔子变成了真兔子。这是一个与死亡完全无关的故事。故事的主人公一开始是一只绒布小兔子，是一个小男孩的玩具，那个时候一切都还好，但后来它变得"又旧又破"，被丢弃到园子里。被抛弃的小兔子悲伤地哭泣，它的眼泪唤出了小精灵，小精灵让它不要哭并把它带到了兔子国，在那里它可以与其他兔子一起永远快乐地嬉戏。它的后腿拥有了不可思议的力量，可以随心所欲地跳跃，它还拥有了优雅的胡须，"长到可以拂过草地"。让孩子们思考一下，为什么兔子最终在兔子国安家。然后，再给他们朗读一遍这个故事，让他们思考小精灵对绒布小兔子做了什么，使它"彻底改变了"。当他们专心聆听第二遍朗读时，请他们注意，故事中的小精灵用了什么方式帮助兔子拥有了"真实感"。可以让孩子们从加拿大电影《皮马》（*Skin Horse*）中寻找启发。让孩子们在他们的哲学日记中写下对兔子国的详细描述，要包含一些让它如此神奇的具体事物。

顺其自然

宇宙中每个角落都有死亡的痕迹。自然界的四季更迭，人生的生离死别，无时无刻不在提醒我们死亡无处不在。《薄伽梵歌》中写道，我们"绝不妄自尊大，看清生老病死这些痛苦缺陷"。与死亡相关的恐惧、担忧和悲伤在感情上令人无法接受，但我们可以接受"人终有一死"的现实，就像接受人类必须经历的其他事情一样。如果我们稍稍与死亡交好，那么是否能更从容自若地对待死亡？

我们为死亡而哀伤，同时也承认并接受"人终有一死"的结局，这两种情感并不相互排斥，但确实需要很大的空间才能同时容纳它们。然而，正如《禅者的初心》中所述："你的身与心都会获得巨大的力量，能够依事物的如如面貌接受它们，而不管它们怡人还是不怡人。"想想动物们任由死亡接近的方式，它们以令人羡慕的优雅姿态，将死亡过程当作生命的一部分。虽然如此，但是大象在失去部落成员后会哀悼数日，大雁会保护那些飞行不稳的同伴。《薄伽梵歌》中写道："我只用我的一小部分，就支撑起这个世界。"当你家中的一只动物死亡时，你会在其他动物眼中看到和你眼中如出一辙的哀伤。接受和哀伤在一种微妙的平衡中转换。

铃木鼓励孩子们去思考，在什么情况下他们会觉得死亡是人生自然的一部分。孩子们是知道的，"等我老了，每个生日都会感觉到它""夕阳以一种委婉的方式让我想起了死亡，冬天也是如此""我曾经住过院，疼痛真的太可怕了，让人恨不得死了算了""如果我打心眼里觉得非常非常失望，那感觉就像我心里有什么东西死掉了""当你真心爱的东西死了，你就会觉得自己也在死去"。你看，孩子们什么都知道。

喜欢思考的孩子会在自然界中看到生死之间不可分割的联系。"我不认为任何东西会真正死亡。一棵枯树以它自己的方式充满了生命力。岩石不是死的。空气是有生命的。我不知道我为什么会这样想，但似乎只要出去走一走，我就知道了。"小女孩丽兹对大家说。她一边说一边环顾房间，想看看是否有其他人也有这种深刻的认识，或者这些话是否真的是从她自己的嘴里说出来的。她发现自己成了同学们羡慕的焦点，她把双手伸向空中，看着自己的手指摆出各种形状，内心彷徨着，无法获得确认。《薄伽梵歌》中有这样的一句："没有不存在的存在，也没有存在的不存在。那些洞悉真谛的人，早已察觉两者的根底。"丽兹只有七岁，却已经成功登上了黑天的战车。

可以这样与孩子分享哲学问题

　　如果你扩大自己的观察范围，不仅仅局限在人类的领域，可能就会让你在谈论这样一个感性的主题时轻松一点。你可以把海豹、树木和松鼠囊括进来，这样你就会更清楚地看到，死亡本来就是万物的一部分。我给孩子们带了一张黑色天使鱼的照片，多年来它为我的水族箱增添了不少光彩。在生命的最后一晚，它在水中遨游和滑翔的姿态让其他鱼类如同见证了一场狂欢。

 哲学探讨

- 有哪些例子可以说明死亡是生命的自然组成部分？你能想象永远活着吗？你能想象在你 150 岁时吹灭蛋糕上的蜡烛吗？

- 在自然界中，有哪些迹象表明生死之间的轮回关系？如果所有的东西都在冬天死去，那么春天还可能存在吗？

 哲学练习

练习 1

　　朗读 19 世纪英国女诗人克里斯蒂娜·罗塞蒂（Christina Rossetti）的诗歌《毛毛虫》（*Caterpillar*）。向孩子们并排展示毛毛虫和蝴蝶的图片。"吐丝成茧 / 死亡 / 重生 / 变成蝴蝶。"当你从图片中的毛毛虫指向蝴蝶时，让孩子们告诉你毛毛虫到底是怎么变成蝴蝶的。当他们向你解释时，请仔细聆听。带他们到外面走走，让他们寻找从看似已死的物体中冒出的生命。要求他们不要人云亦云，努力去寻找自己的发现。鼓励原创性思维。

练习 2

给孩子们播放美国歌手约翰·丹弗（John Denver）的《周而复始》（*Around and Around*），并让他们跟着一起唱。他的歌词会带着你们一起在日落中走过往昔所有峥嵘岁月。他在歌中唱道，他想在死时在"那里"，让孩子们思考这句歌词的意思。他还唱道，在他死后，世界将继续周而复始。与孩子们讨论这个概念——尽管有死亡存在，但生命仍在继续。他希望，即便他已经死去，思念他的人仍能在想起他时会心地微笑。请小小作曲家们为已经去世但仍能让他们微笑的人写一首歌。

泰然处之

在探讨了印度教和佛教关于死亡的观点后，我发现孩子们越来越能接受死亡的不可避免了。黑天和铃木都让他们把注意力从死转向生，充实圆满地活一场就是否定死亡力量的最佳方式。我鼓励孩子们详细讨论他们对死亡的理解，并将这种理解融入他们对生活不断加深的体悟之中。当他们认识到可以通过对人生的掌控来更好地处理死亡问题时，就能泰然处之。当然，这种认识并不能为孩子们揭开死亡之谜，也不能治愈他们的心痛。当你帮助他们吸取从黑天和"瀑布"中获得的教训时，他们对死亡的回应会变得平和许多。那些在死后可能或不可能发生的事情，对他们来说变得不那么重要了。阿周那必须继续他的人生，而瀑布将继续流动。铃木也在《禅者的初心》中写道："当我们了解了万物无常这个常住不变的真理，并因此获得从容自若时，我们就是身处涅槃之中。"

对于死亡，小小哲学家们会逐渐得出自己的结论。虽然哲学思考对一些孩子有很大的帮助，但仍有一些孩子继续挣扎、迷茫。我鼓励孩子们，在我们探讨印度教和佛教对死亡的观点时，如果他们觉得有所收获，就要将这些收获好好加以利用。同时我也提醒他们，新的领悟并不需要否定他们所珍视的任何信仰。在面对死亡主题时，如何才能让自己感觉更轻松一点呢？孩子们对此有不同的表达。一位刚刚决定要当科学家的小女孩在她的信念中找到了满足感，即"没有什么可以摧毁能量"。而另一位小小哲学家则认为，"该来的总会来"，没什么好说的。还有一个孩子解释说，如果生与死就像瀑布一样不分彼此，那么"也许这两者永远不会分开"。孩子们喜欢在一起谈论自己已故的亲人，分享他们感觉与逝者仍然牵绊在一起的方式。对他们来说，这种牵绊到底是如何维系的并不重要，不过他们最后得出的结论通常是，在死亡之后，"也许还有来生，只是与此生不同"。一个悲伤的孩子说，他仍然非常想念他的妈妈，但在和大家聊完之后，他不再那么紧张了。铃木在《禅者的初心》中写道："大心总是与你同在。"

孩子们告诉我，如果我有一天感到困惑或悲伤，那么不妨参考他们提供的一些有效技巧，这样我就能更安然地面对身边的死亡。以下是他们的一些小秘诀："你可以痛痛快快地哭一场。""看看老照片，用它们摆满你的房子。""多讲一些过去的趣事，唤起年轻时候的回忆。比如，如果你的猫死了，你可以讲讲当年它还是一只流浪小猫的时候，你是怎么发现它的。"孩子们看到我不说话，就以为我还需要更多的建议，但他们不知道，其实我是被他们敏锐的智慧惊艳到了，一时无言以对。因此，孩子们又给了我一些如何应对分别的建议。按照他们的说法，我可以做我所爱的人最喜欢的食物，这样我的厨房就会飘荡着同样的味道。在我做完饭后，我还可以用他们特别爱用的工具来修理东西或在花园里挖土。《薄伽梵歌》中写道："达到清静的人，脱离一切痛苦……"

在一次培训课程结束时，一个孩子解释了她的观点，连我都听懂了。她告诉我，死亡只是整个人生的一部分，如果我一直活着，那可能是因为我连死亡的名额都还没混到。

《薄伽梵歌》又言："平和，平和，平和。"

可以这样与孩子分享哲学问题

孩子们喜欢有演示、有讲解的教学风格。为了开启我们关于死亡的讨论，我带了一张我儿时的朋友卡特成年后的照片。我把她介绍给孩子们。除了种种其他评论外，他们很好奇为什么她一点皱纹都没有，她是否总是笑得那么开心。当我告诉他们这张照片是在她去世前两周拍摄的时候，他们纷纷感叹不已。我以卡特为例，说明有的人热爱生活，即使是对可导致死亡的疾病也安之若素。在讨论死亡主题的时候，用生活中某个逝者的照片来打开话匣子是很好的选择。这创造了一种乐观的气氛，因为尽管斯人已逝，但仍活在生者心中。

 哲学探讨

- 哲学家们认为，如果我们能克服对死亡的恐惧，就能活得更快乐，你是否赞同这样的观点？
- 什么时候死亡让你感到可怕的心痛？你是否能够承认它有多痛，并坦然谈及这种痛苦？
- 如何才能让死亡不再是一个巨大的烦恼？如何才能活得生机

勃勃？

- 你知道有谁能平静甚至带着幽默感去处理死亡吗？

- 关于死亡的哲学研究对你有什么帮助吗？它很难吗？你记得哪些观点？

- 你认识处于悲伤中的人吗？你能做什么来帮助这个人？

- 如何才能与你某位过世的亲人保持亲密联结？去熟悉的地方散步或听喜欢的音乐会有帮助吗？

- 你需要身边的成年人如何做，以让你更容易接受死亡？

- 为了帮助你身边的成年人更平静地面对死亡，你可以做些什么？

哲学练习

练习 1

邀请当地临终关怀机构的工作人员来参加由小小哲学家们准备的午宴。向孩子们解释临终关怀机构的使命。孩子们会很乐意为这些客人准备饭菜并安排中场活动。通过这种方式，孩子们可以为这些帮助临终者及其家人的工作人员做些事情。这会让他们觉得自己好像也参与了临终关怀的一小部分工作。如果孩子们愿意，那么可以鼓励他们带一张照片或画作，以一直活在他们心中的已故的人或物为主题。在中场活动时，他们可以向那些每天目睹死亡的专业人员讲述照片后面的故事。

练习 2

朗诵英国诗人约翰·多恩（John Donne）的《死神，你莫骄傲》

（*Death Be Not Proud*）一诗。对于那些很难从正面看待死亡的孩子来说，这首诗可以帮助他们认识死亡是可以被战胜的。为孩子们逐句讲解这首诗，把它当作帮助孩子们对死亡进行哲学思考的燃料。"你以为已经把谁谁谁打倒 / 可怜的死神，他们没死 / 你至今也还杀不死我。"诗人觉得死亡在生命面前没有力量，尽管它可能看起来很强大。让孩子们根据他们对每一句诗的反应，在哲学日记中写下他们和约翰·多恩的对话。多恩在这首杰作的结尾告诉死神，它将死去，而其他的一切都将活着。问问孩子们，他们有什么方法可以每天都能打败死神。让他们告诉你，要怎样做才能活着。要求他们以"死神，你是一个真正的失败者"为题写一首诗。

练习 3

让孩子们一起阅读美国著名儿童文学作家辛西亚·赖伦特（Cynthia Rylant）的《想念梅姨》（*Missing May*）。这是一本可爱温馨的小书，既表达了失去亲人的巨大痛苦，又展现了爱的非凡力量，它以某种方式战胜了死亡。你和孩子们可以轮流朗读，这样你们就可以一起成为故事中的一部分。由于父母双亡，年幼的小夏辗转于亲戚家中，但没有人真正把她放在心上。最后，欧伯和梅姨给了小夏第一个家和无条件的爱。然而，六年后，梅姨去世。小夏在心碎中走过了一段漫长的道路，在经历了刻骨铭心的伤痛后，慢慢地从悲痛中恢复过来。让孩子们注意揣摩小夏与欧伯的关系，体会有一个像故事中的小男孩克莱图斯那样的朋友该有多好。问问孩子们，小夏给了他们哪些可用于生活中的理念。让他们想象小夏现在已经长大成人的情形。鼓励孩子们充分发挥想象力，以小夏的口吻给他们写一封信，署名是"爱你的小夏"。在信中，可以写上他们认为小夏会告诉他们的话，关于死亡，关于如何处理亲人的死亡，以及她对梅姨的感情。

练习4

听听美国乡村音乐歌手罗珊·卡什（Rosanne Cash）与其父约翰尼·卡什（Johnny Cash）的二重唱《当九月来临》（*September When It Comes*）。他们用歌声承诺，将一起面对父亲约翰尼即将死亡的现实。这对父女承认，约翰尼很快就会去往一个可以安息的地方，当属于他的九月来临，他们会顺其自然地接纳它的到来。问问小小哲学家们，当他们所爱的人正在变老，他们会提供什么建议。让孩子们为这首二重唱重新填词，并与他们熟悉的正面临"九月"的亲人一起演唱。"当阴影逐渐拉长，看那消逝的过往。"

本章小结

在很多小小哲学家的生活中，死亡占据着一个他们不愿面对的位置。他们渴望自由地表达感受，尽管谈论死亡会让人情绪低落。孩子们知道，如果和人聊一聊这个话题，他们就会感觉好一点，尽管他们也说不出个所以然来。无论成人是否与儿童讨论死亡，儿童都敏锐地意识到死亡的不可避免性。他们所爱的一切都只能任由死亡摆布，就像他们稚嫩的生命一样脆弱。当孩子们认识到原来每个人都必须应对与死亡有关的悲伤和可怕的预期时，他们会备感安慰，这种"同是天涯沦落人"的感觉会鼓励他们敞开心扉，说出自己的心里话。"一切都会死亡。这很奇怪，但我认为这是一个不错的想法。"

看着孩子们认真地思考死亡是一件很美好的事情。他们的泪水和笑声经常交织在一起，因为他们在对话中的情绪变化很大。他们把自己的领悟藏在只有自己知道的地方，在需要时拿出来用一下，然后继续若无其事地生活……我钦佩他们的这种能力。能够近距离观察孩子们通过探索死亡来拯救人生是一种荣幸，这让我想到了"救生员"这个词。

漫游在哲学的世界里

- 铃木俊隆的《禅者的初心》。这本书畅销数百万册是有无数理由的。铃木俊隆用一整本书的篇幅讨论了死亡，其中最令人难忘的是"涅槃""瀑布"。

- 《薄伽梵歌》。这是一部由诗歌和散文交织而成的永恒经典，从这个颇有戏剧色彩的译名中，我们就不难看出为什么这部作品对印度教徒具有如此重要的意义，而且所有有兴趣的读者都会不由自主地受其影响。在这首长诗中，黑天为苦恼的战士阿周那指出了提升精神的途径和做法。

- 罗珊·卡什和约翰尼·卡什的《当九月来临》。这首二重唱收录在罗珊的专辑《旅行规则》（*Rules of Travel*）中。该专辑的封面照片和内页说明也非常发人深省。

- 赛谬尔·巴伯的《弦乐柔板》。

- 《弯黄瓜：铃木俊隆的生平及禅法》（*The Crooked Cucumber: The Life and Zen Teaching of Shunryu Suzuki*）。这部传记的第一部分详细介绍了铃木的童年和 13 岁进入藏云寺的情况。他的老师认为铃木是朽木不可雕，气急败坏地给这位未来的禅宗大师起了个绰号"弯黄瓜"。

第 9 章

偏见

Prejudice

你能想象有人认真地说"西红柿一定有问题，因为我受不了它们"吗？

让－保罗·萨特（Jean–Paul Sartre）

《反犹主义者的画像》（*Portrait of an Anti–Semite*）

关于偏见的哲学对话

什么是偏见？这个词的英文（prejudice）的词根已经给出了非常精准的定义。当我们"提前下判断"（pre–judge）时，就是在没有任何确切信息的情况下得出结论并形成意见。在还没来得及对彼此做进一步了解时，我们就对彼此下了定论。我们总是能以快到危险的速度，轻易地找出能让彼此泾渭分明的东西，比如外貌、职业、口音等。我们总是会不可避免地觉察到彼此的差异之处，却不知为何难以注意到彼此的相似之处。但在差异基础上产生的成见却并非不可避免，我们完全可以把彼此的差异视为对那些相似之处有趣而刺激的补充。

人类总是喜欢在没有充足理由的情况下去评判他人，这种倾向从一开始就让哲学家们感到困惑不已。在我们共同的人性中，难道相似之处不是比不同之处更多吗？笃定别人与自己不同有什么值得安慰的吗？为什么我们的先入之见往往是负面且贬损的？我们对世界的看法真的这么狭隘吗？真的会狭隘到看不见否认每个人都是完整个体的后果吗？来自不同文化的哲学家们对此痛心疾首，因为他们知道（而且往往是来自第一手资料），当那些正在受苦的人与我们不一样时，我们更容易视而不见；对那些活得和我们不一样的人，我们更容易暴力相向。当我们自认为高人一等、志得意满时，就不会再去在意他人。

很多人都还记得，在孩提时期，那些喜欢跳踢踏舞的男孩和跳芭蕾舞的胖女孩会遭到多么无情的嘲笑。可能有一些小小哲学家对偏见体会得更深，但几乎所有的孩子都知道，偏见就潜伏在我们身边，无处不在，无论是餐桌旁还是橄榄球队里。只需做一点点哲学思考，孩子们就不得不承认，他们自己心中就有一些根深蒂固的"刻板印象"[①]。虽然孩子们也认识到，没有疫苗可以预防这种任何人（包括他们自己）都有可能患上的"疾病"，但他们还是迫切地向我表达了想要尝试克服偏见的愿望。

20世纪的两位哲学家，格洛丽亚·安扎杜尔和让－保罗·萨特，浓墨重彩地为我们描绘了偏见会带来的伤害。安扎杜尔是"奇卡诺人"（"Chicana"，即墨西哥裔美国人），从小在墨西哥和得克萨斯州之间的边境地区长大。她的生活横跨了两个截然不同的世界，在这两个世界里，她都没有找到属于自己的身份认同感。从很小的时候开始，安扎杜尔就

---

① 指人们对某一类人或事物产生的比较固定、概括而笼统的看法。——译者注

见识到了人们的偏见会带来多么深切的伤害。安扎杜尔童年时在学校因自己的文化背景而感到羞耻，感到放弃身份认同感的压力，对她的这种痛苦，孩子们完全能够理解。至于萨特，他以第二次世界大战前后几年身边的法国人为例，揭示了导致人们产生偏见的原因——恐惧和不安全感。萨特对偏见进行了非常严格缜密的分析，在仔细了解了他的这些分析后，孩子们深刻地认识到了偏见造成的伤害是多么严重——对被偏见对待的人如此，对心存偏见者同样如此。

我们可以做得更好。

可以这样与孩子分享哲学问题

- 在黑板上写下大大的"偏见"一词。在这个词的下面写出其词根："pre"的意思是"提前"；"judge"的意思是"下定论"。
- 解释何为"刻板印象"。曾有孩子给出的定义是"一个人在还没了解另一个人之前，就给对方贴上的巨大标签"。
- 如果有一些孩子有相似的关于偏见的故事，鼓励他们多交流。我发现，以类似方式体验过偏见有多残酷的孩子会从彼此的意见中得到启发，他们对彼此的信任也会因有了共同的纽带而突飞猛进。例如，如果在排队玩踢球游戏时，你是唯一一个感到困惑的、善用左脚的人，在讲述你被偏见伤害的故事时，会觉得更困难。
- 如果你能谈谈自己的亲身经历，比如因偏见而吃够了苦头、陷入刻板印象的圈套等，就会让孩子们在讨论的时候更放松。

哲学探讨

- 什么是偏见？它为什么会存在？

- 你对哪些事情有刻板印象？你是什么时候意识到自己有这些刻板印象的？

- 会有一些偏见比另一些偏见更糟糕吗？是否有些类型的偏见无伤大雅？

- 在你的常用词汇中，是否有一些理应清除的、专门用来描述某个群体的负面词汇？

- 你需要觉得自己比别人优越吗？为什么？

- 你是否觉得低人一等？这样想对吗？

 哲学练习

练习 1

阅读美国女作家哈珀·李（Harper Lee）的经典之作《杀死一只知更鸟》（*To Kill a Mockingbird*）。这部作品让我们看到了人心中可怕的偏见，讲述了两个孩子如何对偏见产生深刻理解的经历。孩子们钦佩汤姆·鲁宾孙在面对致命偏见时的尊严，也钦佩阿迪克斯·芬奇在法律和情感层面为汤姆辩护的勇气。当小斯库特（他们的一个同龄人）因为直呼坎宁安先生的名字而误打误撞地驱散了暴徒时，他们欢呼雀跃。孩子们经常说，他们很想有一个像拉德利那样"与众不同"的保护者。你可以根据孩子们的年龄，选择如何更好地处理书中对汤姆提出的不当刑事指控。

问问小小哲学家们，当阿迪克斯离开法庭、旁听席的人站起来时，他们有什么感觉。让他们在哲学日记中列出他们对同龄人斯库特和杰姆感到钦佩的地方，并为汤姆·鲁宾孙写一个不同的结局。最后，让孩子们想象他们正与斯库特、杰姆和阿迪克斯一起坐在梅科姆镇斯库特家的前廊上。让孩子们分享他们的想法，故事里的人们需要在思想上做出什么样的改变，才能确保汤姆继续安全。

练习 2

阅读越南作家黄光农（Huynh Quang Nhuong）的《我失去的土地：越南历险记》(*The Land I Lost*：*Adventures in Vietnam*)。在这本书中，黄光农讲述了他与土地为伴的童年——那片已被战争摧毁但他依然深深热爱着的土地。他在书中描述的自己正好与小小哲学家们年纪相仿。黄光农希望他讲述的这些故事能够为他的读者带来团结而不是分裂，能够突出人类的相似而不是差异。在《歌剧和空手道》这一章中，黄光农生动形象地描述了，如何在餐厅食客的惊讶中漂亮地扭转他们的偏见。加入歌剧和空手道本身就消除了一些先入为主的观念！让孩子们假装他们已经在越南和黄光农共度了一天，现在差不多到了该睡觉的时间。一定要给孩子们足够的时间在哲学日记中写下对这一天的描述，同时让他们制订一个计划，安排如何再与黄光农共度一天。鼓励孩子们认真思考，一定要安排一些活动让这位越南朋友体验到他们的日常生活，还要安排一些好玩的、能让他想起家乡的事物。

与哲学家相遇

他人拥有一个秘密——我是什么人的秘密。

让-保罗·萨特，《存在与虚无》(*Being and Nothingness*)

让-保罗·萨特几乎是于第二次世界大战期间和之后蓬勃发展起来的"存在主义运动"的同义词。萨特活跃在巴黎的政治界和文学界，是法国哲学思想的中坚力量。他总是以一种俏皮的方式戴着贝雷帽，经常在人行道旁的咖啡馆里奋笔疾书，这一形象给公众留下了深刻的印象。他多才多艺，既是散文家、小说家，还是剧作家，他的剧本《禁闭》(*No Exit*)至今仍活跃在各大剧场。萨特的学术追求介于哲学和文学之间。

尽管人生的种种不确定令人痛苦，必须为个人行为承担的责任令人备感沉重，但萨特鼓励人们去创造属于自己的生活，不要找任何借口。他认识到成见是那些不愿意面对这一挑战的人惯用的手段。当心存偏见者认为他人与自己不同时，就会否认这些异见者的全部人性，这样他们就可以心安理得地只盯着他人的错误，却对自己的错误视而不见。要消除成见，第一步就是理解"成见源于恐惧"的意义。

心存偏见者之所以害怕他人，是因为他们害怕自己的人性弱点，也害怕自己身上潜在的各种可能性。萨特在《反犹主义者的画像》一书中写道："反犹主义者害怕发现这个世界粗制滥造的真相，因为那样一来，万物就都需要去创造、去修改，人类就会发现自己又一次成为自身命运的主人，充满了痛苦和无限责任。"对自己在万物中所处的位置没有安全感，对自己的身份没有确定感，那些心存偏见者害怕去审视自身存在的各种可能性，害怕自己需要为这个世界做点什么。他们选择在对一个人类群体永久的、非理性的、狂热的仇恨中寻找安全感。萨特还在该书中写道:"他选择永远置身事外,从不审视自己的良知,除了引起他人的恐惧之外从不做任何事情。他在逃避对自己真实的觉察,甚至比逃避理性更甚。"为了保证自己永远处于优越的地位,心存偏见者通过对一群陌生人进行恶毒的指责与贬低来逃避个人的成长。至少,哪怕只是在这种情况下,他们也比其他人更好,一切似乎都各得其所。

这些心存偏见者在虚假的优越感中自鸣得意,在顽固的非理性中逐渐变得让人恐惧,因此无人敢去质疑。心中的成见让他们理直气壮地摒弃理性,堂而皇之地排斥异己,让所有人都深受其苦。萨特亲身经历了纳粹占领法国时的惨状,那也是犹太人惨遭屠杀的至暗时刻,这让他充分认识到偏见的恶果是多么超乎想象。他深信噩梦不会随着战争的结束而结束,因为今天被屠杀的是犹太人,而也许"在其他地方将是黑人、黄种人……"心存偏见者破坏了他们自己的人性,因为他们剥夺了别人的人性,把世界的广袤压缩到他们狭小的思想中。

他们给别人带来的痛苦会像回旋镖一样,扎向他们自己荒凉贫瘠的生活。在心存偏见者的狭小世界里,一切都围绕着"他人不是什么,他人不能做什么"而展开,这成为他们一生的努力,唯有如此才能支撑起他们自己构建的摇摇欲坠的优越感。他们强迫自己倾尽全力去维持对他人的愤怒和蔑视,这让他们与世界的所有联结都受到恶劣影响,阻止他们产生自我意识并与他人建立真正的关系。萨特坚定地认为,偏见形成了这种人的性格,也玷污了他们性格中的每一个方面。偏见不可能单独存在,"它是一种狂热,同时也是对世界的一种概念"。在随随便便就可以对人类进行否定的心态下,你绝对不可能真正成为一个好父亲、好老师或好雇主,也会变得偏执、盲从。

不难看出，萨特把焦点放在心存偏见者的身上，而非偏见受害者。对此，小小哲学家们的反应很平静。当孩子们认识到偏见最终会给心存偏见者带来负面影响时，这对他们中的许多人产生了巨大的影响。如果长久地持有某种偏见，就意味着你不能成为一个值得信赖的朋友、一个可靠的学生，或者一个忠诚的团队成员，因为你随时都有可能背叛任何人！这是多么可怕的事情！孩子们很快就意识到了（而且可能是第一次）他们脑子里的刻板印象。孩子们小声承认在学校里会"取笑"管理员，嘲笑"演讲嘉宾的衣服"，拒绝听"不合自己品味"的音乐。孩子们希望自己的刻板印象（比如，女孩不能扔橄榄球，男孩不能缝纽扣）还没有造成真正的伤害。然而，如果你让他们想象一个拿着橄榄球手套的女孩或一个拿着针线的男孩，那么他们还是觉得这看起来不太好。萨特的态度是要求自省，我看到孩子们在教室里面面相觑，有的孩子会羞涩地承认，他们有一些自以为是的优越感。

在讨论的时候，小小哲学家们有很多问题想问萨特，比如："如果我不喜欢发生在我身上的事情，那么为什么提前表现出来就很刻薄？"孩子们寻求这样的保证：有些偏见是可以的，如果你有某种偏见，但把它藏在心里，不做任何事情，那就不是问题。"对心存偏见的人有偏见难道不可以吗？""难道我就不能认为外国人是外国人、不属于这里，但同时对他们很友好吗？""刻板印象可以是真的呀！我是说，难道名人不是很出色的人吗？"当孩子们从萨特的角度来思考问题并得出自己的答案时，他们脸上的表情可爱极了。

无知导致人们分裂，造成偏见。

格洛丽亚·安扎杜尔

《边境/荒界：新美斯蒂莎》

（Borderlands / La Frontera：The New Mestiza）

当萨特正积极参加法国抵抗纳粹的运动时，安扎杜尔于 1942 年出生于得克萨斯州。她是一位文化理论家、历史分析家、小说家和诗人，秉持的理念是人类的生存取决于不同文化之间的相互关系。在其主要作品《边境/荒界：新美斯蒂莎》中，安扎杜尔探讨了作为一个有色人种夹在不属于自己的生活方式之间的痛苦。

安扎杜尔用她深爱的奇卡诺语言激情澎湃地大声疾呼，反对那些割裂人类的物理、精神和情感边界。直到今天，她在得克萨斯大学和旧金山州立大学等机构的演讲及文字作品，仍然激励着那些力求战胜偏见的活动家们奔走呼号。安扎杜尔的人生经历向我们展示了由偏见编织而成的多层纠结。

年幼的安扎杜尔生活在美国和墨西哥的边界地带。不管是从地理意义而言，还是从本质意义而言，被她称为"家园"的是由好几种传统和语言构成的独特混合体验。只有在文化传承中，她才能产生强烈的自我感。祖母在厨房里做饭的情景最让她迷恋——木头燃烧的烟弥漫着整个屋子，奶酪在烧红的锅里发出噼里啪啦的声音。她喜欢母语的发音，喜欢奇卡诺音乐的节奏（比如波莱罗和科里多[①]）。然而，来自他人的偏见很快就使她对自己的身份和热爱的东西感到羞愧，并轻视那个让她的身份认同感蓬勃发展的世界。安扎杜尔在童年时就被教导说，奇卡诺人的生活与环绕和吞噬它的每一种文化都不同，是低等的，它不适合这个世界。当然，这种说法是不对的。

安扎杜尔在《边境/荒界：新美斯蒂莎》一书中写道："边界的设立是为了界定安全和不安全的地方，将'我们'与'他们'区分开来。边

---

① 波莱罗是一种浪漫风格的舞曲，科里多为一种墨西哥抒情叙事民歌。——译者注

界是一条分界线……"将安扎杜尔与"他们"区分开来的边界从一开始就是显而易见的。当她告诉老师该如何正确读出她的名字时，老师认为她在顶嘴，于是施以惩戒，让她在一个角落罚站。因为怀疑安扎杜尔在课间休息时说了西班牙语，老师在她回到教室后用戒尺敲打她的手指关节，甚至连她的母亲也希望自己的孩子能像美国人一样说英语，丢掉她的墨西哥口音。

这个墨西哥裔女孩在学校学到了什么？她学到的是，下等人的本分就是迁就上等人。她学会了肤色很重要，口音决定了你是谁，以及她的语言是"假的"，她的文化传统非常可疑。她在《边境 / 荒界：新美斯蒂莎》一书写道："在童年，我们被告知我们的语言是错误的。对我们母语的反复攻击削弱了我们的自我意识。"他们没有机会去了解奇卡诺人的传统和这种明快语言的精巧复杂。无知占据了上风，成见造成了伤害。

尽管如此，安扎杜尔还是继续求学，并以移民工人教师的身份回到了家乡。虽然高中校长不允许，但她还是偷偷地把奇卡诺文学加入她对奇卡诺学生的英语教学中。读研期间，在她的据理力争下，她成功地将奇卡诺文学正式作为自己的研究重点。在拒绝向偏见低头的同时，安扎杜尔与偏见的斗争也使生活变得丰富多彩。她告诉我们，最危险的边界存在于人类的头脑中，它分裂了人类的心灵，使他人失去了在这场最大比赛（即人类的比赛）中奔跑的资格。

孩子们钦佩安扎杜尔，也深深理解她的乡愁以及她因自己的身份而产生的可怕羞耻感。当听到连她的母亲都坚持要她改掉口音时，孩子们纷纷坐不住了。他们渴望有机会告诉她，他们最喜欢什么，他们的家庭成员是谁。有的孩子第一次向同学们讲述了古巴音乐的美妙，有的孩子向大家谈起他们总是面带微笑的韩国祖父母，还有的学生向大家介绍美味的索马里食物。安扎杜尔是他们开口说话的动力，让他们带着自豪感、不设边界地讲述自己美好的记忆和特别的爱。我还听过很多孩子们想问安扎杜尔的问题。"你是怎么做到既重视自己的文化，又能在头脑中不设限制地了解他人的？""你是否认为一种文化中的某些东西或许需要改变？""如果这个房间里的每个人都开始同时说完全不同的语言，会怎么样？"他们会因某些想法而哄堂大笑，笑完之后又继续生出另一堆稀奇古怪的想法——或者，正如安扎杜尔所说的，这就是思想上的进化。虽然安扎杜尔在 2004 年就去世了，但我很喜欢把她想象成一个小女孩，正和这些小小哲学家一起上课。

可以这样与孩子分享哲学问题

如果可能，向孩子们展示安扎杜尔和萨特的照片。其在边境地区和巴黎的照片会将孩子们带入这两位哲学家的世界。

 哲学探讨

- 如果你有一个偏见，但只是把它默默地藏在心里，那它还是一个问题吗？
- 你是否有一个可以与萨特辩解的偏见？你的解释是什么？请你想象一下，他会对你有什么反应？
- 你是否同意萨特所说的"如果你有一个顽固的成见且拒绝改变，那么这种思维方式会影响你的整个性格"？如果你不喜欢所有的墨西哥人，那么这种偏见有可能会改变你与韩国朋友的友谊吗？如果你有一位墨西哥老师，又会发生什么？

- 当一个人对某个群体有偏见时，往往会在被问起原因时大发脾气，你认为这是为什么？

- 如果可以和安扎杜尔聊聊你的童年，那么你会告诉她一些什么？你又想询问她些什么？

- 国与国之间要设置边界的目的是什么？我们头脑中的、将人们隔离开来的边界存在的原因又是什么？

哲学练习

练习 1

给孩子们播放美国歌手罗杰·米勒（Roger Miller）的音乐剧《大河：哈克贝利·费恩历险记》（*Big River*：*The Adventures of Huckleberry Finn*）。告诉他们马克·吐温笔下的哈克和吉姆的故事，并向他们朗读一些节选，为音乐提供一个能让孩子们更投入的背景。在聆听这个用音乐讲述的故事时，让他们在哲学日记中写下眼前出现的画面和内心产生的感受。鼓励他们创作一件艺术品并将其作为满意的礼物送给吉姆和哈克。让他们描述一下这个音乐剧的成功之处，包括手语部分。为失聪观众使用手语实际上是演出的一部分，这样一来，失聪的观众和听力正常的观众之间就没有楚河汉界了。请孩子们想象一下，当这部音乐剧在剧场上演的时候，安扎杜尔和萨特就坐在观众席上。让他们试想两位哲学家在看完演出后会发生怎样的对话，并写下来。

练习 2

给孩子们播放美国吉他手莱·库德（Ry Cooder）的专辑《查韦斯峡谷》（*Chávez Ravine*）并让大家跟随音乐起舞。在这首专辑中，库德用拉丁音乐重现了一个已逐渐消失的社群。专辑中的 15 首歌曲分别用西班牙语和英语演唱，回顾了 20 世纪四五十年代洛杉矶的西语区（美国城市中说西班牙语的人聚居的地方）。音乐描绘了该社区因政府决定在此地建造棒球场而被摧毁的场景，让我们仿佛再次看到了那些热爱这个地方的人们，他们的故事栩栩如生地出现在眼前。让孩子们想象安扎杜尔正灵活地用手指弹奏各种风格的音乐，无论是把波尔卡、华尔兹的节奏与墨西哥民谣结合在一起的大拼盘，还是墨西哥民间歌曲科里多、节奏蓝调、爵士乐和拉丁流行音乐，都能和谐地融合在一起。库德在西班牙风格和美国音乐风格的交替中将不同的文化融合在一起。帮助孩子们查询曾经有多少人住在这个西语区，以及后来在这个地区建立的道奇体育场的容量。让小小哲学家们想象他们是 1945 年生活在这个西语区的孩子，让他们给报纸写一篇文章，解释他们为什么希望在其他地方建造体育场。随着他们对贫民区生活的进一步了解，让孩子们提出自己的理解，说明为什么政府会选择这个地点。最后，请他们写一首诗，描述如果他们在那些年里住在这个西语区，现在再次听到这些属于他们的音乐时会有什么感受。

恶性循环

作为见多识广的成年人，我们已经对偏见造成的破坏司空见惯——社区里、报纸上，到处是它留下的痕迹。真的有所谓无害或良性的偏见存在吗？似乎并没有，因为偏见是很容易疯狂生长并成倍繁殖的。正如萨特在《存在与虚无》中所言："当仇恨达到高潮的时候，也就是它由胜利转化为失败的时候。仇恨让我们根本无路可逃。"问问小小哲学家们，他们是否同意萨特的观点，偏见是否会导致仇恨的恶性循环？

大多数孩子到了八岁时都已尝过偏见带来的苦果——无论是作为施予者还是接受者。听到孩子们谈论"偏见"这个主题的时候，我不禁想起了安扎杜尔在《边境/荒界：新美斯蒂莎》一书中用来描述这一时刻的话语："有些东西被夺走了——我们的纯真，还有那些我们还来不及知道的方式……"在谈论偏见是如何闯入他们的生活时，孩子们出人意料地勇敢，敢于直面那些让他们痛苦的认识和伤害。"我的朋友说，我肯定什么也不愁，因为我的父母很有钱。""我太瘦了，别人看我的样子就像在说我不可能打好篮球。""有些人一听到我的口音，就认为我一定听不懂英语。"听到一群小学生这样坦诚的告白，虽然令人心痛，但也很美好。

生活中有多少痛苦是源于感觉自己不足、不配、无所归依？对那些受害者而言，内化的自卑感就是偏见带来的一部分恶性后遗症。这让我们再次看到了哲学对话的好处，我们在对话中可以达成理解，甚至是治愈。请和你一起探讨哲学的孩子们分享他们曾经遭遇的偏见，并描述偏见是如何影响他们的。为了开始我们这部分的讨论，我鼓励孩子们分享他们遭遇偏见的方式以及内心的感受。一些孩子悄悄承认他们感到"有错""愚蠢""尴尬""羞愧""害怕"和"孤独"。让人听着最难受的是一个九岁的孩子，他悄悄地对大家说："我不对，也不可能对，因为我就是这样的人。"一个孩子这样描述他的痛苦："就像我房间里的一团尘埃，开始很小，后来越来越大。"六年级小学生杰西用他母亲脚受伤的事情来比喻自己受到的伤害。他说，在脚受伤后，他的母亲不得不改变走路的方式。当她的脚不再疼痛时，她已经忘记了从前是怎么走路的，而逐渐习惯的新的走路方式一点一点地伤害了她的背部。杰西总结说："可怕的是，小孩子因为太小了，不怎么考虑严肃的事情，你会在突然间觉得自己非常糟糕，却不知道为什么。"

我在与某些孩子的交流中了解到，内化的自卑感对他们的童年生活产生了巨大的影响。在很多场合，我听到孩子们承认对被歧视的经历感到愤怒。有些孩子将他们的愤怒描述为"充满压抑""感到恶心""要气炸了"。这种对世界的愤怒爆发有时会殃及池鱼，正如一个四年级小学生坦率承认的那样："我以前很善良的，但在去了一个新学校后，没人愿意和我交朋友，因为每个人都说，我那么胖肯定又懒又蠢。这种情况一直持续，让我非常生气，然后我就开始踩虫子、欺负小孩子了。"一个三年级小学生坦率地说："我在课间休息时打了一架，因为有人告诉我姐姐，黑人女孩都是当女仆的料。"一个最近刚刚被解除限时隔离的孩子向我解释说："我对老师很无礼，因为快气疯了，我最好的朋友不能过来玩，就因为我们住在拖车里。"小小哲学家们的亲身经历证明，偏见是痛苦的可怕来源，而那些偏见受害者的愤怒会造成进一步的痛苦。在和孩子们讨论他们遭遇偏见的经历后，一定要在最后向他们指出，偏见会在恶性循环中滋生出更多的偏见。问问孩子们，他们认为自己可以做些什么来帮助结束这个循环。

可以这样与孩子分享哲学问题

- 给孩子们充足的时间。有些孩子一开始可能会对这个讨论小心翼翼、欲言又止，因为这会让他们感觉如同在照镜子，并且可能会触到痛处。我发现，他们会以自己的节奏和方式来解决自己的问题和伤痛。

- 共情每个孩子的痛苦，然后让讨论继续，这样孩子们就不会陷入不必要的自怜自艾。

- 帮助孩子们从课本以及周末或假期的阅读中寻找"刻板印象"。你可以询问他们，在地理书的某一段、在一首诗或短篇小说结尾所附的讨论题中，他们有没有发现什么刻板印象。用这样的方式来提高他们的觉察力。作为带领者（无论你是教师还是家长），你会发现，为了确保他们所读的东西不会强化某些刻板印象，你的努力是值得的。

哲学探讨

- 偏见会带来什么危害？利用你的个人经验和想象力来回答这个问题。

- 偏见是否像流感一样会传染？为什么？

- 你认为尝试摆脱偏见是值得的吗？你认为它将永远存在吗？

哲学练习

　　阅读美国诗人卡尔·桑德堡（Carl Sandburg）的《选择》（*Choose*）。在这首充满感情的四行诗中，桑德堡展现了萨特的理论：是否心存偏见是我们的选择。桑德堡用诗歌语言唤起了孩子们生动的想象，他们眼前仿佛出现了一个因愤怒而高高举起、蓄势待发的拳头，与这个拳头对比的是另一只伸出来想握住他人的手。他建议我们从这两种方式中选一种来迎接他人。和孩子们讨论一下，当某人选择举起拳头或伸出手时，背后的原因是什么。请孩子们写一首诗来回应桑德堡，题目就叫《当我们相遇》。

治愈伤口

在讨论偏见的过程中你会发现，要看清偏见所造成的伤害并不容易。关于它的某些谈话是让你和小小哲学家们感到最痛苦的谈话之一。但我发现，随着我们谈话的继续，聪明的孩子们会越来越有信心，相信只要有了觉察，就可以开始治愈的过程。在讨论过程中，我不时地提醒他们，清晰的思维会照亮我们谈论的一切，尤其会照亮那些导致偏见的缺乏清晰的思维。安扎杜尔在《边境／荒界：新美斯蒂莎》一书中写道："对我们处境的认识必须先于内心的改变，而内心的改变又先于社会的改变。除非先在我们的头脑中形成画面，否则在'真实'的世界里什么都不会发生。"

孩子们渴望寻找解决方案，渴望摆脱我们对话中揭露的那些伤害。我告诉他们，我们的第一个练习有两个步骤。第一步，我怂恿他们稍微吹嘘一下自己，对此他们简直不敢相信。然而，令他们吃惊的是，原来"吹嘘"的内容是我们的个人缺点。我首先"自豪"地宣布，我的分数减法总是做不对。当我们试图通过说出自己的弱点来超过对方时，大多数孩子很快就会认识到，任何人产生优越感都是愚蠢的。然后，我告诉他们，第二步是让他们说出自己的优点。他们列出的一长串优点让大家看到，自卑感和优越感一样，是不必要的。当我们以乐观的态度超越偏见时，小小哲学家们可以感觉到，偏见逐渐变得无足轻重。

通过对心存偏见者的辛辣刻画，萨特鼓励儿童对自己的人生有更多要求，不要去追求虚假的优越感。他对心存偏见者内心恐惧的分析使大多数孩子认识到，"尽管为自己的成见找借口很容易，但一旦你理解了偏见是什么、会做什么，肯定就做不出来了"。安扎杜尔敦促他们努力朝着更好的方向转变，她在《边境/荒界：新美斯蒂莎》一书中说"我要改变自己，改变世界"。小小哲学家们提出了许多方法来改善自己的思维，这样可以避免自己被偏见伤害，也避免把痛苦加诸他人。比如："我可以不再试图改变其他人。""我应该更努力地去了解别人。""我得记住对自己感觉良好。我觉得这样就可以解决问题了。""好吧，我会告诉自己，要么每个人都很奇怪，要么大家都不奇怪。"这些三年级小学生提供了真正的答案，答案就是这么简单。

孩子们可以生动地描述我们创造的那些不必要的边界：杂种狗/纯种狗、老年人/年轻人、病人/健康人、人类/其他。差异是建立边界的好理由吗？我与小小哲学家们讨论，是否有可能不去注意那些差异。例如，我问他们：有没有可能完全没有注意到有的人比你年长很多？有没有可能完全不去注意7岁和77岁之间的差异？有这样大年龄差的你们还能成为朋友吗？你们能互相学习吗？你们能分享一个爱好吗？我们对话的核心问题并不是差异是否存在，而是差异是否重要。小小哲学家们和我都认为，最关键的问题是，差异到底有什么地方重要呢？如果拆掉我们之间的边界，差异可以增强我们对生命的多种表现形式的欣赏。孩子们告诉我，你可以注意到有哪些不同，但不同也可以很棒。例如："你很高，我很矮，你可以在背人比赛中背着我。""我数学好，你英语好，我们可以一起学习。""你会开车，我可以逗你笑，所以我们一起出去吃冰激凌吧。"

可以这样与孩子分享哲学问题

- 与孩子们一起享受来自不同文化的食物，如果可能，那么还可以邀请孩子们和本地的一些厨师一起准备食材。在烹饪和用餐的时候播放来自相应文化的音乐，这样偏见就无法存在了（鼻孔朝天是不允许的）。

- 邀请小小哲学家或讲其他语言／方言的成年人用他们的语言／方言大声朗读。当他们用自己的母语／方言流利地朗诵时，孩子们不会认为这种语言／方言是异端或错误，反而会欣赏其独特的节奏和结构。你可以在他们朗读之后，再用孩子们能听懂的语言朗诵同样的段落，让两种语言／方言相互补充。大学或老年中心的国际组织是寻找志愿者的好地方。

- 定期播放各种音乐是一种微妙而有力的偏见解毒剂。在一天的学习开始时，向孩子们介绍西班牙哈莱姆管弦乐队；当一天的课程结束收拾书包离开时，让他们踩着约翰尼·克莱格（Johnny Clegg）和他的南非乐队的音乐离开。

 ## 哲学探讨

- 为什么在审视偏见时，牢记自己的局限性是有帮助的？有哪些事情是你不了解和做不到的？

- 你如何才能超越自己目前看待世界的方式，从而理解其他的生活方式、其他人珍惜的传统和价值观？

哲学练习

练习 1

朗读美国诗人兰斯敦·休斯（Langston Hughes）的《守梦人及其他》（*Dream Keeper and Other Poems*）。与小小哲学家们一起探索 1932 年美国的种族情况。休斯试图通过这首诗对孩子们说，仿佛这首诗就是为他们而写，也关乎他们。孩子们沉浸在诗歌的节奏里，感觉自己就是其中的一部分。这些诗歌中有痛苦、有挣扎，也有对美好日子的向往。在读完《青春》（*Youth*）这首诗后，让孩子们写一首关于"光明在前"的诗。在对《我，也……》（*I, Too*）进行深刻反思后，问孩子们在生活中可能错过了哪些美好的东西。在《苏珊姑妈的故事》（*Aunt Sue's stories*）中，"黑脸孩子听着 / 知道苏珊姑妈的故事是真的"。让孩子们想象自己正坐在苏珊姑妈的膝上，被她轻轻摇晃着。让他们写一首诗来回应她。让孩子们想象和你相聚在嘉年华聚会上，然后大家一起思考一下，如果"白人和有色人种 / 不能并排坐着"，那旋转木马还有什么快乐可言。和孩子们一起写一组诗，描述嘉年华中其他更好的游乐设施。然后围着教室转一圈，让每个孩子都背诵《阿拉巴马的黎明》（*Daybreak in Alabama*）中的一句。在第二次集体朗诵之后，让每个人都创作一首关于拂晓的歌曲，拂晓时分每个人都可以"像露水一样自然"地触摸彼此。

练习 2

为小小哲学家们创造一个关于"相同与不同"的独特体验。例如，我邀请市区学校里的索马里儿童与弗吉尼亚乡下一所学校的学生一起做游戏并共进午餐。我鼓励索马里儿童从家里带来他们最喜欢的食物，包括薄饼、蔬菜鸡肉饭以及美味的炸玉米等。弗吉尼亚州的学生们则主动提供水、果汁、水果和冰激凌。身为客人的索马里儿童向主人们讲述了他们在肯尼亚难民营的生活，主人们表现得非常热情。最后，我们还举办了足球赛和排球赛，比赛让所有的文化边界都荡然无存。

练习 3

给每个孩子两个星期的时间，让他们拜另一个与自己母语不同的人为师，至少学习五个外语单词。要求他们了解每个单词的含义以及如何正确发音。让孩子们假装自己是正在执行采访任务的记者，将他们的哲学日记作为采访本，记录下对该文化的了解。例如，让他们去调查如何遵守三种不同的传统习俗、如何庆祝生日，以及如何照顾老人。鼓励孩子们在他们周围寻找采访对象，采访对象可以是同学、邻居或老师。

本章小结

与孩子们一起进行的哲学探讨使我确信，在他们尚且年幼之时解决成见问题是当务之急。孩子们希望有一个能容许他们对成见提出质疑并加以详细讨论的空间，因为他们很早就看到或听到了这种现象。因此，成年人一定要在生活中保持警惕，防止将一些刻板印象和褒贬评判通过各种方式（例如通过教材、父母对孩子的期望、无意中的谈话以及孩子们能敏感觉察到的行为方式）传递给下一代。随着孩子们对偏见的讨论越来越深入，我看到他们正在学习将差异性和相似性以一种更令人舒适的方式结合起来，而且逐渐将这种能力转移到越来越多的场合。随着对偏见的认识越来越深刻，孩子们会变得更严于律己，无论他们是否真正喜欢这样要求自己。安扎杜尔在《边境／荒界：新美斯蒂莎》一书中写道："'知道'是痛苦的，因为'它'发生后，我就不能再和从前一样，不能心安理得了。我不再是以前的那个人了。"

　　孩子们让我知道，审视自己内心的偏见以及回顾遭受偏见的痛苦时刻，远不是一件令人愉快的事情。不过，孩子们有着强大的心理复原能力，他们为这个艰难的话题带来了受欢迎的幽默和谦逊。一位小小哲学家笑着告诉我，人们应该"等我给他们一个不喜欢我的理由再不喜欢我。别人对我的预判都是对的，因为我的个性确实有很多问题"。一个在关于偏见的数次对话中都保持沉默的二年级小学生，在一番强烈的思想斗争后坐直了身子，宣布他对这个问题的解决方案："我们唯一要做的，就是记住每个人都有自己的缺陷。"

漫游在哲学的世界里

- 黄光农的《水牛年代》(*The Land I Lost：Adventures in Vietnam*)。作者用文字邀请孩子们和他一起骑着水牛玩耍，这本书可以让他们进一步了解越南孩子的童年生活。
- 兰斯敦·休斯的《守梦人及其他》。
- 卡尔·桑德堡的《芝加哥诗集》(*Chicago Poems*)。在和孩子们讨论偏见的时候，收录于这本诗集中的《选择》是理想选择之一。
- 格洛丽亚·安扎杜尔的《边境／荒界：新美斯蒂莎》。安扎杜尔将诗歌与散文、西班牙语与英语混合在一起，鼓励读者敞开胸怀去欣赏所有的诗歌。该书的序言对这位奇卡诺女性的处境做了深刻的介绍。

- 安扎杜尔的《普里蒂塔有一个朋友》(*Prietita Has a Friend*)。

- 安扎杜尔的《来自另一边的朋友》(*Friends from the Other Side*)。这本书充满情感地描述了一个移民儿童受到的偏见。

- 安扎杜尔的《普里蒂塔和女鬼》(*Prietita and the Ghost Woman*)。你可以在这本书中看到一个医者和迷人的艺术作品，这同时也是一个观察奇卡诺民间故事的机会。

- 让－保罗·萨特的《反犹主义者的画像》，"画像"是针对反犹太主义，特别是对各种形式的偏见的尖锐谴责。

- 让－保罗·萨特的《存在主义》(*Existentialism*)。

- 西班牙哈莱姆管弦乐团的《穿越110街》(*Across 110th Street*)。

- 约翰尼·克莱格的《残酷、疯狂、美丽的世界》(*Cruel, Crazy, Beautiful World*)。在内心信念的驱使下，克莱格利用他的歌词和多种族乐队萨乌卡(Savuka)，在南非掀起了反对种族隔离的浪潮。音乐不仅被他用来表达对社会的抗议，在主打歌《一人一票》(*One Human One Vote*)中，他同样表达了美好的希望，希望自己的孩子们能过上更好的生活。

如果拥有必要的能力，你就可以赢得生命中最重要的东西，战胜自己，获得真实的自我。

索伦·克尔凯郭尔（Soren Kierkegaard），《非此即彼》（*Either/Or*）

关于人性的哲学对话

是什么让我们成为"人"？几个世纪以来，这个问题一直吸引着哲学家们沉迷其中。我们是什么？我们是谁？随着时间的流逝，我们是否保持着相同的身份？还是说，我们有时根本就不再是"自己"？什么是人类的本性——是否存在着每个人都具备的柏拉图所说的"本质"？

对于上述问题，东西方伟大的传统哲学都给出了种种有趣的答案。柏拉图和笛卡尔给出了属于西方理性主义的那块拼图——我们的思想构成了我们的身份，因为正是思考的能力定义了人类的本质；洛克和休谟提醒理性主义者，是我们的感官将简单的想法提供给大脑的，如果没有感官输入，大脑就是一块"白板"；而存在主义者则把所有的拼图碎片都抛到了空中，"我们是谁"这一存在主义谜题的线索从未提供谜底。不过，他们确实设法把它归结为一个公式：我们每个人都是由自己的情感、理性以及此起彼伏的奇思妙想和欲望组成的难以定义的混合体；印度教的答案指向阿特曼（即每个人内在的精神实质），这是回答"我们是谁"这个问题的核心；由于无常统治着物质世界，因此佛教给出的回答是，任何一种持久的个体性的概念都只能是一种幻觉。

为了开启关于这个话题的讨论，我要求小小哲学家们在一张纸上写下他们的名字，或是将自己的名字大声说出来，然后告诉我叫这个名字的人是什么样的，或是这个名字是什么意思。我给他们 15 分钟的时间来思考，能想到多少就写多少。孩子们开始愁眉苦脸、抓耳挠腮。按理说，自己的名字是他们最熟悉的东西了，但他们却发现自己完全不知从何着手为它下定义，这让他们陷入深深的困惑。这一定又是哲学家搞的把戏。为什么要说明"我"是"我"会这么难？这也太奇怪、太可笑了！"感觉就像我正在给一个不认识的人穿牛仔裤。""为什么我根本无法解释现在这个正在讲话的自己？"还有一个孩子兴奋地跳起来承认，"人"听起来确实很重要，好像真的有什么正在"发生"……但仔细斟酌了一番后，她最后表示："我原本也有可能变成青蛙。"

当孩子们厌倦了试图理解自己是谁的时候，他们又开始问我是谁，希望我的问答能揭示他们的本质。对此，我的回答是，到底是"谁"想知道这个答案呢？我们一起笑了，我提醒孩子们，我们有很多问题要问，而当我们探索人性中那些突如其来的奥秘时，出现的问题更是不知增加了多少倍。要了解我们作为个体的身份很难，要寻找一条将我们"所有人"联系在一起的线索更是难上加难。

虽然相隔两个世纪，但一位丹麦哲学家、一位美国哲学家和我的学生一样，被自己名字的发音和"我是谁"这个问题迷住了。19世纪丹麦的索伦·克尔凯郭尔可能会直截了当地说，"我们的"生活方式决定了我们"是"谁。在美国马萨诸塞州的阿默斯特生活的哲学家伊丽莎白·斯佩尔曼（Elizabeth Spelman）则会提醒我们，我们"不是"谁。我们不应该被诸如"富人""犹太人""白人"或"女性"等类别限制，遗憾的是，我们从儿时起就学会了这些限制性的标签。斯佩尔曼和克尔凯郭尔都坚持认为，我们每个人都有一个只属于自己的故事要讲。当孩子们与这两位哲学家一起思考人性时，一些令人兴奋的事情就此展开。存在成为一种奇迹。

可以这样与孩子分享哲学问题

这个主题对孩子们来说是很幽默的。当看似简单的事情让他们大惑不解时，他们可能会变得有些躁动。要有耐心。

 ## 哲学探讨

- 关于人性，你有一个满意的定义吗？是否存在着某种人人皆有的人性本质（比如精神或感情）？
- 你会将遇到的每个人都视为独立的个体吗？对于熟悉的人（比如父母或老师），你也能做到吗？
- 作为个体的价值何在？认识到人类的共同点又价值何在？
- 你有什么样的潜力？一个人可以变成什么样？

哲学练习

练习 1

带孩子们乘船去加勒比群岛旅行，用欢快跳跃的节奏朗诵美国诗人莫妮卡·冈宁（Monica Gunning）的《路边小贩》（*Roadside Peddlers*）。她的两本诗集《我的房子里没有一文钱》（*Not a Copper Penny in Me House*）和《在面包果树下》（*Under the Breadfruit Tree*）给孩子们留下了深刻的印象。这位当过小学教师的诗人一直记得她在牙买加度过的童年，生活中充满了友爱的关系，与地球有紧密的联结感，当然也遭遇过飓风和经济上的困窘。这些诗有一种卡里普索①的节奏，两本诗集的插图都表达了强烈的社群意识所带来的满满归属感。鼓励孩子们写一首诗，描述丰富的人类生活，不提金钱。

练习 2

阅读美国作家杜鲁门·卡坡蒂（Truman Capote）在《圣诞忆旧集》（*A Christmas Memory*）中描述的他与苏柯·佛尔克小姐的美好友谊。通过卡坡蒂早年在亚拉巴马州农村的自传式回忆，小小哲学家们将看到，苏柯小姐从童年直到 60 多岁的漫长人生。让孩子们在他们的哲学日记中探讨一下，是什么让这两个身处困境的人走到了一起？与孩子们讨论一下，他们从这种关系中得到了哪些关于人性的启示？在你给孩子们读完这个故事后，让他们发挥丰富的想象力，画出故事结尾处两只飞翔的风筝。

练习 3

向孩子们描述一个真实的故事：一名失聪者在失去家人和朋友的痛

---

① 一种加勒比音乐风格，深受非洲音乐影响。——译者注

苦中挣扎，同时还忍受着抑郁的折磨。尽管个人生活中出现了这么多问题，但他的《第九交响曲》还是成功诞生了。他就是贝多芬。在第四乐章中，这位天才与乐器无法表达人类全部情感的问题做斗争。他的激进解决方案是在管弦乐交响曲中使用人声。贝多芬意识到，人声合唱可以表达出其他任何东西都无法表达的情感。问问孩子们，他们是否同意这位已经听不到乐器和弦和人声合唱的作曲家的观点。问问他们充满智慧的小心灵，如何才能克服那些看似限制性的特点（如失聪），不让它们妨碍一个人成为卓越的人。有没有哪一个特性能满意地定义某个人？

与哲学家相遇

如果认为一个人可以在瞬间让自己的人格变成一片空白，或者严格地说，一个人可以断绝并停止个人生活的进程，那么这纯粹是一种错觉。

索伦·克尔凯郭尔，《非此即彼》

索伦·克尔凯郭尔生活在 19 世纪的哥本哈根，那是一个相对保守、人们颇为自满的社会，一个他认为过于依赖科学、系统和绝对标准的社会。在他看来，沉溺于自以为是的日常生活所带来的安全感，不去迎接生活给予每个人的丰饶与复杂是不可原谅的。在所有作品中，他都在孜孜不倦地探索深不可测的人类生存状况。生而为人到底意义何在？克尔凯郭尔的哲学思想集中体现在他对这个问题的苦苦求索中。

第二次世界大战后，存在主义哲学受到了大肆追捧，他的作品受欢迎的程度也急剧上升。与其他存在主义作品类似，克尔凯郭尔的写作带着浓重的个人生活印记。他大量使用假名，并通过这些虚构的人物让他的读者去猜测，最后让他们自己去寻找答案。他的作品并不好懂，风格也复杂多变——絮叨的、矛盾的、挑衅的、幽默的，同时也是忧郁的。

克尔凯郭尔邀请他的读者，带着热情的参与精神和完全清醒的觉察，一头扎进存在主义的水池中。要发现生而为人的意义，犹豫不决、挑挑拣拣、三心二意地生活可不行。他敦促每一位读者去体验生活的全部，并把生活变成自己希望的样子。克尔凯郭尔的兴趣并不在于发现一个共同的人类本质，因为对他来说，他本身就是一个孤独者，人性的复杂使得这种寻找成为徒劳。

他在《克尔凯郭尔日记》（*Journals of Kierkegaard*）中写道："要找到一个在我看来绝对真实的真理，找到我可以为之生为之死的理念。"在寻求理解人性的过程中，那些在你生活之外的客观真理无甚意义。每个人对于真理的意义都有各自的看法，是自己生活的主体。每个人心中的真理来自其本人对生活的充分沉浸，对另一个人来说也许并不足以成为真理。做人是一件复杂的、持续终生的事情，对这一私密问题的深刻领悟是无法简化的。在向孩子们介绍克尔凯郭尔时，我提醒他们哲学思考的本质就是探究，并告诉他们，克尔凯郭尔要求我们每个人都能成为自己生活的探索者。与其说是去思考某个概念（比如正义或同情），不如说每个孩子就是这个概念。当注意力转向内部时，孩子们会发现自己就是一个值得彻底思考的概念，并对此兴奋不已。调查人类现实的唯一方法是通过个人的视角。克尔凯郭尔在《那个个体：关于写作的两点说明》（*"That Individual": Two "Notes" Concerning My Work as An Author*）中写道："在将人类视为一个整体之前，必须先将其归为单独的个体。"

克尔凯郭尔认为，在成为独立个人的过程中，要小心来自群体的阴险威胁，对此他发出了一个苍凉的警告。他坚定地表示，个人身份不存在于群体中。个体会选择自己的人生道路，在这条路上追寻真理，但若身陷汹涌的人群中，就会迷失方向。一群人把基督钉在十字架上，所有参与的人都因其匿名性而得到原谅。"个体"并没有实施这一行为，因此毫无负罪感地犯下罪行。在《那个个体》一书中，他写道"群体的概念本身就是不真实的，因为它使个人完全不忏悔，不负责任，或者至少通过把责任降低到一个零头而削弱了他的责任感。"克尔凯郭尔坚持认为，从众心理吞噬了每个人的思想和心灵，破坏了发现主观真理的可能。

孩子们对克尔凯郭尔"群体很危险"这一观点立刻心领神会。我让他们描述被人群包围的经历，他们马上绘声绘色地回忆起各种场景——成为"商场百万大军中的一员"，"在游乐园火爆项目前被推着排队""看足球比赛时耳朵都差点被震聋了"。孩子们交流着完全被人群推着走的感觉，以及因身不由己而产生的绝望，并再一次感到后怕。你可能对孩子们的这种无助感心有戚戚焉，也可以举一些自己童年时的例子，还可以聊聊你最近在人群裹挟下身不由己的经历。

克尔凯郭尔的建议是，将人群抛在身后。他鼓励人们，不管做任何决定都要一丝不苟，用心创造属于自己的生活。正如他在《非此即彼》中说："当我站在抉择的十字路口……我的灵魂就在做出最终决定的那个时刻成熟了。"我们的所有决定，以及那些我们没有做出的选择，形成了我们的性格。在克尔凯郭尔看来，如果能够敞开怀抱接纳生活带来的一切，完全投入地活一场，这样得出的决定就是最好的决定。这些鲜活的选择是真正属于做出选择的那个人的。克尔凯郭尔斩钉截铁地认为，采取行动的那个时刻就是将自己的人生把握在手里的最好时机，这机会稍纵即逝，所以一定要有紧迫感。惶恐中的犹豫不决可能会让你内心的挣扎变得毫无意义，所有的选择都会随着时间的流逝而消失……问问孩子们是否同意克尔凯郭尔的观点，即在正确的时间做出决定才是令人满意的行为。也许你可以向他们提供你自己生活中的一个例子，彼时你在做决定时磨磨蹭蹭、举棋不定，而现在的你只希望自己当时能早做决断。这可以帮助他们明白选择的机会稍有不慎便会失去，而且这样的疏忽会最终影响他们的性格。

　　克尔凯郭尔经常提醒他的读者，在评估他们的人生时，不要将他的话奉为圭臬，而是应该由自己说了算。当时有段时间他的名声每况愈下，为了扭转声誉，他甚至用化名给哥本哈根一家报纸的编辑写了一封信，批评那个刚刚崭露头角的哲学家克尔凯郭尔！我向好奇的孩子们解释说，克尔凯郭尔这样做是为了避开对其观点的过多关注，替每一个个体提出疑问。克尔凯郭尔使用化名的行为极大地满足了孩子们的想象。约翰尼斯·克里马库斯、维吉留斯·豪夫尼维吉乌斯、康斯坦丁·康斯坦提乌斯……小小哲学家们对克尔凯郭尔使用的这些别名充满兴趣。要问他们第一时间想到了什么？如果在考试中可以使用假名，那该多好啊！我们一起玩做别人的游戏，享受这特殊的魅力，哪怕只有一天。在没有任何人怂恿的情况下，孩子们自豪地给自己取了一个化名。关于做人的意义，世上没有任何一个人能比其他人更了解，这一点吸引了孩子们。更令他们感兴趣的是，克尔凯郭尔认为，每个人都会通过好好"做人"而找到人的定义。

　　要描述我们是谁，我们和别人有什么相似之处和不同之处，并不像表面上那样简单。

　　　　伊丽莎白·斯佩尔曼，《无足轻重的女人》（*Inessential Woman*）

　　从 1981 年开始，伊丽莎白·斯佩尔曼在美国史密斯学院担任哲学教授。她的研究课题是社会分类（例如无家可归者、残疾人），这些分类往往人为地将人类简化为某个特定群体中的成员。依靠哲学分析这个有力的工具，斯佩尔曼揭开了罩在这些任意分类上的面纱，呼吁世界尊重每个人的独特性。

在开始讨论斯佩尔曼的哲学之前，我告诉孩子们，将事物进行归类对人类来说似乎理所当然。她在《无足轻重的女人》一书中写道："在我们看来，我们是谁、别人是谁，在某些方面是否相同，似乎一望即知。也许是因为我们很早就学会了这样的分类，并不断被要求反映我们对它们的认识，所以它们看起来没有问题。对于这样的分类，我们做起来实在太轻车熟路了，可能会把这种得心应手和理所当然混为一谈。"为了举例说明，我让孩子们想想我们对书籍的分类（比如探险类、教育类），商店里对音乐的分区（比如爵士乐、摇滚乐），还有香蕉永远都不会出现在宠物食品的货架上。我们会下意识地预期某些东西一定会出现在某些地方。在逛过许多不同的货架后，孩子们和我开始讨论人类分类的问题。我问他们是否发现了将食物分类和将人分类有什么不同？黄瓜和南瓜之类的食物分类对它们自身可能并无影响，但对人的分类是否有可能造成潜在的伤害？现在他们可以看到斯佩尔曼指出的问题了。斯佩尔曼用"门"构成的图表生动地展示了，每一道门如何将那些被迫从此经过的人确定为银行家、黑人、聋人、下层阶级、以色列人……当你被分配到那道门里的时候，你就不再是作为一个独立个体而存在了。如果你是波兰人，你就只能是波兰人；如果你是中产阶级，你就只能是中产阶级。本质主义认为，被归到某个群体的所有成员都具备某种内在的基本品质，与该群体相关的特征代表该类别中的每个人。很可惜，这里存在着一个巨大的疏忽，导致了这样的假设：所有妇女的故事都是一样的，就像所有巴勒斯坦人或所有美国人都有一个本质故事一样。

在代表作《无足轻重的女人》中，斯佩尔曼研究了被归类对人格造成的损害。她还提供了让我们的个性更突出的方法。她提出，如果我们说出自己的人生故事，并倾听他人的故事，就能逐渐欣赏人类的多样性，而多样性是让人性变得更丰富多彩的关键。在倾听彼此的故事时，我们可以了解一个人的兴趣、爱情、社会关系和希望。在这之后，我们就会认识到从前为图省事而随意使用的描述是多么地随便，并拒绝再用。例如，"天主教""西班牙裔""男性"这类标签相较于从前不那么常用了，斯佩尔曼对其背后的原因进行了仔细的研究。

我在黑板上为孩子们画了一些斯佩尔曼指代的门并挨个贴上标签。我告诉他们，当你走进一道道门，随着每一道门在你身后合上，属于你的通道会变得越来越窄，个人成长的可能性也会被逐一消除。个性退去，你被抑制的身份就会逐渐萎缩。作为一个人，你被简化为"已婚""菲律宾人""教师"等。但属于独立个体的大量行为、感觉和想法又是怎么回事呢？这些分类并不能充分解释生而为人的意义，无论是对我们自己还是对他人。分类剥夺了人类对美好的充满酸甜苦辣的个人体验的向往。本质主义是一个陷阱，一旦落入这个心理陷阱，所有即将萌芽的个性都被扼杀了。

具有讽刺意味的是，这些门之所以如此强大，部分在于如果我们没有所属的类别，就会感到被孤立、低人一等。学者和运动员永远不可能属于同一扇门。《无足轻重的女人》一书写道："有什么理由让我不该去尝试站在任何我想站的门的另一边？门的存在是为了确定一个人的'真实身份'吗（如果有这种东西的话）？除了这些门所暗示的身份，人们是否还有其他的身份？"

孩子们目不转睛地看着我画在黑板上、贴着标签的门。他们告诉我，他们鄙视这些门所暗示的东西，但他们意识到，他们也是根据所属群体来区分他人的。他们赞同如果愿意认真倾听自己和别人的故事就有能力和斯佩尔曼一起将门推倒。总是有孩子说自己可以建造更好的门，例如："如果你的笑声是这样的，就属于这道门；如果你喜欢阅读，就属于这道门；如果你是个好人，就属于这道门。"当你听到这些充满智慧的小小哲学家想要建造的"更好的门"是什么样子的，你一定会觉得很开心。

孩子们还好奇，既然我们知道这些门会带来问题，而且也没有什么用，那为什么还要留着它们呢？孩子们可以准确地告诉你为什么它们没有用——如果你是被收养的、对你的亲生父母一无所知，如果你的妈妈是黑人、爸爸是白人……你就根本找不到自己可以进的门。你可以想象孩子们有多不情愿走向一扇标有"特殊需要"的门。

从你的生活经历、新闻报道或一本书中找一些例子，给孩子们提供几个能打败门的方法。接下来是我给孩子们举的例子，虽然有点不可思议，但孩子们完全能够理解。在我指导网球训练营的时候，我的学生菲利普有机会公费参加网球名将阿瑟·阿什（Arthur Ashe）主持的讲座。在该讲座正式开始之前，所有与会者一起观看了展示阿什网球实力的纪录片，还观看了他作为一个黑人在弗吉尼亚州成长过程中遭受歧视的经历，详细了解了他为结束这个国家和世界各地的种族隔离所采取的行动。菲利普回来几天后，我在晚餐时听到了他与一些网球训练营成员的谈话。"玛丽埃塔（即本书作者）和阿什之间只有一个真正的区别——他说发球时手里要拿一个球，而她说要拿两个。"12 岁的菲利普并不是没有注意到阿什是一个有着黑色皮肤的男性，他的网球技能甚至超出了我的想象，他也没有忘记阿什在漫长歧视中的挣扎。但是，除了他与阿瑟·阿什一起打网球的日子和自己作为一个球员取得的进步之外，似乎其他什么都不重要。在菲利普心中，他、阿什和我都是"同龄"运动员，他并没有用毫无意义的分类来区分我们。

可以这样与孩子分享哲学问题

- 在黑板中间写下"个体"这个词。在这个词周围的不同距离写上"人群"这个词。画一些箭头从人群中指向个体，以表明人群的数量对孤独的个体具有多大的威胁。
- 用从杂志上剪下的图片或真实照片来制作一张海报，在上面罗列出多种不同的门。用在斯佩尔曼哲学的启发下想出来的类别为每道门上锁。黑人、女性、白人、男性……这个可悲的名单无穷无尽。

 ## 哲学探讨

- 如果你和克尔凯郭尔坐在公园的长椅上，你想询问或告诉他什么？
- 假设你站在一大堆"门"前，斯佩尔曼正好在你身边，你们会谈些什么？
- 你是否同意斯佩尔曼的观点，即每个人都有一个故事要讲？你的故事是什么？请诚实地回答。
- 在你的生活中，是否曾有成年人用不公正的方式试图改变你? 什么时候? 为什么一个成年人不愿意倾听你独特的故事?

· 如果有人穿过了上层阶级、非裔美国人和女性的"门",那么你对这个人作为"个体"了解多少?

· 你会用类别来定义他人或自己吗?

 哲学练习

练习 1

阅读享誉美国文坛的绘本大师谢尔·希尔弗斯坦(Shel Silverstein)的《河马三明治的配方》(*Recipe for a Hippopotamus Sandwich*)。孩子们觉得他的诗和画都是专为他们而作的。《河马三明治的配方》和《收藏家赫克托》(*Hector the Collector*)反对分类;《只有我,只有我》(*Just Me, Just Me*)赞美个性;《如果早知道》(*Woulda–Coulda–Shoulda*)重申了克尔凯郭尔"在对的时刻做决定"的观点;《人民动物园》(*People Zoo*)和《饥饿孩子的岛屿》(*Hungry Kid Island*)窥探人性。孩子们通过《贺克》(*Hurk*)、《玩球》(*Play Ball*)和《派的问题》(*Pie Problem*),兴致盎然地思考了自己的人生。让孩子们写一首诗,描述他们在《人行道尽头》(*Where the Sidewalk Ends*)中的发现。然后,要求他们每个人再创作一首诗歌,以"只有我,只有我"这句话结尾。至此,他们以"我"为题的诗歌三部曲就完成了。

练习 2

与孩子们一起观看关于阿瑟·阿什生平的纪录片。孩子们被他的故事激发了斗志。阿什在儿时不被允许在弗吉尼亚州里士满的公共球场上打球，但他长大后却成了世界网球冠军。然而，仅用"运动员"这个类别并不能完全囊括阿什的个性，他还是一位学者和人权活动家。他的雕像矗立在里士满纪念碑大道上，跻身于一群内战时期的将军们之间。孩子们聚集在阿什周围，他一只手拿着网球拍，另一只手拿着高高举起的书。你可以从他的自传《宽限期》(*Days of Grace*)中选择一些内容与小小哲学家们分享。他面对绝症时表现出的尊严是人性最美好的模样。

拉帮结派

克尔凯郭尔强调了群体带来的危险，斯佩尔曼忧虑的是那些"门"的排他性。在和孩子们充分探讨生活中的群体和分类时，这两位哲学家的观点就是完美的垫脚石。例如，当我在哲学课之外与孩子们相处时（比如课间休息、午餐或实地考察），总是会发生个别孩子被某个小团体吸引，想要加入却遭到排斥的情形。当突然被排挤时，孩子们脸上那欲言又止、退避不迭的表情让人心疼。这群快乐的小小哲学家们是怎么了，难道他们忘了此前在一起心心相印地交谈了吗？为什么现在进入了抱团取暖的固定小团体，就用冷漠的拒绝取代了温暖的接纳？

当你和孩子们讨论抱团排外造成的伤害时，你会发现自己面对的情景非常有意思。课堂上既有搞小团体的成员，也有游离于小团体之外独来独往的孩子。因此，只要开始关于小团体的讨论，就会让那些团体外的孩子感觉更有力量，让抱团的孩子暂时收敛。这种对话的展开对他们和我来说都是一种强大的体验。我会先提出一些笼统的问题，这些问题可能会（也可能不会）推动这群孩子们去关注他们具体的共同问题。为什么人们觉得有必要拉帮结派？为什么人们在群体中与独处时会表现得不一样？为什么有了某个小团体的成员资格就意味着可以残忍地对待其他人？克尔凯郭尔提醒我们，群体会做出的某些行为是个体永远做不出来的，这一点贯穿了我们对这些问题的讨论。假设有一群人，其中大部分人有资格坐下来用餐，而另一小部分人则没有得到邀请，那么正在享受午餐的人会拥有群体上的安全感。请问，此时在场所有人的人性会发生什么变化？随着关于小团体的对话继续，小小哲学家们会像你希望的那样，根据个性和特殊情况提出他们自己的问题。

这些小小哲学家和年长的哲学家一样，都会在谈论排挤的残酷性时有所收获。这种排外行为是习得的还是本能的，抑或是两者的结合？在斯佩尔曼和克尔凯郭尔哲学的引导下，孩子们往往会看到人类身上有明显的排斥他人的潜质，而且他们自身也有这种潜质，这让他们感到沮丧。我看到当他们意识到自己抱团排外时可能有多残酷时，会感到羞愧不安。我还发现他们非常愿意批判性地看待这一现象，这是最值得称赞的。一个五年级男孩承认，他没有邀请一个同学过来和其他朋友一起玩电脑游戏，因为这个同学告诉过这个男孩，说他家买不起电脑。小小哲学家们也意识到，有些同学、兄弟姐妹或邻居家的孩子会自然而然地慷慨接纳他人，他们很欣赏这些同龄人。根本不用费劲去告诉他们残酷行为会造成危害，因为在每个群体中，每天都有孩子在忍受或实施这些残酷行为。

为了让孩子们对这个不太好聊的话题产生兴趣，你可以以一个成年人的身份，和他们聊聊你曾经历过的童年伤害，这样做很管用。我向他们保证，即使已经成年，那些被群体排斥或被残忍的顺口溜嘲弄的时刻依然刻骨铭心，连确切的日子也会记得清清楚楚。在孩子们的世界里被视为巨大的伤害，成年人同样能清晰地回忆起来。跟孩子们谈谈你小时候被一群人伤害的经历，这样确实能帮助你和他们产生共鸣。我告诉孩子们，在我小时候，整辆校车的孩子们每天都会取笑我和我的兄弟，就因为我们在下车分开时会互相亲吻，孩子们听后给了我很温暖的回应。

在斯佩尔曼描述的所有"门"中，拉帮结派是一扇活动的门，对所有孩子都造成了可怕的伤害。即使是小团体内部的孩子也承认，如果没有人数上的安全感，他们就会感到迷失。他们承认，作为团体的一分子，他们失去了自己作为个体的一部分。每当我和孩子们谈论克尔凯郭尔和斯佩尔曼时，他们都对"做自己"的想法表示钦佩，但他们告诉我，在人群中被孤立的经历是"残酷的"。拉帮结派的行为会让你觉得真正的自己是不值一提的，因为你必须和其他人一样。克尔凯郭尔在《致死的疾病》（*The Sickness unto Death*）中写道："最大的危险就是失去自我，它可以在这个世界上非常安静地发生，像若无其事一样。没有其他的损失可以如此安静地发生……"精英群体让你知道你不受欢迎，所以只能独自吃午饭；你可能是"唯一一个在过生日的时候没人帮助装饰柜子的孩子"。有几个孩子告诉我，他们"感觉自己像个局外人，因为被排除在一些你其实并不关心的事情之外"，这很令人费解。斯佩尔曼和克尔凯郭尔让孩子们知道（有的孩子是平生第一次知道），他们是特别的，是重要的人。当你被人称为"笨蛋""怪胎""书呆子"时——换句话说，基本上是个失败者时，就很难记住这些见解。广告也没有帮助，一个六年级的女孩告诉我，因为"我不可能是那样的"。正如斯佩尔曼所说，"我们必须要问，不满足别人的期待又怎么了"？

许多孩子已经开始了痛苦的、需要持续终生的努力，以抵制顺从他人和随波逐流的压力。为了结束我们关于这个话题的第一次谈话，我问他们在忠于自己这方面是否取得了一些也许自己都没有完全意识到的成功。有一次，一个二年级小学生让我看她的手，我发现她只有右手的指甲上涂了指甲油。她告诉我，她所有的朋友都说她应该涂指甲油，但她不确定自己是否喜欢这个样子；一个 9 岁的男孩惆怅地摸着他的光头告诉我们，他在足球队的队友们劝说下剪了这个"第一次，但也是唯一一次"的发型；有个孩子说，当他在课间休息时告诉一群人他不收集"神奇宝贝"卡片时，玩卡片的人都告诉他"去找点事儿干吧"。这个一年级小学生回答说，他现在"有的是事儿干"；一个诚实的 11 岁小哲学家承认，她真的很想有个保姆，尽管她所有的朋友都吹嘘说他们不再需要保姆了。

拉帮结派、排除异己，这是来自人性之歌的残忍音符吗？大多数小小哲学家都不愿意把他们对人性的探索终止在这里。人类远不止于此吧？

可以这样与孩子分享哲学问题

你可以用童年时感到被某个团体抛弃的经历为例，这非常有帮助。我经常给孩子们讲我初中三年级时参加的一场篮球比赛，当时整个队里除了我没有人愿意继续打球。当他们问起原因时，我告诉他们，我们以 13：103 的成绩输掉了比赛，他们听完后，用一种小心翼翼到几乎好笑的态度对我进行了温柔的安抚。

 ## 哲学探讨

- 你在人群中会感到害怕或不舒服吗？在什么时候你会感到有压力要去做群体成员正在做的事，说群体成员正在说的话？

- 群体是对个性永远的威胁吗？你是否曾感觉自己是群体的一部分，同时也是你自己？

- 你在什么时候吃过小团体的苦头？在什么时候感到被排挤？你可以培养什么品质来帮助自己在人群中脱颖而出？

- 为什么小团体中的孩子会装作高高在上？小团体是如何运作的？是什么让他们的成员资格看起来很诱人？

- 成年人会形成小团体吗？你能举个例子吗？

哲学练习

　　将孩子们分成两组，让他们在一起吃午饭，一起用餐的伙伴都是他们不太熟悉的同学。他们的第一个任务是一边享受交流的乐趣，一边享受午餐。不管他们还会谈论些什么，以下是必选话题：最喜欢的节日及原因、最期待的一顿饭、特殊的爱好、睡觉前喜欢想什么、特别喜欢的一个季节及原因、出生地，等等。完成这些必选话题后，孩子们可以分享彼此的兴趣爱好中令他们惊讶的地方。有哪些事情是他们没有想到的，有哪些全新的想法需要考虑？

我是谁

　　"我有可能知道自己是谁吗？"这是小小哲学家们最想知道的。一旦引入这个话题，各种问题就会像施了魔法一样层出不穷。通过我们的课堂讨论，孩子们很快就会发现，对于"我"这个概念，并没有一个干净利落的定义，它涉及了许多因素。不过，他们喜欢这种探索。字典显然对他们没有用。生而为人有什么意义呢？适用于所有人的定义在他们看来似乎自相矛盾。孩子们无法快速地把他们的想法表达出来，尽管有一个孩子告诉我，思考人性让她"绞尽脑汁"。她说，语言的作用不大，她更愿意自娱自乐。她会像克尔凯郭尔一样，虚构出一个人物并不惜穷尽言辞来加以描述。一个幼儿园的孩子思考过"做梦或睡着了的那个人是否还是我"。许多孩子迫切地想知道他们与婴儿时期的自己有什么不同和相同之处。一个善于思考的五年级小学生问我："等我死了，身体或者别的东西都不见了，那还会是我吗？还有，你能不能顺便告诉我，现在的'我'就是我的身体吗？还是什么别的东西？"

我会在黑板上画一个大大的五角星，让孩子们仔细观察它的五个角。我告诉他们，作为哲学家，要想开启自我发现之旅，搞清楚自己是谁，我们要考虑以下五个要点。

- 我如何看待自己？
- 在别人（比如我的妈妈、校长、巴士司机、我的朋友、我的狗）眼中，我是谁？
- 我的天分和我缺乏的某些能力是否都可以定义我？它们应该定义我吗？如何定义？
- 是所有的关系决定了我是谁吗？比如，我是家庭的一员，是三年级的小学生，还是国际象棋俱乐部的选手。
- 既然所有人都是人类的一员，那么是否有一些共同的东西使我们成为人类？

你可以和这些健谈的孩子们一起，就这个话题消磨一个漫长的下午。

我喜欢给小小哲学家们留一个需要他们不断地去思考的问题：是否认为自己身上有一个特点能概括他们的整个自我？我想让他们不断地去

思考，到底是什么定义了他们，因为他们生活在一个不断变化的世界里，满足于一个永久的定义会限制他们的可能性。克尔凯郭尔在《恐惧的概念》（*The Concept of Dread*）一书中说："如果我们去仔细观察儿童，尽管有很多对未知的恐惧，我们还是会发现他们追求冒险，渴望那些非凡而神秘的东西。"克尔凯郭尔敏锐地觉察到，完全的自我认识似乎是遥不可及的，而小小哲学家们也一步步地意识到了这一点。一些孩子说，就在你认为自己有所领悟的时候，"正因为你有所领悟，'你'的定义又改变了""了解从前的自己比了解现在的自己更容易"。克尔凯郭尔会欣赏这样的悖论：小小哲学家想成为独立的个体，但又意识到他们仅靠自己是无法完成这一点的。他们希望在这项严肃的事业中得到帮助和支持。

可以这样与孩子分享哲学问题

和孩子们一起享受用两种不同方式制作柠檬水的乐趣，让个性成为一个"美味"的命题。柠檬水是一种备受喜爱的饮料，既可以用已经包装好的半成品，也可以从头开始制作，这是一个完美的比喻——人类通用定义 vs 个体独特创造。让他们选择是用包装好的混合粉，还是用柠檬、水和糖自行调制。

 ## 哲学探讨

- 你是否曾对自己感到好奇？你知道自己是谁吗？
- 你还是婴儿时期的那个你吗？还是四岁时的那个你？当你睡

着时，你还是你吗？

- 你的名字能说明你是谁吗？你能否对此做一个解释？如果别人也有同样的名字呢？
- 哪些活动能帮助你了解自己以及其他人的情况？

 ## 哲学练习

　　为孩子们播放被誉为"美国灵歌之父"的雷·查尔斯（Ray Charles）的音乐，让他们和查尔斯一起拍手。在长达 60 年的时间里，查尔斯做出的音乐包揽了以下所有风格：福音、蓝调、乡村和西部音乐、灵魂、爵士及摇滚。这位伟大的音乐家是如何将他的音乐融入不同流派，却依然保有自己独特风格的呢？让孩子们就此展开热烈的讨论。为孩子们播放《心系乔治亚州》（Georgia on My Mind），与孩子们一起聆听一个热爱音乐的人发出的声音。在生命的最后阶段，查尔斯邀请一些朋友到他的工作室，他们一起录制了几首二重唱。问问孩子们，为什么查尔斯在这个时候想和他的朋友们一起唱歌，而不是独自一人？当他和加拿大爵士歌手戴安娜·克拉尔（Diana Krall）一起唱《你不了解我》（You Don't Know Me）时，让孩子们想想生活中那些真正了解他们的人。在查尔斯和美国传奇民谣歌手詹姆斯·泰勒（James Taylor）的歌声中[①]想象"甜甜的土豆派"时，请小诗人们创作一首题为"漫步在云端"的歌曲。让他们猜测音乐对这个生活艰难的盲人意味着什么，然后把他们的想法写在哲学日记里。生而为人的意义是什么？请他们据此写一首歌曲，与查尔斯一起唱。

————————————
① 两人合唱了《甜甜的土豆派》（Sweet Potato Pie）。

本章小结

生而为人到底意义何在？在与孩子们讨论这个问题时，我才恍然大悟自己也曾经（也许现在仍然）是他们中的一员。离开教室后，我有时会发一会儿呆，回顾我生命中逝去的岁月。看着他们惊叹于自己有些神秘的存在现实，我对存在的感激之情油然而生。可以感觉到，孩子们渴望被允许成为真正的自己。他们证明了小团体的从众心态对个人造成的伤害，这是令人难忘的。小小哲学家们明白，只有作为受尊重的个体，他们才能真正属于他们的家庭、学校和社区。他们也的确想拥有归属感。他们希望真正的自己能够被无条件地接受，同时又能开心地成为某个团体的一员，他们也希望这是成人对他们的期望。孩子们努力想了解做人的意义，这种努力的必然结果就是让他们渴望自己能变得更好。

有一次，一位小小哲学家在我离开她的学校时追了出来。虽然因为在大厅里奔跑而有点喘不过气来，但她讲得非常清楚："也许我们能得到的关于人类的最佳定义就是，我们都是独一无二的。人类的共同点就是特别，这就是我们的本质。"这个孩子八岁，被归类为有学习障碍。我很好奇，她真的有学习障碍吗？

漫游在哲学的世界里

- 《世界公民》(*Citizen of the World*)。这是一部关于阿瑟·阿什生平的优秀纪录片。
- 谢尔·希尔弗斯坦的《向上跌了一跤》(*Falling Up*)。

- 谢尔·希尔弗斯坦的《阁楼上的光》(*A Light in the Attic*)。

- 莫妮卡·冈宁的《在面包果树下》,这本诗集中还包括《投桃报李》(*One Hand Washes the Other*)。

- 雷·查尔斯和朋友们的《真情伙伴》(*Genius Loves Company*)。

- 贝多芬的《欢乐颂》。

- 《克尔凯郭尔的幽默》(*The Humor of Kierkegaard*)。这套书展示了克尔凯郭尔经常被忽视的幽默感,以及它在他的大部分哲学中所扮演的基本角色。

- 《从陀思妥耶夫斯基到萨特的存在主义》,该书包括克尔凯郭尔与拷问人性有关的几部作品。

- 《克尔凯郭尔要义》(*The Essential Kierkegaard*),包括克尔凯郭尔哲学的全部精华。

- 伊丽莎白·斯佩尔曼的《修复:在一个脆弱的世界中重建的冲动》(*In Repair: The Impulse to Restore in a Fragile World*)。斯佩尔曼着眼于人类修复事物的本能和动机,无论是修复一辆旧自行车还是一段破裂的关系。

第 11 章

自然
Nature

道常无名，朴。虽小，天下莫能臣。

老子，《道德经》

关于自然的哲学对话

我们会犯"自然的"错误。"自然的"运动员可以在从事自己的专业时游刃有余、从容自若；因理解而点头赞同是一种"自然的"的反应；一个"自然的"微笑会让我们移不开眼睛。那么，这种"自然的"状态到底所指何意？什么是自然？这样一来，柏拉图式的意义探索之旅又自然而然地开启了。

自然对我们的想象力施了魔法。无须任何言语，它就能对我们的心灵说话。大自然像一块磁铁，牢牢地吸引着我们，但又充满了未解之谜，远远超出我们能理解的范畴。音乐和科学、艺术与诗歌，当然还有哲学，都在这里找到了启迪与灵感。那么，人类要如何才能与整个大自然融为一体呢？

哲学家们经常以这个令人捉摸不透的自然界为基础来建立他们的理论。在柏拉图的《斐多》中，苏格拉底根据他在自然界观察到的相互作用的过程，为灵魂的不朽性提供了证据。生命从腐烂的树干中涌现，夏天的生长从冬天的休眠中开始。当苏格拉底处于弥留之际时，他安慰追随者说，人类的生与死也是来回摆动的。在 18 世纪，英国大主教贝克莱（Bishop Berkely）将自然界描述为上帝通过感官通道与人类头脑分享的念头。对这位爱尔兰人来说，夕阳是上帝无限意识的闪现。耆那教源于印度的史前时代，其信徒们相信，这是一个充满生机的世界。一切都是有灵魂的，包括岩石、空气和火焰。印第安人埃德·麦加（Ed McGaa），也被称为"鹰人"，在他关于环境问题的专著中，他颂扬了奥格拉拉苏人①的信念，即万物有灵，灵性流淌在万物之中，流淌于茫茫人海，如同流淌于汤汤大河。

在如何定义"自然"和"自然的"这个问题上，小小哲学家们纠结不已。当被问及这些术语的定义时，一个小学四年级学生背出了一本字典中关于自然的 15 个定义，然后宣布她一个也不懂。当被问及她自己会如何定义时，她回答说："就是我们所在的地方。"停顿了一下之后，她又重复说："就是我们所在的地方。"一位五年级小学生大胆地说，自然就是不由人类制造的所有事物，但又立刻否定了这个说法，因为他承认人类也是自然界的一部分。他说，除我们之外的一切皆为自然，这样想感觉非常合理。然后，他又问："海狸垒坝和人类建桥有什么区别？"也许，说到底人类的创造也是自然的……

① 为北美印第安部落。——译者注

孩子们饶有兴致地发现，作为人类，我们既可以顺其自然也可以不断变化，而且"也许可以让世界变得更好"。我经常告诉学生，大自然与我们人类是你中有我，我中有你。也许正是因为这般紧密的联系，才使我们不知从何着手去界定"自然"，但作为哲学家，我们又必须努力为其寻找一个合适的定义。我给他们的启发是，自然就是世界的本来面目。自然的东西就是它本来的样子，而且只能是它本来的样子。

孩子们一直能感受到自然的牵引。无论是否习惯与大自然亲密接触，只要看到池塘，他们就会忍不住要把脚趾伸进去泡一泡；只要看见树枝，他们就像是受到召唤一般按捺不住地要去摇一摇。我也听到小小哲学家们对人类与自然的互动表达了不安与担忧，一个常见的、带着些许焦虑的请求是"让我们谈谈科技与传统的对抗吧"。孩子们感觉到，就在人类沉浸在各种发现和发明带来的兴奋中时，一些有价值的东西被我们丢掉了。他们想知道，我们是否还能回到更简单的生活，同时质疑我们接下来应该去向何方。随着人类的不断进步，我们正在忘记什么？过去我们做了什么，现在我们正在做什么，将来我们应该做什么？

在讨论"自然"这个主题的时候，老子和巴鲁赫·斯宾诺莎（Baruch Spinoza）这两位哲学家自然而然地成了我们的最佳人选，因为他们都对自然界充满了敬畏。在对自然的看法上，老子的直觉与斯宾诺莎的理性融合在一起，他们都认为自然是一个完整的整体，其中包含着无限的多样性——郁金香与海啸、眼镜蛇与土狼。人类也属于这种多样性的一部分。我们属于这个世界，我们应存在于这个世界。

在古代中国，老子将他关于天地的认知著书立说，论述自然界流动的平衡与和谐。在 17 世纪的阿姆斯特丹，以磨镜片为生的哲学家斯宾诺莎对自然界整体的复杂设计进行了深入的理论分析。虽然采取了截然不同的角度，但当他们目睹自然界的无数奇妙现象时，两位哲学家在敬畏中相遇了。老子和斯宾诺莎一致认为，只有当我们重新成为自然界恢宏整体的一部分后，才能得到平静与幸福。

 哲学探讨

- 你觉得自己是自然界的一部分吗？在什么情况下，你最能感觉自己是世界的一部分？你在什么时候觉得自己与自然界的联系最少？

- 人类如何才能记住他们是自然界的一部分，并重新学习如何与自然界合作，而不是试图控制它？

- 人类会不会成为一个濒危物种？如果你觉得会，那么你认为会在何时？

 哲学练习

练习 1

鼓励孩子们参与本地的环境问题。仔细地向孩子们解释清楚环境问题是什么，无论是小溪和河流遭到污染，还是缺乏智能回收计划，或者不负责任地开发使用土地。你可以带着这些小小活动家们去参加市议会或监事会的会议，也可以去更大的集会，一起讨论你所在地区的可持续增长。说不定孩子们还打算成立他们自己的环保组织。在你的帮助下，他们可以主动为积极的社会变革出一份力。问问他们，全球变暖给当地带来了多大的影响？

练习 2

向孩子们介绍美国作家斯·奥台尔（Scott O'Dell）的《蓝色的海豚岛》（*Island of the Blue Dolphins*）一书中令人难忘的主角卡拉娜。卡拉娜是一个印第安女孩，从 12 岁开始，她在加利福尼亚海岸边的一个岛上生存和奋斗了 18 年。在 1835 年至 1853 年期间，卡拉娜独自一人在海豚岛生活，她从海洋中寻找食物果腹，用水獭皮制成的披风御寒。她与海象交流，还与一只野狗成为最好的朋友，称它为龙图。提醒孩子们，这是一个真实的故事。请他们想象一下，在这个岛上独自生活一个周末会是什么情形？他们会怎么做？让孩子们在哲学日记中写下他们想问卡拉娜的问题，她用自己的经历教会了他们哪些关于自然的知识。

与哲学家相遇

道隐无名。夫唯道，善贷且成。

老子，《道德经》

老子，约生于公元前 571 年。我们对这个谦逊低调的人知之甚少，他的生活似乎颇为平淡。这可能解释了为什么关于他一直有那么多神秘的传说。他是否真的像后人猜测的那样，由一颗流星孕育而生，且出生就是一位白发老人？一个更可信的说法是，他曾经在官府担任史官，在人生接近尾声时，他离开城镇去享受孤独的退休生活。传说中，当他骑着水牛向西走的时候，有位守门人让他写点东西，将他的"道"留给后人。于是，老子用三天的时间写出了《道德经》。

作为有史以来被翻译得最多的作品之一，这部经典之作颂扬了整个宇宙的节奏，道在万物之内、万物之间不停流转。为了让人类重新找到生活的自然节奏，就必须恢复我们作为宇宙一部分的自然地位。我们错误地以为人类和自然是割裂的，这样的想法只会带来悲剧。《道德经》呼吁人类遵循自己的直觉，邀请我们去体验简单快乐的生活。

回顾一下你知道的所有介词。在万物的前前后后、左左右右、里里外外、四面八方，"道"无处不在。它是永恒存在的现实，渗透和浸润着一切，是将整个世界黏合在一起的隐形胶水。《道德经》中写道："天网恢恢，疏而不失也。"道是生命永恒的法则，感官体验和智力理解都无法企及，对超然的"道"的神秘体验是无法言喻的。《道德经》中还写道："道冲，而用之，或不盈。渊兮，似万物之宗。挫其锐，解其纷，和其光，同其尘。湛兮，似或存。吾不知谁之子，象帝之先。"

"道"本身表现为宇宙的能量方式，如《道德经》所述："大曰'逝'，逝曰'远'，远曰'反'"。自然界的宇宙节奏在万物中跳动，这个节拍是永恒的。自然的流动不可避免，亦无法改变。"天下有始，以为天下母"。道的力量是温和的，它维持着整个宇宙的平衡与和谐。看似对立的东西其实是相辅相成的：明与暗，湿与干，高与低，入与出。存在与非存在——也就是实与虚，相互强化并使彼此的存在成为可能。老与幼、生与死、僵硬与灵活都互为彼此的一部分。

人类是自然统一体的一部分。只要我们打开自己，"道"无处不在的能量就可以毫不费力地维持每一个生命。正如《道德经》所说："绵绵若存，用之不勤。"只要顺势而为而不是逆流而动，我们就可以活得从容通透。认为人类可以将自己的意志强加于宇宙能量之上的想法实在是冥顽不灵；认为人类（而且仅仅是人类）是凌驾于整个现实之上的念头更是大错特错。人类的能量可以与宇宙的能量同步，这种一致性维持并驱动着我们的生命。《道德经》中还说："用之不足既。"虽然我们不可能支配世界，但这个世界的能量可以让我们拥有更大的空间。在内在"道"的指引下，我们可以在日常生活中轻松地取得进步和成长。每个人都是一个有机的整体，同时又是大自然这个更大整体的一分子。

孩子们从善如流，被老子的教导深深吸引。生命是一个大圆圈，万物皆在其中……多么简单！许多孩子在听到"道"的时候，把它比作让他们随着其节奏起舞的音乐，还有人把"道"的声音比作安静的颂歌。有一个男孩给我留下了深刻的印象，他把一个想象中的重物举过头顶，表示他很高兴这个世界居然是以这种方式支持起他的生命的。那么，孩子们对《道德经》本身有什么看法呢？一个扎着马尾辫的幼儿园孩子是这样说的："以自然的方式生活，是与指甲在黑板上刮擦发出的刺耳声音相反的，它更像是橡皮擦发出的声音，很柔和。"另一个孩子说，"跟随'道'的脚步"将使他能够"在这个世界如鱼得水"。你可能想不到，他们还曾经告诉我说，如果你让自己放松下来，一切就都会更好——例如，睡觉、投篮和学习吹风笛。如果你不遵循"道"呢？一个聪明的孩子告诉大家，那就像"试图将一块拼图强行塞进错误的位置，而且你也知道这个位置不对"，这会让你沮丧不已。你当然不能把生长在沙漠里的东西种在阿拉斯加并命令它生长，对吗？

不过，孩子们想让老子知道，放慢脚步，与生命的自然能量接触并不那么容易。当你不断地被告知"赶紧"的时候，要"慢慢来"可太难了！世界"有这么多噪声，但只有一个节拍"。孩子们想告诉老子，他把事情说得如此简单，但不应该忘记，也许对有的人而言确实很简单，对有的人却未必。

> 万物皆循自然的绝对圆满性和永恒必然性而出。
>
> 巴鲁赫·斯宾诺莎，《伦理学》（*Ethics*）[①]

巴鲁赫·斯宾诺莎，尽管大半生处于归隐状态且英年早逝，但在 17 世纪这个哲学蓬勃发展的时代，他依然是一个重量级人物。斯宾诺莎的祖先是因西班牙宗教法庭的迫害而逃难到葡萄牙和荷兰的犹太人，这一家族历史激发了他对宽容和学术自由的毕生追求。他用拉丁文写作，这样他的学术工作就不会为任何国家的政治议程服务。他还拒绝了海德堡大学有名望的哲学教职，以维护自己的职业操守。

斯宾诺莎是在哲学中使用演绎推理的典范。他的哲学类似于数学，从一些普遍被世人接受的原则出发，通过严密的逻辑链条，最终得出毫无疑问的特定事实。斯宾诺莎一直在追求哲学中的确定性，在他的代表作《伦理学》中，这一追求引导着他去探索对神的理性认识。随着推理的一步步进展，他清楚地看到了大自然精密严谨的整体设计，对于这一发现，这个温和的男人以钦佩、敬畏和爱来回应。

斯宾诺莎写道，只有唯一的实体具有无限的转化能力，这个实体就是自然，就是神。斯宾诺莎的目标是利用推理的力量让人类对宇宙产生清晰的认识。他以坚持不懈、心无旁骛的努力，试图揭开覆盖在现实上的面纱，让整个自然变得一目了然。他的出发点是使用定义和公理，即不需要证据的不言自明的陈述。以下在《伦理学》一书中关于"实体"

[①] 本书所有关于《伦理学》的译文，均援引自商务印书馆版本。——译者注

的定义，就是斯宾诺莎的出发点之一："实体，我理解为在自身内并通过自身而被认识的东西。"在这里，斯宾诺莎解释说，一个单一实体通过其自身的独立性质来定义自己，即水就是水，火就是火。还有一条公理是"认识结果有赖于认识原因，并且也包含了认识原因"。斯宾诺莎在此表示，对任何事件的理解都取决于对其原因的良好把握。他在公理和定义基础上做出的推论一环扣一环地相互支持，他的理性知识之网也随之不断发展壮大。

斯宾诺莎自然观的核心来自他对"实体"概念的分析。至少从公元前 6 世纪开始，这个实体问题就已经引起了哲学界的兴趣。例如，前苏格拉底时代的哲学家们想知道现实是个什么"东西"，并开始寻找这个永恒而根本的生命之源。他们像斯宾诺莎一样，对实体的性质做了如下重要区分：实体的本质使一个事物成为它所是的东西，如果没有这种基本的品质，实体就会成为别的东西。这样一来，一个实体就被其永久本质所确定。此外，实体的次要品质可以变化和更改，实体可以失去或获得这些属性而不改变其本质属性。斯宾诺莎的结论是一个戏剧性的结论，他将唯一的实体与整个宇宙相提并论，整个宇宙就是神。唯一实体的所有品质都可以从其本质属性中推导出来："自然＝实体＝神"。下面就让我们来看看，引导斯宾诺莎得出这个结论的演绎推理过程是怎样的。

斯宾诺莎不相信宇宙是由许多实体组成的，这些实体因其自身的本质属性而彼此独立。他认为把宇宙视为唯一具有无限潜在表现形式的实体更符合逻辑，"自然"和"神"是这个唯一实体可以互换的称呼。如果是老子，他就会毫不犹豫地再加上"道"。斯宾诺莎则在《伦理学》一书中写道："请试看下面各命题，就可以知道，宇宙间只有一个实体存在着，而这个实体是绝对无限的。"

　　然而，为什么逻辑会得出"只有一个实体"的结论呢？以下是斯宾诺莎的推理路线。首先，不可能有两个或更多的单一实体具有相同的本质，因为如果这样，人们就无法识别它们了。比如，如果斑马的本质是玫瑰的本质，那么斑马和玫瑰就是一样的。接下来，斯宾诺莎思考了多种不同实体具备多种不同属性的可能性。例如，虫子和西红柿。你如何解释这两种自成一体的实体之间的任何互动？虫子真的可以通过咬一口来改变西红柿吗？正如《伦理学》中所述："具有不同属性的两种实体彼此之间没有共同之点。"根据斯宾诺莎对实体性质的定义，我们可认为一种实体不能被另一种实体所影响或改变。一个圆不能改变一个三角形的性质，因为它们是什么就是什么。最后，西红柿的明显变化，最初被认为是由虫子引起的，实际上只是一种实体表面上发生了变化而已。不管是虫子还是西红柿，都只是自然/神的一种存在形式。

　　在完整统一的自然中，存在着无限的多样性，实体的属性之间没有真正的区别。自然作为一个整体是自我决定的，并根据其自身的性质而呈现出不同的表现形式。人类无法理解自然界的完整性，因为人类出于感性和偏见将自己置于等级结构的顶端。《伦理学》中写道："凡是不知道事物真正原因的人，总是混淆一切。"世界不是为了人类的目的而存在，世界就是存在本身。"现在我们知道，一般人所习于用来解释自然的那些观念，都不过是些想象的产品罢了；除了仅足以表示想象的情况以外，再也不能表明事物的本性。"

　　许多因年长而变得世故的哲学家怀疑儿童是否能理解斯宾诺莎。在讨论了他的理论和思维过程之后，为了防止孩子们产生困惑，我对小小哲学家们使用了以下的比喻。我让他们想象正在海滩上，看着海浪一波接一波地涌到岸边，如此循环往复，永不停息。虽然是同样的海水，但每个波浪看起来都不一样。孩子们的小手立即高高地举了起来。他们认识到，斯宾诺莎所说的唯一实体可以是任何东西。一个八岁的孩子把大自然描述为"可以被装扮成任何模样，所以可以是雨，可以是蚂蚁，也可以是石头"。对唯一实体的无数表现形式的另一种解释是"爆发的火山"。一个女孩特别敏锐地将"小鸡从蛋中孵出"比作唯一实体的逐渐变化。她的一位同学则指着自己的雀斑、睫毛和眉毛，提醒我们这是"唯一的脸"。一个活跃的四年级小学生站起来这样描述道："天空可以从蓝色到紫色到绿色，再到像消防车一样的红色，再到黑色，但都是同一片天空！"是的，孩子们明白宇宙在自我循环，每一刻都是新鲜的。一个10 岁的孩子问我她的例子算不算一个好例子。她说，她邻居的狗一年前死了，邻居一直很伤心。但有一天，邻居邀请她过去看远处的一棵树，树上有鸟儿新筑的巢。在筑巢的过程中，鸟儿们飞到了狗生前在后院最喜欢待的地方，找到了一些棕白色的狗毛，现在这些毛成了"鸟巢的舒适衬垫"。她的邻居非常高兴！唯一实体既可以是狗的皮毛，也可以是鸟的毯子。斯宾诺莎在《伦理学》中写道："物质到处都是一样……物质的各个部分并不是彼此截然分离的，换言之，就物质作为样式而言，是可分的，但就物质作为实体而言，则是不可分的。"

可以这样与孩子分享哲学问题

- 和孩子们一起听"大卫·格里斯曼五重奏"（David Grisman Quintet）乐队的 *Dawgnation*（一首对犬科动物的颂歌），这是一种让他们感受音乐节拍和节奏的好玩方式。当他们越来越熟练地用脚和手打拍子的时候，问问他们，大自然是否也有节奏。

- 在讨论哲学家时，用该哲学家所属文化的本土食物来补充谈话，可以大大增加哲学的吸引力。向孩子们提供炒面和福饼，老子就会永远鲜活地停留在他们的记忆里。

- 下面的解释可以让孩子们很好地掌握演绎推理：循序渐进地思考，一步步推出肯定的结论，因为这些步骤就像链条上的各个环节一样环环相扣。

- 在向孩子们解释斯宾诺莎的理论，即"唯一实体＝自然＝神"时，要把"一"字写在黑板上显眼的位置。斯宾诺莎哲学的核心就是只有"一"种实体，而自然界是一个整体。看到"一"字会提醒孩子们，他们看到的所有奇妙变化是如何包含在一个整体中的。

- 分享《道德经》时，在解释了老子的基本观点之后，一定要尽可能少去引导孩子们，克制你将自己的解释强加给他们的冲动。我发现，他们的直觉会引导他们在合适的时候直接理解老子的"道"，而成年人的解释往往会让简单、纯粹的东西变得模糊。如果有必要，就可以解释那些晦涩难懂的词，比如"被操纵"。如果你愿意，那么你可以多读几遍经文。

 哲学探讨

- 你认为斯宾诺莎所说的"唯一实体"是指什么？
- 你会如何向没有学习过老子的人描述"道"？

哲学练习

练习 1

在日本俳句大师松尾芭蕉的诗歌中，充满了对大自然壮丽景色的喜悦，是对老子和斯宾诺莎的哲学的生动补充。芭蕉以俳句的形式记录了他在日本各地的旅行，他用精炼生动的诗句抓住了大自然的神韵，吸引了各个时代的哲学家。在他笔下，青蛙和蝉、雪和樱花都活灵活现！孩子们自然而然地接受了俳句，他们喜欢这位禅宗僧人的陪伴。把他的书在房间里传几遍，让每个孩子大声诵读其中的一首短诗。例如，在孩子们朗读完关于猴子和雨衣的诗句后，问他们浮现在他们脑海中的画面是什么样的。让孩子们在哲学日记中用俳句来描述自己的两次旅行，一次是真实的，一次是想象的。我让孩子们把篇幅限制在三行十七个音节，第一行是五个音节，后面是七个，最后是五个音节。

练习 2

朗诵南茜·怀特·卡尔斯姆（Nancy White Carlstrom）的诗集《雪兔的午夜之舞》（*The Midnight Dance of the Snowshoe Hare*），与孩子们一起，在诗歌营造的意境中从日本到阿拉斯加旅行。她的诗展示了北极光和午夜太阳的光辉，尽得俳句简练、直白的精髓。孩子们喜欢把自己假想为松尾芭蕉，正在阿拉斯加旅行，享受用俳句来记录旅行见闻。问问孩子们，面对从冰雪皑皑、荒凉黯淡的寒冬到阳光灿烂、生机勃勃的春夏这样的两极变化，老子会怎么想。此外，阿拉斯加的景色瞬息万变，其壮观令人叹为观止，也可以将此作为让孩子们了解阿拉斯加不同地区的生活方式以及当前重要环境问题的契机。斯宾诺莎会如何解释唯一实体可能是冰，可能是杨树，也可能是因纽特人呢？让他们在哲学日记中写下他们的看法。

相似

利用统一性理论，孩子们在宇宙中找到了越来越多的相似性，也感到越来越多的惊喜。小小哲学家们据此推断，事物之间的相似性是不可避免的，因为统一性必然会产生相似性。当孩子们发现越来越多的相似性时，他们表现出来的激动兴奋也让其他人情不自禁地被感染。而最令人兴奋的，莫过于发现以前认为截然不同的事物竟然也有相似之处。我让孩子们把老子笔下包容万物的"圆"想成斯宾诺莎笔下呈现出不同表象的"唯一实体"。我用《道德经》中的"夫物芸芸，各复归其根"鼓励他们记住，如果自然只有一个基本品质，那么宇宙中一定遍布着相似性。世界是如何以不同方式重复自己的？孩子们喜欢这种冒险，喜欢去各种意想不到的秘境，寻找自然的模式和设计。

为了启发孩子们去觉察周遭存在的相似性，下面这种方法是我经常用到的。我会给他们看一张照片，上面有两个并排陈列的图像，但不告诉他们这两种图像代表了什么。在他们猜出这两个图像具体是什么之前，就已经在惊叹它们的相似性了。大多数孩子都猜这两个图像是处于一年中不同时期的两棵树。当我告诉他们，一棵是树，另一棵是充分扩张后人的肺部时，他们瞠目结舌，和我第一次得到这个信息时的表现完全一样。然后，他们立即发现了两者的相似之处：树枝像静脉，血液像树液一样流动，当树叶被吹动时，它们看起来好像在呼吸。孩子们凝神静气地坐在那里，仔细观察着这两个图像，这是斯宾诺莎笔下"唯一实体"的两种几乎完全相同的形状，他们想要从中找出更多的相似之处。

我让孩子们简短地描述一下他们在这个世界上发现的能代表相似性的画面。孩子们都提供了自己非常满意的例子。一个 10 岁的女孩子说，一朵花上的所有花瓣看上去都一样（她描述的这种特殊花朵是一种大丽花，其花瓣是代表重复相似性的完美例子）。还有一个脑瓜转得飞快的男孩即兴做了几个瑜伽姿势，并问我是否曾见过狗或猫以同样的方式伸展身体。玛德琳回忆起，某天早上她在花园里发现郁金香闻起来像煎饼。杰西卡则回答说，山看起来像几颗西兰花。一个立志将来要当保健医生的孩子努力寻找语言来表达她的发现，她说，她注意到自己的肌肉似乎和情绪一模一样。还有一个叫西蒙的孩子承认自己的头发有时看起来像豪猪的刺。

随着孩子们发现的相似性越来越多，他们对老子和斯宾诺莎的哲学也理解得越来越透彻。许多孩子突然想起和自己的父母或兄弟姐妹是如此相像，甚至和在街上擦肩而过的路人也有不少相似之处。他们问我是否也认为河流看起来像蛇，鱼的骨架像人的骨架，鱼的鳍和鸟的翅膀是否功能一样。有一个男孩成功地用表演让大家相信青蛙也会打嗝。还有孩子问我，是否注意过天空和海洋有多像。还有眼睛、橘子、球、太阳和瓢虫都是圆的！

迄今为止，我最开心的发现是老子和斯宾诺莎在哲学上的相似之处。老子对自然设计的直觉感性体验与斯宾诺莎理性的线性推理是合拍的。当我问孩子们如何看待哲学家们通过看似不同的途径得出相同的结论时，有几个孩子迫不及待地对我做出了解释："伟大的思想是彼此相通的。"正如《道德经》所言："大器晚成，大音希声，大象无形。"为了帮助我更好理解，一个叫乔斯林的孩子进一步解释道："编曲子和建房子背后的想法都差不多。"我多么希望我的头脑也能与她相似！

可以这样与孩子分享哲学问题

有些孩子很少有机会享受户外活动。在与孩子们讨论自然时，尽可能多地与他们在户外度过。身处大自然中讨论自然，能让孩子们更容易看到自然界的多种现象与变化。

 哲学探讨

- 在大自然中，你看到有哪些形状和图案以各种方式重复出现？向日葵像什么？玉米穗为何称为玉米穗？

- 一棵树和一个人之间有多少相似之处？请描述你看到的各种相似性。树液和血液呢？你的背脊与鱼的背脊有多少相似之处？

- 你是否相信人类的幸福在于理解并体验到我们是某个整体的一部分？

敬畏

当孩子们发现一个处处充满相似性的世界时，自然会心生敬畏，也会顺理成章地将自己与蝴蝶、彩虹和空气相提并论，认为都是"道"的体现。《道德经》中写道："道生之，德畜之，物形之，势成之。是以万物莫不尊道而贵德。"和孩子们一起研究哲学有个最可爱的特点，他们很容易产生敬畏之心。他们一致认为万物都参与了自然界的模式化设计，从微小到宏大，从人类到流星。

斯宾诺莎认为，在自然的设计中，即使是最微小的部分，也体现出了全部整体，他对此深感敬畏。至于孩子们，他们从心底里生出同样的敬畏是再容易不过的事情了。我问孩子们敬畏对他们意味着什么，当整个人从内而外都被敬畏之情贯穿时是一种什么样的感觉。在他们尝试着用语言来描述之后，我问他们，这种敬畏感与置身自然有什么关系。一位满怀敬畏之心的小小哲学家说，如果你敬畏某个事物，"你就会控住不住地凝视它，放不下它，它却可以无视你"。那个唯一实体"可以是一切，也确实是一切"，这样的认识让他们浮想联翩。一个立志成为科学家的六岁孩子急切地想告诉斯宾诺莎，他说的唯一实体听起来像地球上孕育生命的原始泥浆，"从泥浆一直到今天，听起来完全是奇迹"。《伦理学》中写道："因此可以明白推出，第一，神是唯一的，也就是说，宇宙间只有一个实体，而且这个实体绝对是无限的……""哇，这也太厉害了吧！"当我们的谈话从"敬畏"到"泥浆"又到了"奇迹"时，一个坐在教室后面的孩子忍不住叫出声来。

而奇迹还在继续。"一想到我是在妈妈肚子里长大的，我就目瞪口呆。""我们的屋顶会在狂风暴雨中漏水，但鸟巢在灌木丛中却能毫发无损。"听起来好像不可能，但"在沙漠中，我看到岩石上长出了花"。孩子们的"惊奇"从宇宙中最微小的部分延伸到他们无法理解的浩瀚整体。沙粒、水滴、小鱼、种子，它们是如此之小；红杉、鲸鱼、大象、迷失在迷雾中的山峰、其他星球，这世界又是如此之大！更遑论整个太空！雷暴、狂风、洪水和山体滑坡都充满了力量；雪、露水和花粉的落下又无比轻柔。流星呼啸而过，而你从未真正看到变色龙改变它的颜色。《道德经》中有言："故从事于道者，同于道；德者，同于德；失者，同于失。"对于这些聪慧的孩子们和所有陪伴他们的成年人来说，大自然是一个奇迹，他们就是其中的一分子。

可以这样与孩子分享哲学问题

　　思考关于自然的主题时，很多孩子都会表达对环境的关切。你可以用整整一节课来讨论这个话题，改天再用另一节课来让孩子们更广泛地探索自然的美和力量。这样他们就可以详细地讨论如何关心环境，而不会分散他们对老子和斯宾诺莎的哲学的注意力。

 哲学探讨

- 大自然最让你惊讶的是什么？
- 大自然的力量是否曾让你感到害怕？那是在什么时候？
- 有哪些例子可以说明自然界是多么地温柔和细腻？你见过刚孵出的小鸟吗？当你对着毛茸茸的蒲公英吹气时，会发生什么？
- 我们接下来要吃的胡萝卜是怎么来到这个房间的？让孩子们追溯胡萝卜这一路的经历。
- 计算机能做什么？有哪些事情是它完全不能做的？大自然能做一些计算机不能做的事情吗？

 哲学练习

练习 1

听听美国作曲家阿兰·霍夫哈奈斯（Alan Hovhaness）高亢的管弦乐

作品《上帝创造了大鲸鱼》(*And God Created Great Whales*)。请注意孩子们的表情。霍夫哈奈斯将他对大自然的热爱全部融入音乐创作中，听众也从他的音乐中得到了灵魂的满足。在这首振奋人心的作品里，他把鲸鱼的叫声与乐器的声音浑然天成地混合在一起。让孩子们一边聆听鲸鱼的叫声，一边描绘自己想象中的世界。一定要留出足够的时间让他们画出一系列草图。在接下来的一段日子里，让孩子们去研究鲸鱼的生活习性、种类，以及它们的栖息地。数周之后，再重复这项任务。随着孩子们对音乐越来越熟悉，鲸鱼在他们的想象中也会变得越来越生动。

练习 2

给孩子们听另一首与鲸鱼有关的歌——《致最后的鲸鱼》(*To the Last Whale*)。这首歌由"临界质量"和"海上的风"两部分组成，鲸鱼用它们的歌声邀请孩子们再次进入海洋。这首缠绵的曲子是唱给鲸鱼的情歌，也是对人类的警醒。创作者克罗斯比和纳什质疑人们怎么能使用鱼叉来对付鲸鱼，怎么能眼睁睁看着鲸鱼搁浅——这一切就是为了生产眼妆产品！在听这首歌的时候，让小小哲学家们想象一下，如果透过鲸鱼的眼睛来看世界，这个世界会是什么样子。让他们详细地描述鲸鱼眼中的那个世界。克罗斯比和纳什向那些在海洋中自在遨游的鲸鱼致敬。让孩子们想象一下，如果他们化身为海洋的一部分，可以用一整天的时间来了解鲸鱼，那么他们将如何描述这一天。鲸鱼是如何游泳的？

本章小结

虽然成年人可能觉得老子高深莫测（如老子言"天下皆谓我大，

似不肖"），斯宾诺莎又过于严谨，孩子们却能从善如流，认识到天下万物皆可协调一致。一个幼儿园的孩子表达了他对乌鸦的钦佩之情，它们以人类的堆肥为食，为人类腾出更多空间。孩子们很清楚，强制推动自身意志的努力往往徒劳无功，他们敏锐地意识到，当被迫屈服于其他力量时有多可怕。孩子们兴高采烈地描述了内心自然的愿望——想要摆脱任何试图遏制他们天性的东西。也许是因为在竞争中长大，孩子们总是被逼着去赢、去进步，如果可以，那么其实大多数孩子都愿意放松下来，去领略与自然融为一体的感受。与他们的交谈让我看到，当我们与大自然的节奏脱节时会产生多么大的痛苦。

儿童是天生的哲学家吗？我不禁想起了七岁的西蒙那张涂满芥末的脸，衣服上也被他胡乱地涂满了颜料，在我们关于老子和斯宾诺莎的讨论快要结束时，他不慌不忙地举起手，说道："这是空间的作用。我认为在最开始的时候，有一个空空的空间，但它不是混乱的。然后，有微小的东西从里面出来，就像一粒灰尘、一粒矿物质，或是针尖大的一滴水。"我努力跟上他的思路，问他如果空间真的是空的，那么是什么让微小的东西从这个"空的空间"里出来呢？他用一种实事求是的态度回答我："最纯粹形式的质疑。即使是现在，我们仍然在质疑我们的世界，不是吗？疑问是一切的动力。"

漫游在哲学的世界里

- 披头士乐队（the Beatles）的《本色出演》（*Act Naturally*）。
- "大卫·格里斯曼五重奏"乐队的 *Dawgnation*。

- 老子的《道德经》。

- 本杰明·霍夫（Benjamin Hoff）的《小熊维尼之道》（*The Tao of Pooh*）。维尼、屹耳、小猪和朋友们是道家哲学的完美老师。

- 巴鲁克·斯宾诺莎的《伦理学》。他对自然的看法主要集中在第一部分。每一节都是一个推论演绎的范本。"命题十四"和"命题十五"值得仔细研究，附录中总结了斯宾诺莎的结论。

- 阿兰·霍夫哈奈斯的《神秘的山》（*Mysterious Mountain*）、《沙中的信》（*Letters in the Sand*）和《圣海伦斯山》（*Mount St.Helens*）。孩子们喜欢在听这些交响曲时放飞他们的想象力。

- 大卫·克罗斯比和格雷厄姆·纳什的《致最后的鲸鱼》。

第 12 章

同情
Compassion

从孩提时期开始，我们每个人都至少曾在某些时刻怀着强烈的愿望，希望自己能在这个伟大的世界上有所作为，能自认为在它的进步中发挥作用。

简·亚当斯（Jane Addams）

《战时的和平与面包》（*Peace and Bread in Time of War*）

关于同情的哲学对话

孩子们忙着为最近一场悲剧的受害者募捐，因为大人告诉他们，有同情心是好事。他们还被告知世界就是一个全球性的社区，但生活中有哪些东西能让他们直观地感受到社区意识吗？当他们随便往操场一瞥就能看见有人在挥拳揍人，有人在握拳低声咒骂，你告诉他们每个人都是兄弟姐妹，这能让他们相信吗？要让孩子们理解这种理想化的、高尚的同情心，就得让他们用认真、缜密的方式分析"同情"这一主题，哲学对话就是最佳选择。

与把"哲学"定义为"清晰思考的艺术"相对应，我把"同情"定义为"纯粹感受的艺术"。比起某种关于某人或某物的感受，同情更直接，它意味着在最少抗拒和私心的情况下与他人感同身受。小小哲学家们对我的定义表示赞同，但马上就提出了各种他们认为更贴切的解释。比如，一些七岁的孩子们，有的说"同情就像钻进另外一个人的身体里去感受他的感受，变成了一个人"；有的把同情比作"把两颗心缠绕在一起永不断绝的线"；还有的把同情定义为"用心去感受别人的感受"，就像"在别人的眼泪里哭泣"。在我的一个学生看来，同情是有声音的，它是"啵嘤啵嘤的，就像两个人在一起听音乐，两个身体感受同样的振动"。

孩子们完全能够理解，为什么需要从哲学的角度来仔细探索"同情"。他们坦率地承认，任何人都可以在没有同情心的情况下采取同情的行动。"这就像参加一个盛装派对，但衣服并不是真正属于你的。"同情可能只是"词汇测试中的一个词而已"。

我们接下来要讨论的是两位诺贝尔和平奖得主，他们以孜孜不倦终生为他人服务、为人类共同利益努力的精神，使其信奉的哲学理论变得鲜活生动。特蕾莎修女和简·亚当斯都认为，人类慷慨奉献的倾向是与生俱来的。没有同情心的生活违背了人类的天性，因为富有同情心的生活符合每个人的最佳利益。让同情心推动你为更美好的世界而努力，这是明智之举。毕竟，这也是你生活的世界。

哲学探讨

- 哪些是富有同情心的行为？哪些行为起初看起来是富有同情心的，但最后却发现背后有自私的动机？

- 你在日常生活中看到的善良、慈悲的例子多吗？世人的同情心是否比你意识到的要多呢？

- 你在什么情况下很容易产生同情心，在什么情况下则不那么容易？

哲学练习

听听曾是披头士乐队成员的乔治·哈里森（George Harrison）的音乐专辑《乔治·哈里森精选集》（*the Best of George Harrison*）。他的音乐为听众提供了很多机会来讨论同情心。在欣赏《孟加拉国》（*Bang Ladesh*）之前，你可以告诉孩子们，世界上有成千上万的人正在忍受着各种苦难。哈里森坚持要求每个人"伸出援手"。他用歌声告诉我们，他无法忽视自己应为拯救生命出一份力的责任。他要求听众试着去理解孟加拉国的人民，而不是对他们的苦难视而不见。为孩子们播放哈里森用吉他弹奏的《轻声哭泣》（*Gently Weep*），让他们在哲学日记中写下经过认真思考后的看法，说明要如何才能做到不对他人的痛苦视而不见。让他们反思一下自己曾经选择性地无视了些什么，为什么会这样？在《予我以爱》（*Give Me Love*）中，哈里森一遍遍重复"握住我的手"，几乎就像在念诵经文一样。让孩子们以"握住我的手"为题写一首诗。在《为自己着想》（*Think for Yourself*）和《生命是什么》（*What Is Life*）中，哈里森唱出了他对美好未来的希冀。让孩子们两两组队，创作一首二重唱，歌词内容包括他们可以从哪些方面改变世界，从而帮助这个世界变得更好。

与哲学家相遇

愿我们拥有一个共同的观点，决不让任何一个孩子被遗弃，无论面对什么样的恶劣环境，我们都要保持微笑。

特蕾莎修女，诺贝尔和平奖致辞

特蕾莎修女原名艾格尼斯·刚察·博加丘（Agnes Gonxha Bojaxhiu），1910 年出生于奥斯曼帝国科索沃省的斯科普里，父亲是一位杂货商人，为人热情，乐善好施。母亲是一位传统的阿尔巴尼亚家庭主妇，勤劳节俭。对那些需要帮助的人，这对夫妇总是不吝施以援手。那些不幸的人不仅会得到来自这个家庭的财物施舍，还会被邀请和他们一起用餐。父母会提醒孩子们，穷人也是他们这个大家庭的一员。除了在家里招待陌生人，母亲还带着食物、钱和药品去穷人家里。小时候的艾格尼斯经常陪伴着母亲从一家走向另一家。不幸的是，她的父亲在 45 岁时疑遭政敌毒杀，让这个家一度陷入窘境。坚强的母亲不但一点点重振家业，对穷人的帮助也从未停止。在母亲的影响下，艾格尼斯也成长为一个为人慷慨、乐善好施的女子。

18 岁时，艾格尼斯决定成为一名修女。她挥别家人前往巴黎，紧接着被送往都柏林受训。六周后，艾格尼斯与一起受训的其他人启程前往印度，从此，她的人生在这片土地上徐徐展开。

1931 年 3 月 24 日，艾格尼斯正式成为修女，并改名为特蕾莎。不久后，特蕾莎修女前往位于加尔各答的圣玛丽学校教书，并在这里生活和工作了 17 年。在教书育人的这段时间，特蕾莎经常扪心自问，自己是否具有那些她希望在孩子们身上培养的品质？她常说："没有人能给别人他们自己也没有的东西。"她每周都带孩子们去看望那些穷人、病人和被家庭抛弃的人，尽可能地帮助他们。特蕾莎亲切温和，身上弥漫着幽默感和单纯的快乐，孩子们都非常喜欢她。然而，特蕾莎内心的不安却与日俱增。加尔各答当时是英属印度的首都，人口众多，拥挤不堪。校内一片安宁，校外却满街都是无助的麻风患者、乞丐、流浪孩童。她无法假装没看见那些匍匐在街边的穷人，以及他们身上成群的蚂蚁和被老鼠啃坏的肢体。特蕾莎修女请求院长允许她利用业余时间去为那些可怜的穷人们服务。得到同意后，她带着能找到的所有食物和药品，奔走在加尔各答的街头。她亲自为那些穷人包扎，向他们分发食物，有时只是和他们说说话，但人们依然会被她那些简单的举动所感动。

1942—1943 年间，印度爆发了大饥荒。农村地区的贫困家庭耗尽积蓄，变卖土地，依然食不果腹，成千上万的人涌向了已经不堪重负的城市。每天都有很多人倒毙街头，被遗弃在学校门口的婴儿数量也成倍增加。特蕾莎曾一度面临如何用一个奶瓶喂养 24 个婴儿的难题。1946—1947 年，由于大饥荒，加尔各答涌入了数以万计的难民，霍乱和麻风病等传染病没有得到控制，在街头巷尾爆发开来。加尔各答的街头、学校的高墙外越来越像地狱，这一切都折磨着特蕾莎的心。在多次向梵蒂冈教廷提出请求后，她终于得到了以自由修女身份行善的许可。1948 年 12 月 21 日，特蕾莎走上加尔各答的街头，开始了帮助穷人的工作——这一做就是一辈子。当时，她只带了一份午餐就前往贫民区，没有携带一分钱，没有同伴，甚至脑中没有任何行动的计划。在此后的人生中，特蕾莎修女一直只吃简单的食物，因为，"如果你不过贫苦者的生活，就根本无法体会他们的感受，自然也无法了解他们。如果他们说食物不好吃，我们就会说我们也在吃；如果他们说炎热难当，那么我们也是一样；他们赤脚走路，我们也不穿鞋；他们只有一桶水，我们也是；他们排长队，我们也是。所以，我们只有与他们一致，才能提升他们。如果我们能用行动证明，我们也可以像他们一样生活，那么他们的心灵之门就会向我们敞开，"特蕾莎修女说，"贪婪是当今世界实现和平的最大障碍，其中包括人们对权力、金钱和名誉的贪婪。"

特蕾莎修女成了加尔各答街头一道熟悉的甚至会让人感到有些奇怪的风景。这个看上去孤独而贫穷的女人奔走在贫民窟的小巷和简陋的街道上。她受过轻视，有一次，饥肠辘辘的她在当地一个修道院停下来，问她是否可以进去吃饭，修女们以为特蕾莎是个乞丐，一开始拒绝了她，后来又让她在其他乞丐吃东西的楼梯下吃饭。她也被误会过，甚至与一些当地人起过冲突，但她从来不改初衷。她曾说："不论怎样都好，我们总是要做一些事情的，如果你所做的善事明天就会被遗忘，那么不管怎样，你还是要继续做善事；如果诚实和坦率令你易受攻击，那么不管怎样，总是要诚实和坦率；如果别人需要帮助，你帮助了他们，他们反过来可能批评你，那么不管怎样，总要帮助他们的；把你最好的东西奉献给世界，这就是你可以做的事。"

最深层的道德告诉我们，必须站在弱者和可怜人那边，带领他们走向更体面的生活和更有序的社会。

简·亚当斯，《百年读本》（*A Centennial Reader*）

简·亚当斯于 1860 年出生于美国伊利诺伊州的锡达维尔，她的父亲与亚伯拉罕·林肯交好，对林肯非常尊崇。亚当斯与其父关系亲近，父亲对林肯的态度也深深地影响了她。亚当斯毕业于洛克福德学院，但由于出现了与脊柱弯曲有关的健康问题，她不得不终止了对医学的研究。不过，她对疗愈他人的热情很快便从医学转向了社会变革。她是一名不屈不挠的和平主义者，致力于为妇女的投票权而战，也是美国公民自由联盟（ACLU）和美国有色人种协进会（NAACP）的创始成员。她还为劳动法、少年法庭系统和国际和平做出了很大的贡献。亚当斯获得了芝加哥大学的荣誉学位，并在 1931 年获得了诺贝尔和平奖［与尼古拉斯·巴特勒（Nicholas Butler）分享］，但她的心一直扑在社会工作上。消除饥饿和建立世界和平分别是她的近期目标和远期目标。

简·亚当斯最伟大的成就之一就是创建了赫尔之家，这是她于 1889 年与朋友艾伦·斯塔尔（Ellen Starr）一起创建的芝加哥定居点。这个地方也是她的家，她在这里担任舍监，直到 1935 年去世。在这个人口稠密的城市，赫尔之家就是流离失所者的家和聚会场所，按照亚当斯的设想，它是美国民主实践的一个范例。通过赫尔之家，亚当斯定义了何为同情。

在孩提时代，亚当斯心中就萌生了坚持不懈为世界做贡献的愿望，也被林肯去世时父亲的眼泪和人类为内战付出的代价所触动。她从未放弃想要改善世界的希望，但作为 19 世纪末大学毕业的女性，可供她选择的积极行动似乎很少。虽然是一名受过教育的女性，但她没有投票权，不知该如何成为社会变革的推动者。在一次欧洲旅行中，亚当斯惊恐而痛心地目睹了伦敦东部饥饿的人群。这些情景成为她为公共服务奋斗终生这一难以置信的行为的基础，为她指出了一条可以实现童年梦想的道路。如果无法解决那些不堪想象的痛苦，那么教育有什么用？她在《赫尔之家的 20 年》（*Twenty Years at Hull–House*）一书中写道："许多不光彩的状况被允许继续存在，如果这些状况被认为是永久性的，就会让人感到恐怖。然而，这些恶劣的条件一直在至少两代儿童身上延续。"看到饥饿的人群将双手伸向腐烂的白菜，迫不及待地塞进牙齿已经坏掉的嘴里，亚当斯不禁发出了痛心的追问："社会对人类痛苦这般漠视，工业化要如何为此辩护？"每个大城市中都有那么多的无家可归者生活在腐烂、发臭的环境里，现实告诉她，人们太容易把这样的惨状抛诸脑后。然而，面对着这些不是因为自身过错而挨饿的人那绝望的眼神，我们不应该置之不理。

在亚当斯看来，在芝加哥为无家可归者建立一个安置场所是必须要做的一件事情。你可以想象一下，对那些无家可归的人来说，这样的一个栖身之所意味着什么。它将他们从极端饥饿、完全绝望的流浪生活中解救了出来。最紧迫也是长期存在的问题就是食物、食物、食物！赫尔之家很快就成了附近的社区中心，走廊里弥漫着各种具有民族特色的美食和新煮咖啡的味道，也频频传来孩子们在追逐玩闹中和日间托儿所里发出的笑声。这里有音乐、艺术和戏剧，鼓励着儿童和成人挥洒他们的创造力。报名参加阅读和写作课程的学生很多，亚当斯坚持让老师把阅读与孩子们的现实生活联系起来。这里在晚上开设了成人课程，这里还开办了许多俱乐部（包括一个莎士比亚俱乐部、一个幼儿园俱乐部，当然还有一个柏拉图俱乐部），鼓励大家积极参与社会生活。对这些曾深陷绝望的人来说，赫尔之家是他们从前连想都不敢想的避难所。在其活动的高峰期，每周有超过一千人频繁进出这个地方——有的是长期居住在这里，有的只是来这里享受一杯咖啡，领略不同的文化，与邻居拉拉家常。

亚当斯似乎一直都知道自己想做的是什么，就是走进那些苦难者的人生，这让小小哲学家们深感震撼。在讨论了人们在赫尔之家的生活后，每个孩子都注意到了一些感兴趣的细节，也被激发了丰富的想象力。例如，像弗拉德这样刚到美国的孩子，很快就注意到亚当斯对那些刚来美国不久的人充满了同情。一个孩子对弗拉德笑了笑，自信地告诉他："从某种程度上说，我们都算是移民，在赫尔之家，简·亚当斯是不会把任何人拒之门外的。"许多孩子都很好奇，在亚当斯的赫尔之家办得如火如荼的时候，芝加哥的其他人是否做了什么来帮助她呢？他们是亲力亲为，还是只管掏钱呢？一个小女孩告诉我，简在伦敦看到了令她心碎的场景，这是一件好事，因为这颗破碎的心"为无数人提供了足够的空间"。到目前为止，给他们留下最深刻印象的是"简也住在赫尔之家"，与无家可归的人同甘共苦。

孩子们是现实的，他们经常问，等他们一点点长大了，是否会变得心怀慈悲并一直如此呢？他们希望是这样的，但并不完全确定。亚当斯让他们相信，如果成年人带着尊重邀请他们在这个世界上扮演一个重要角色，答案将是肯定的。亚当斯在《赫尔之家的 20 年》一书中写道："在美国，有教养的年轻人正在快速增加，他们积极的能力没有得到被认可的出口。他们不断听说社会上存在着严重的弊端，却没有办法亲自去改变，无用感深深地笼罩着他们。"

可以这样与孩子分享哲学问题

- 对孩子们可能不熟悉的词汇一定要给出定义。"定居点"是指在拥挤的城市环境中生活和分享社区资源的一个地方。我

喜欢给孩子们指出"定居"一词英文"settlement"的词根
"settle"，意思是"舒适地坐着"，与亚当斯对赫尔之家的设
想非常吻合。"移民"是指有计划地离开自己的国家到另一
个国家长期定居的人。

- 向孩子们展示亚当斯的《赫尔之家的 20 年》一书中的插图。
  例如，他们可能会对"一个沧桑老人"的疲惫感产生共鸣。
  其他图画会让孩子们对赫尔之家的室内布置和各种活动有所
  了解。

哲学探讨

- 你是否同意"同情是一种自然倾向"的观点？你会自然而然
  地生出同情吗？
- 你认为简·亚当斯为什么选择住在赫尔之家？
- 你想像亚当斯小时候那样去帮助别人吗？你打算怎么做？
- 你认为简·亚当斯和特蕾莎修女为什么会获得诺贝尔和
  平奖？

哲学练习

练习 1

和孩子们一起欣赏印度传统音乐作曲家拉维·香卡（Ravi Shankar）

和美国小提琴家耶胡迪·梅纽因（Yehudi Menuhin）这两位亲密朋友带来的音乐。香卡用西塔琴演奏印度古典音乐，梅纽因用小提琴拉出雄伟的乐章，两者完美地融合在一起。孩子们在《东西方相遇：香卡 / 梅纽因创纪录之作》（*West Meets East：The Historic shankar/Menuhin Collection*）中享受着这两种乐器之间充满爱的对话。香卡和梅纽因呼应了两位哲学家共同的和平信念，慷慨地将他们的音乐作为礼物献给世人。香卡将印度音乐带到西方，还收了披头士乐队的乔治·哈里森为徒。梅纽因开设了一所学校，接纳那些特意到监狱和医院演奏的年轻音乐家（他们这样做是效仿那些第二次世界大战结束时为集中营幸存者演奏的俄罗斯、犹太导师）。梅纽因认为，音乐可以成为促进和平的工具。请孩子们解释他为什么会这样说，以及他们是否认可这种说法。香卡则认为，声音是神圣的。和孩子们讨论一下，声音（例如鼓点）是否有可能跨越时空将人们联结在一起。旋转地球仪，让孩子们选择一个他们想去听音乐的地方。帮助他们探索该地区所属文化的音乐。请孩子们向你解释，他们可以通过音乐对人们增加哪些了解。

练习 2

阅读简·布雷戈里（Jane Bregoli）所著的《山羊女士》（*The Goat Lady*）。1988 年，作者及其子女遇到了一位 1899 年出生的法裔加拿大妇女诺丽·胡尔（Noelie Houle）。对马萨诸塞州达特茅斯的大多数居民来说，诺丽显得古怪而神秘，因为她在院子里养羊，穿着奇装异服，住在油漆剥落的农舍里。布雷戈里和孩子们搬到了隔壁，一开始他们对诺丽充满好奇，并最终与这位白发女人建立了真诚的友谊。诺丽把羊奶捐给有需要的家庭，把部分羊群捐给"小母牛国际项目"，还向全世界提供牛奶和奶酪。布雷戈里为心地善良的诺丽和她的动物们创作了水彩画，并放在市政厅展出，这些画感化了邻居们的心。在不经意间，这位山羊女士教会了镇上的人们善良的重要性。布雷戈里从孩子的角度讲述了这个故事，朗读起来非常棒，你可以边读边给孩子们看插图，让他们了解其中的哲理。让孩子们在哲学日记中探讨他们从这个真实的故事中得到的教训，谈谈诺丽的同情心、作者布雷戈里及其两个孩子的善良。

感恩

在对特蕾莎修女和简·亚当斯的哲学与生活进行了一定的研究后，孩子们了解到，同情心在造福他人的同时也丰富了自己的生活。因此，我问他们，为什么有的人不会产生同情心？有很多孩子意识到自己在生活中缺乏同情心，这一点在我们的谈话中始终萦绕不去。有哪些东西可能会阻挡他们形成仁慈的奉献之心呢？我发现与孩子们讨论这一点很有用。我鼓励他们继续与他人交谈，可以和我，也可以和身边的同学，这样我们就能一起弄清楚这个问题。一旦我们明确了形成这种阻碍的原因，就找到了解决方案——感恩。

首先，是什么阻碍了同情心的发展？一个叫凯蒂的女孩子说，她只能告诉大家，她"不关心任何对自己没有影响的事情"。她的一位同学很快补充说，他"对任何事情都不关心"。有一个八岁孩子的表情让我最难忘记，他的脸上写满了发自内心的不情愿，"我也不想让自己难受呀，如果没有必要，就用不着一定要对别人的痛苦感同身受吧"。

在思考了成为心怀慈悲的人会遇到哪些困难之后，我让孩子们再一起来思考两种不同的生活方式。一种是认为生活亏欠自己很多，所以会全心追逐那些认为自己应得的回报。如果被困在这样的心态里，你的人生就会变成只为自己的需要和期望而存在，你会觉得其他人与自己无关。

我问他们是否有时是这样的，许多孩子都松了一口气说"是"，因为他们明白了，原来是这种思维方式阻碍了他们的慈悲心。如果你只考虑自己，就不可能去体谅他人。我告诉孩子们，世上还有另一种生活方式，可以帮助他们"超越自己"（用他们自己的话说）。他们很高兴可以战胜一心为己的诱惑，迫切想知道这种方式到底是什么。

我问孩子们，如果我们日复一日地教导自己，对所有发生的事情无论大小都保持一颗感恩的心，那么这是否有助于我们成为富于同情心的人？心存感恩就是我说的另一种生活方式。它是一种生活态度，对所有你得到的、生活赐予的东西都怀着欣赏与感激。我向他们解释说，之所以心存感恩，部分是因为你觉得对他人和世界有所亏欠。生活中随处都有让你表达善意的机会，一颗感恩的心不会对这些机会挑三拣四。

接下来，我和孩子们一起思考生活中有哪些事情会让我们真正心怀感激，感激到想要做点什么来回报这种幸运。举个我自己的例子：因为深深感激哲学对我的厚爱，感激哲学给了我让生活更美好的方法，在这种感恩之情的驱使下，我想和更多人分享哲学，让他们也能从中受益。这个例子让孩子们咧开嘴欢快地笑了起来。我还告诉他们，我的内心充满了磅礴的热情，它像发射火箭一样，把我发射到了他们的教室里。孩子们对我的这个比喻捧腹大笑，同时也明白了感恩与回馈世界的动机之间的联系。

心怀感恩的原因与对他人的善意又有什么联系呢？以下是来自孩子们的奇思妙想："我非常感恩自己拥有健康，所以我想去看望我的朋友，他今年病得很重，不能来上学。""我非常感恩自己拥有温暖的家庭，所以我要邀请朋友过来，他经常一个人待在家里。""看到我的狗狗在被收养之后变得那么快乐，我想为收容所里那些还没有被人领养的动物募集食物。"小小哲学家们和我都认为，感恩是生出慈悲心的最佳动机。感恩让我们的心灵打开，让慈悲住进来。

孩子们喜欢把那些让他们心存感激的事情列成清单，当全新的认识一个接一个冲击着他们时，他们的表情变得越来越惊喜，迫不及待地想把这个清单拉得更长。我听到的最感人的故事之一来自一个名叫丹妮尔的九岁小女孩，她告诉我们："有一次我在体育课上跑步，刚要转过围墙拐角时，发现我的鞋子已经湿透，跑的时候都能挤出水来了。于是我就想，我为什么要这样做？然后我想到了我的老师，他对我们尽职尽责，总是从忙碌中费力地挤出时间来教导我们。我一直在想那些美好的事情，直到把老师要求的圈数跑完都停不下来，于是又多跑了两圈，这样我就可以继续想这些事情，越想越开心。"后来的事实证明，在接下来的数年时间里，这个穿着湿鞋子跑步的女孩成了学校公益服务活动背后一股默默的力量。

可以这样与孩子分享哲学问题

"感恩"是一个很容易被肤浅对待的概念。为了拓宽孩子的视野，可以参考各种容易出现感恩事例的具体环境，如图书馆或球馆。

 ## 哲学探讨

- 生活中让你发自内心地想要感恩的是什么？
- 感恩如何帮助你更加富有同情心？
- 艰难的生活会让你完全失去感恩之情吗？那轻松的生活呢？

练习 1

让孩子们阅读《兹拉塔日记》（*Zlata's Diary*），向他们介绍一位新朋友——11 岁的兹拉塔·菲利波维奇（Zlata Filipovic）。你可以提供一些兹拉塔写日记期间（即 1991–1993 年）萨拉热窝局势的背景信息。在这本日记中，兹拉塔讲述了她的童年因战争而发生的巨变。在日记开始的时候，兹拉塔的生活可能与其他任何一个孩子都没有多大不同，因为她描写的大多是学校、音乐和假期计划。突然间，日记中讲述了无情的轰炸、饥饿和被关在家里没有电的情形。兹拉塔详细描述了战争对她父母的影响，特别是对儿童的影响。帮助孩子们理解兹拉塔在不同时期的不同情绪。和他们一起讨论，这本日记中有哪些内容可以让大家学会何为感恩。请孩子们想象一下，如果让他们给兹拉塔寄一个爱心包裹，他们准备往这个包裹里放些什么。你可能需要不断提醒他们她的处境——没有电，不能离开房子，还失去了一位终生挚友。最终，兹拉塔逃了出来，搬到了巴黎。假设孩子们和你可以一起去巴黎与她共度一天，请他们列出想问兹拉塔的问题以及想告诉她的事情。

练习 2

阅读 13 世纪苏菲派波斯诗人鲁米（Rumi）的一首五行诗[①]。在诗中，他邀请孩子们到田野中去，并承诺在那里与他们会面。在阅读中我发现，孩子们很乐意自己去发现那些在诗中并没有详细阐述的观点，你可以鼓励他们用儿童特有的想象力在这首诗中寻找关于"慈悲"的见解，尽管诗中从未出现过这个词。鲁米强调，这个世界实在太美了，"彼此"这个

[①]　鲁米的五行诗：有一片田野，它位于 / 是非对错的界域之外。/ 我在那里等你。当灵魂躺卧在那片青草地上，/ 世界的丰盛 / 远超出能言的范围。/ 观念，语言，/ 甚至像"你我"这样的语句，/ 都变得毫无意义可言。援引自《在春天走进果园》一书，甘肃人民美术出版社，梁永安译。——译者注

词对他来说不再有任何意义。我让孩子们热烈讨论一番"彼"这个字的意义，我们应该如何带着同情去理解另一个人，从而消除"彼"所暗示的人与人之间的隔离感。讨论完之后，小小哲学家们又增长了不少见识，让他们画一张图来描绘与鲁米在田野中相会的场面。如果心灵中充满了感恩，"彼此"这个将你我分开的词就没有了意义，让孩子们用自己的诗来告诉鲁米这是为什么。

练习 3

聆听美国当代作曲家利比·拉森（Libby Larsen）的《盖亚弥撒：为地球而作的弥撒》（*Missa Gaia：Mass for the Earth*）。拉森以圆为主题，将美国原住民诗歌、中世纪神秘主义、《圣经》和当前环保题材的诗歌合编成曲。人声与乐器融合在一起，歌颂这个由全世界人民组成的广大社区。让孩子们说说，应该对所有人的家园——地球，怀着怎样的感恩，才能让我们都变得更加富有同情心。鼓励他们发挥想象力去认真思考。让他们为拉森写一首诗并将其纳入《盖亚弥撒》中，讲述因意识到整个世界是一个社区而产生的慈悲之心。让他们设计一个舞台，每个人都上台朗诵自己写的诗。还可以让他们为自己的诗选择理想的伴奏乐，鼓励他们自行设计舞美。

服务

慈悲与服务密不可分。我将"服务"定义为尽己所能地将自己的时间和精力作为礼物送给他人。在这个星球上，所有人都属于同一个大家庭，都是兄弟姐妹，没有人可以推卸为全人类共同利益而奋斗的责任。像许多成年人一样，大多数孩子需要的只是一个能让他们出力的途径，对分配给自己的工作也甘之若饴。亚当斯在《赫尔之家的 20 年》中写道："他们渴望重新构建世界……"特蕾莎修女和亚当斯长期坚持为社会服务的行为向孩子们证明，打造新世界的理想是可行的。这两位哲学家都为人简单、言语直率，更喜欢用行动来说话，她们的事迹让孩子们记住了慈悲为怀。你可以提醒孩子们在日常生活中留意有哪些可以帮助他人的机会，这样他们就能有的放矢。在我们讨论的所有主题中，为他人服务是领悟慈悲本质的直接结果。在孩子们理解了人类相互依存的关系后，就不会再过多地关注自己的付出将如何得到回报的问题了。

然而，付出确实是有回报的。为他人服务能给孩子们带来什么？他们解释说，当帮助别人只是出于简单的愿望时，"这让我平生第一次感觉充实、优秀"。实际的好处对他们来说也是显而易见的，例如："如果我帮助那些饥饿的人得到食物，就会减少偷窃和暴力事件的发生，我自己也会更安全。""如果我与当地环保组织合作保护生态系统，空气质量就会得到改善，我的哮喘也会好转。""如果我知道家家有本难念的经，那么我对自己遇到的小麻烦就没那么生气了，我真的是太容易生气了。"在看到自己的付出有所收获时，孩子们是真的很开心，这种开心也是他们以及身边大人们的快乐源泉。"帮邻居把木头搬进屋，然后看着他家的烟囱开始冒烟，那感觉实在是太好了。"孩子们还一起进行了一次"大型"的捡垃圾活动，当他们在课间休息时听到其他孩子和老师谈论操场有多干净时，每个人都乐得合不拢嘴。还有，"特意去和孤僻的学生做朋友，看到他慢慢变得开朗、坚强，可以和其他孩子一起玩耍时，太令人兴奋了"。父母和老师一致证明，许多乐于助人的孩子也在学习上取得了长足的进步，他们会说："我的社会研究当然会变好！我还教过幼儿园的孩子读书呢！"

我看到，不管来自什么样的背景，孩子们都很享受为他人服务，帮助他人能减轻他们自身的痛苦。他们明白，当一个人的内心充满感恩的时候，他就会怀着慈悲心，竭尽所能地为人类大家庭服务。亚当斯在《赫尔之家的 20 年》中写道："如果为饥饿的人提供食物、为病弱者提供照顾是理所应当，那么，给年幼者欢乐、给年长者安慰、满足所有人内心深处对社会交往的渴望，自然也是理所应当。这样做一定会得到回报，即使不是感恩，至少也会收获一些发自内心的真情实感，而不是那种不得不带着厌烦用实质性好处来表示的感谢。"一位初中二年级的学生这样解释她为什么喜欢帮助他人："我喜欢听从内心的召唤。"

看到孩子们乐于助人的种种表现，我与有荣焉。在即将结束对同情这一主题的全面探索时，我给孩子们提供了几个可供选择的公益服务项目。孩子们都表现得迫不及待，无论这些项目是个人行动还是集体参与。他们高兴得吹起了口哨，和即使不那么熟悉的同学也讨论得兴高采烈，还拉着被他们的热情与能量感染的父母和老师一起加入。即使是那些因为生活困难而对"感恩"的理解有些弹性的孩子，也意识到他们可以帮助老师擦黑板，或者帮助公交车司机寻找那些将东西遗忘在车上的乘客。正如亚当斯在《赫然之家的 20 年》一书中所说："青春是生命中如此生动的元素，如果得不到珍惜，其他的一切就都会遭到破坏。若没有青春斑斓的梦想相伴，那么即使是最值得称道的旅程也会变得枯燥乏味。"

可以这样与孩子分享哲学问题

- 有时你可能需要做点什么，以保证孩子们的行动符合他们想要帮助之人的实际情况和个人感受，而不是一厢情愿地凭热情做事，因为有时候这可能是强人所难。比如，如果小小哲

学家们因为自己认为某人的院子看起来很乱就去清理它，那
么这并不是助人。如果把自己的衣服送给那些自豪地穿着民
族服装的人，可能就会在无意中造成冒犯。

- 一定要鼓励孩子们融入周围的世界，你可以提供机会让他们
参加一些既好玩又实用的服务活动。通常情况下，只要孩子
们充分理解了哲学家的理论，就会产生一些非常棒的想法。
奉献行为可以增强孩子们对自身能力的认知，提升他们的社
会交往技巧。

哲学探讨

- 付出对付出者有什么好处？
- 人们有可能从他人的苦难中得到满足吗？

哲学练习

　　孩子们决定帮助那些不幸罹患癌症的儿童，他们将募捐箱放在社区
内愿意配合的企业的柜台上，同时在学校里发起了捐款活动。孩子们收
集了一些游戏、视频和 DVD、书籍、毛绒玩具、美术用品，以及包括各
种音乐风格的 CD。他们给那些年幼的癌症患者写信，还不知从哪里了解
到把自己的照片放进信封是不合适的。当他们在老师和父母的陪同下将
这些物品送到癌症中心时，一个患有白血病的女孩被选为代表出来感谢

他们的礼物。她向小小哲学家们讲述了她的病情，她是如何应对疾病的，以及怀着怎样的希望。这个孩子给小小哲学家们上了宝贵的一课，让他们理解了同情的含义。当她代表其他患者向孩子们表示感谢时，孩子们懂得了感恩——感恩自己有幸拥有健康的身体，感恩自己有能力为痛苦的人做点什么。

本章小结

　　带领一群孩子去癌症中心的活动只是我多年来与他们合作的众多项目中的一个。小小哲学家们很同情那些因各种原因而导致生活搁浅、教育中断的孩子们——也许是因为社区发生火灾，也许是因为遭遇飓风或洪水。当这些灾难发生时，整个学校的学生都满怀爱心地参与进来，为那些和母亲一起住在临时住所的孩子们募集物品。他们积极地领养小动物，孩子们的到来会让保护动物协会的动物们欢快地扬起头；他们主动清扫街道，一条步行道经他们的清理后焕然一新；他们在学校的纪念花园中种下各种植物并悉心照料，让更多的学生在这里得到快乐；他们去养老院照顾老人，数不清有多少老人从他们这里得到过温暖的拥抱。

漫游在哲学的世界里

- 鲁米的《鲁米诗歌精选》(*The Essential Rumi*)。
- 利比·拉森的《盖亚弥撒：为地球而做的弥撒》。

- 利比·拉森的《蓝色梦想》(*Dreaming Blue*)。这部歌剧是为儿童创作的，也是关于儿童的，而且有些部分是由儿童创作的。在这部作品中，正在上四年级的孩子们与拉森讨论了一些对他们来说很重要的问题，他们的话构成了大部分歌词。孩子们的绘画是对现实的一种诠释，他们对孤独和个人身份的关注在拉尔森笔下的人物身上得到了生动的体现。
- 由拉维·香卡和耶胡迪·梅纽因携手创作的《东西方相遇：香卡／梅纽因创纪录之作》。
- 乔治·哈里森的《乔治·哈里森精选集》。
- 拉维·香卡的《香卡家族及其朋友》(*Shankar Family and Friends*)。
- 简·亚当斯的《赫尔之家的 20 年》。书中有大量色彩鲜明的插图，使得亚当斯对她的芝加哥定居点的描写更生动鲜活。有很多关于亚当斯的书都适合各个年龄段的孩子阅读。
- 简·亚当斯的《战时的和平与面包》。在亚当斯对第一次世界大战的描写与分析中，慈悲与和平主义之间的联系变得生动起来。
- 简·亚当斯的《百年读本》。这本文集按照不同的主题将亚当斯的很多演讲和富有说服力的文章进行了整理排序。
- 特蕾莎修女的诺贝尔和平奖致辞。

第 13 章

自由
Freedom

认为他人的自由限制了我的自由是不对的，自由并不是拥有为所欲为的权力，而是能够超越现有的一切，走向一个开放的未来。他人自由的存在定义了我的处境，甚至成为我获取自身自由的条件。

西蒙娜·德·波伏瓦（Simone de Beauvoir）
《模糊性的道德》（*The Ethics of Ambiguity*）

关于自由的哲学对话

人类的故事就是无止境渴望自由的故事，自由是我们不惜一切代价都必须得到的东西。在界定生而为人的意义时，不管是哪个年代的哲学家，都是以是否拥有自由意志为依据。一个自由的人既没有精神上的束缚，也没有身体上的桎梏，能够在思考和行动上不受约束。这是人类最基本的自由，但我们中有许多人正在（或曾经）被剥夺这样的体验。

　　对自由的思考总是伴随着种种限定词和反复纠结的问题。当然，一个人不可能为所欲为，那么，应该对自由行动采取哪些限制才是适度的？人类是生而自由的吗？还是说自由是一种财产，只有达到了某个标准才可以获得？如果自由的价值对人类来说是如此合情合理且生而有之，那么那些为了满足自己的需要而从他人那里窃取自由的人又有什么借口？有什么办法可以预判有些人比其他人更能掌控自由的原因吗？有这么多的问题围绕着这样一个基本概念展开——自由到底是什么？

　　对自由的迷恋贯穿了整个哲学史。在古希腊，亚里士多德倡导自由意志。因为我们可以在现有的备选方案中进行思考和斟酌，人类不会被胁迫采取行动，因此要对他们的自由选择负责。与亚里士多德相反，各种决定论①哲学流派认为，遗传和环境是人类行为的真正原因，自由意志是一种错觉。在费奥多尔·陀思妥耶夫斯基的哲学小说《卡拉马佐夫兄弟》（*The Brothers Karamazov*）和《地下室手记》（*Notes from Underground*）中，自由意志的问题被复杂化了，他怀疑大多数人宁愿被告知该做什么，而不愿去追求自由，尽管他们意识到自由是人类最宝贵的财富。政治哲学的范围很广，既有赞美自由个体拥有巨大潜力的民主理论，也有担心自由难免陷入无政府状态，并建议用国家控制代替自由的观点。

　　自由在儿童的生活中扮演着什么角色呢？在这个年纪，孩子们需要成年人给予的安全感、保护和教导，同时也需要体验属于年幼者的自由，那这两者之间微妙的平衡如何才能达成？成人既要对儿童行使必要的权力，又要尊重他们成长中作为人类的基本自由，那理想的尺度在哪里？

---

① 关于事物因果性、必然性和规律性的哲学理论。——译者注

对小小哲学家们来说，生活中显然需要成人权威的存在，那要如何让他们理解自由的意义呢？这是一项需要再三斟酌的工作。这项工作之所以棘手，是因为孩子们一方面能爽快地允许因年幼而被限制充分行使个人自由，一方面他们又很希望在生活中感受到自由。我尝试过用不同的方式将自由主题介绍给孩子们，最后发现，最好的开场白是询问孩子们自由对他们是否重要及其原因。我尽量给他们足够的时间，直到他们将自己对这个主题的感受表达清楚，且每个孩子的心声都被听到。在参考了这么多同龄人提出的意见后，大家也就能对该问题的复杂性了然于胸了。在完成这个步骤后，孩子们就可以踏踏实实地对"自由"的概念进行哲学探索了。他们非常好奇，想知道接下来的对话会把他们带向何处。

如果要给孩子们一个对我和他们来说都准确的自由定义，可以这样说：自由是每个人都应该拥有的机会，让每个人都尝试着去活出自己希望拥有的人生。孩子们对我给出的自由定义反应热烈，纷纷向我描述着对他们而言豁然开朗的世界。在那里，他们的希望不会因被视为荒谬而不屑一顾，也不会"被踩在脚下"。有几个孩子表示，他们再也不想觉得自己"活着就是麻烦"了。此外，他们希望"像别人那样活着"。而且，你要做好心理准备，这些年幼的"自由战士"肯定会要求"现在"就得到一点自由。当我问他们"作为孩子的正当自由是什么"时，他们都坚持认为自己有提问的自由，并坚称玩耍的自由也绝不可少。经常有人告诉我，每个人（尤其是孩子）都可能拥有天马行空的想象力，也可能有功成名就的伟大梦想。有些孩子绝望而悲哀地说，希望能够摆脱恐惧和担忧，这样有些事情他们就能自己做主了。对，我可不能忘了，一个自由的孩子也是必须在晚上听睡前故事并被强行塞进被窝的。

19 世纪英国哲学家约翰·穆勒（John Mill）和西蒙娜·德·波伏瓦将他们的哲学建立在个人自由的问题上。穆勒将自由作为人类幸福的关键因素，而波伏瓦则宣称，唯有自由才能让我们成为堂堂正正行走于天地间的人。在这两位哲学家看来，如果不让儿童看到无限的可能性，却期望他们成年后拥有自由，那未免也太可笑了。

可以这样与孩子分享哲学问题

- 和孩子们讨论自由的时候，你需要为他们精心营造一个自由的氛围。可以让孩子们坐在任何喜欢的地方，哪怕瘫倒在地板上也可以。他们可以戴最喜欢的帽子，穿与个人的"自由精神"搭配的袜子（不知为什么，孩子们对袜子情有独钟）。

- 播放美国歌手詹姆斯·布克（James Booker）的《弹钢琴》（*Playing His Piano*）。在我们讨论自由主题时，他的音乐是完美的序曲和终章。布克的《在街道的阳光下》（*On the Sunny Side of the Street*）有一个令人难忘的版本，他在演奏时让琴键获得了自由，孩子们在和弦中感受到了澎湃的激情。当他唱到"每个人都让自由响起"时，我们很难坐着不动，因为我们都在为"创造一个更好的世界"（布克的另一首歌）而努力。

哲学探讨

- "自由"是什么意思?

- 对你来说,"像鸟一样自由"这个说法意味着什么?

- 你认为自己是一个自由的人吗? 你喜欢这个想法吗?

- 到目前为止,人生的哪个时刻让你感到最自由?

- 什么是奴隶制? 为什么会有人想控制另一个人?

- 在什么情况下,人们会失去对自由的渴望? 你可能会出现这种情况吗?

- 你的思想是自由的吗? 你喜欢独立思考吗? 大人是如何帮助你学会独立思考的?

 哲学练习

　　智利当代著名诗人巴勃罗·聂鲁达(Pablo Neruda)的《疑问集》(*The Book of Questions*)就像是为孩子们量身打造的一般,引导他们去阅读、思考和欢笑。这位智利诗人以其独特的风格为孩子们打开了一个哲学奇境,这里充满了奇妙无解的问题。在一起欣赏聂鲁达的诗歌时,孩子们告诉我,他们确实在思想上感受到了自由。虽然孩子们因年幼在生活上受到了种种限制,但在思想上完全自由。肯定了这一点,对他们来说绝对是一个巨大的鼓舞,鼓舞着他们继续发扬无拘无束的探索精神。和孩子们一起天马行空、漫无边际地遐想,摆脱那种追求明确答案的线性思维结构。在聂鲁达由无数问题组成的无题诗歌中,孩子们放飞思绪,在无拘无束的思想世界中自由嬉戏。对微笑的水稻眨眼，描摹黄色的形状，猜测树木从泥土中学到了什么。和孩子们一起认真思考，囚犯眼中看到的灯光是否和你看到的一样。让他们以此为题材写一首诗，说明在囚犯和自由人眼中，灯光是相同还是不同，抑或是既有相同又有不同。"为什么星期四不说服自己 / 跟在星期五身后到来？"通过这样的诗句，聂鲁达邀请孩子们和他一起玩"乒乓诗歌游戏"，用他们自己的问题来匹配他的问题，就这样你来我往地唱和。让孩子们找一个伙伴继续这个游戏，每个孩子写一个两行的问题 / 诗，并在两人都准备好时把它传给一个朋友。孩子们喜欢"用短诗进行对话"。继续使用聂鲁达的问题，直到"星期四在星期五之后到来"。

与哲学家相遇

唯一名副其实的自由，是以我们自己的方式追求我们自身之善的自由，只要我们没有企图剥夺别人的这种自由，也不去阻止他们追求自由的努力。

约翰·穆勒，《论自由》（*On Liberty*）①

作为一个神童，约翰·穆勒在其父詹姆斯的教育下，成长为 19 世纪西方最重要的哲学家之一。穆勒与哈里特·泰勒惺惺相惜并最终喜结连理，他把这段感情视为其哲学作品的主要灵感来源。他把《论自由》献给了她，作为他们共同努力的见证。

---

① 所有关于该书的译文，均援引自上海三联书店版本。——译者注

在穆勒的两部主要作品中，他揭示了幸福与自由之间密不可分的联系。在《功利主义》（*Utilitarianism*）中，穆勒倡导了一种道德理论，这种理论主张根据短期和长期的结果来促进受某一决定影响的大多数人的最大幸福。之所以主张这种功利主义的道德标准，穆勒给出的理由是，幸福是人类生活的目标。在《论自由》中，他详细介绍了个人自由在获得幸福时的核心作用。

在穆勒的作品中，他不断提到人类的一个令人反感的行为倾向——将自己对美好生活的想法强加于他人。很多人受到无意识顺从的影响，只有当其他人像他们一样生活和思考时，他们才会在这个世界上感到舒适。穆勒敦促读者认识到自己身上这种没有道理的控制欲，不把自己的偏好强加给周围的人。穆勒相信人性的基本正直，相信我们有能力改变我们的思想和改善我们的行为，这是其自由哲学的基础。

根据穆勒的观点，个人有权创造适合自己个性的生活，这种自由紧随在食物和水之后，是人类最基本的需求。所有人类都有权遵循自己的"品味和追求"，并"自由地根据自己的特性规划生活，做自己喜欢做的事并愿意承担一切可能的后果；只要我们的行为不伤及他人就不受他人的干涉，即使在他人看来我们所行是愚蠢、乖张或错误的。"

穆勒承认，儿童需要指导和保护。虽然他的自由理想是为成年人打造，但他坚持认为成年人和儿童都需要一个适合自由之花的"气候"。无论年龄大小，天赋、创新思维和独特成就的出现都需要一种支持和培养特立独行的氛围。在自由的肥沃土壤中，创造力受到鼓励，不受习俗约束的特立独行受到赞扬。他在《论自由》中写道："没有人会认为，行为上的完美只能来自彼此亦步亦趋的模仿照抄。"遵从天性的发现被认为是有趣和有价值的，而不是精神不正常的异想天开。创新、脱俗、自然和天赋推动着人类向着前方、向着未来不断前进，这些东西呼唤着自由。

在某些情况下，个体可能会逐渐放弃对自由的向往，不再奢望自由可以带来现在与未来的幸福。就像任何未被开垦的花园一样，人类的愿望在没有滋养的情况下也会日渐荒芜。一个人可能会对处处受限的人生习以为常，认为这就是命中注定。这种甘于平庸的态度是一种可悲的退而求其次，因为真正的幸福只有作为一个自由人才能体验到。穆勒恳请每一位读者以比习俗更好的东西为目标，这"被称作自由精神，或被称作进步或改良精神"。

穆勒的自由哲学引起了孩子们的共鸣。小小哲学家们再次一眼就看到了幸福和自由之间的紧密联系。孩子们与我分享了无数自由有多快乐的想法：穿着不匹配的袜子是一种快乐；"完美的对话就是想到哪儿说到哪儿"；思想上的窒息很可怕，因为"我的思想会飞"。通过穆勒的哲学，孩子们高兴地再次意识到，原来他们已经有了很多自由：可以自由地唱歌，奋斗，改变自己的想法；可以顺从自己的心意先说"你好"；自由地去爱，享受现在只有一点点责任的感觉。不过，他们确实希望穆勒知道，这一切说起来容易，做起来很难。

　　要求道德和要求自由，这是唯一的也是同一的决定。

　　　　　　西蒙娜·德·波伏瓦，《模糊性的道德》[①]

西蒙娜·德·波伏瓦生活在 20 世纪的法国，在思想上堪称穆勒的伙伴。在童年时期，她就对强加于自己身上的各种约束和限制感到不满，因此早早就下定决心不遵守传统的女性角色，要以独立自主的身份活着。

---

① 所有关于该书的译文，均援引自上海译文出版社版本。——译者注

　　生活在那个年代的波伏瓦难免被法国存在主义哲学的精彩世界所吸引，她最关注的是如何在自由中满足人的本性。在具有里程碑意义的作品《第二性》(*The Second Sex*)中，她揭露了限制女性的天生自由会造成的伤害——不只是对女性，也是对男性的伤害。在《模糊性的道德》中，她提醒人们不要受冷漠的诱惑，不要轻易屈从于他人的意愿。一个能清醒觉察到自由意志的存在并欣然接受的人生会是多么丰富多彩！在每部作品中，波伏瓦都用大量细节对此做了生动的描述。

　　只有作为自由人，我们才能发现人生种种惊人的乐趣，就像儿童在游戏中欢快地体验着一个具有无限可能的世界一样。唯有在自由中，人们才能明确自己的价值，知道哪些事情对自己最重要，才能自行决定生活的质量。波伏瓦在《模糊性的道德》中写道："所有价值的源泉都来自人的自由。"她坚持认为，个人必须清醒而坚定地为自己制订人生计划，在这个持续终生的计划中提升自己，成为更真实的人。自由使我们有能力超越现有的生活环境，朝着未来拥有更多选择的开放空间大踏步前进。作为自由人，意味着未来由自己做主，这种人生由自我导航的掌控感是持久自尊的来源。

　　按照波伏瓦的说法，人生而自由，也为自由而生。不过，他们也可以做出相反的选择，放弃自由的人生。波伏瓦称主动放弃自由的可悲行为是"自欺"，这是人类独有的一种奇怪的能力——对自己出尔反尔、毫无信用。我们骗自己说世态炎凉、人生多艰，内忧外患难以抵挡，最奇怪的是，我们竟然会强迫自己相信这个谎言。就在这种对自己背信弃义的糊涂中，我们选择对自由漠不关心。我们到底在干什么呀！？当然，别人都是自由和负责的，但我们决定用懒惰和懦弱来欺骗自己，告诉自己生活不由我们说了算，只能唯其他权威人物马首是瞻。波伏瓦在《模糊性的道德》中写道："如果我固执地用拳头敲打一堵不可动摇的墙壁，我的自由将在这种无用的行为中枯竭。"在这个自欺欺人的泥潭中，我们拒绝诚实地看待自己和世界。我们把宝贵的精力花在编织无懈可击的借口上，极力为自己开脱，逃避生而为人的责任。

和穆勒一样，波伏瓦认为，道德伦理需要我们鼓励他人追求自由，并为他人的自由努力。只有在一个自由的文化中，个人自由才能得到充分的实现。你的自由增加了我的自由，没有人可以孤立地获得自由，自由应该是互相传递的。在波伏瓦的哲学中，这种自由文化可以直接适用于儿童。尊重他人自由并愿意为之奋斗，这样的主题不能将儿童排除在外。

生而自由的孩子们继承了一个并非由他们自己创造的世界。年幼者应该得到所有人都有权得到的尊重，他们即将成长为独立的个体，如何为他们赢得一个看得见摸得着的新未来，就落在成年人的肩上。波伏瓦鼓励成年人牵起孩子们的手，让未来在他们面前徐徐展开。成人可以要求孩子们顺应眼前的世界，也可以培养孩子们的个人自由感，任由他们去打造自己的生活。即使世界在他们到来之前就已经预设好了，孩子们还是会很快就意识到人生并不是现成的。波伏瓦建议，为创造力和自发性欢呼，因为这是属于孩子们的自由交流。儿童的自由探索是他们自我进步的基石。

孩子们的基本自由随着他们的成长不断发展，若成年人想否定这一点，就必须自欺欺人，你必须刻意欺骗自己去相信被扼杀的个人成长对孩子们有益。波伏瓦尖锐、辛辣地指出，如果你认为孩子们需要为了地位而适应规范，那你就是在自欺欺人。你对自己和孩子都毫无信用，拒绝他们越来越多的自由需求。只有在自欺欺人中，你才能为这种毫无必要的强权辩护。孩子们的自由也是保证成人获得自由的一个条件，只有当对话中的双方都拥有自由时，一种自由的氛围才得以形成。如果一个孩子早早就被扼杀了自由表达的欲望和旺盛的好奇心，那么他怎么可能成长为一个自由的个体？孩子们在各方面都需要并寻求爱和支持，指导和扶持必不可少，但没有人可以代替他们思考或生活。

波伏瓦让小小哲学家们受到了极大的鼓舞，他们很高兴她还记得自己年少时的教训。很多孩子想告诉这个来自巴黎的女子，她说他们对世界有很多疑问是对的。一个孩子追问"专家是什么人"。按照她生动的描绘，专家应该确切地知道什么样的生活方式才是对的，她很好奇这种专家需要哪些资质。当我没有立即回答时，她善意地解释说，我不是专家，因为我所做的一切都是在提问！孩子们想问波伏瓦，为什么"必须严格规定游戏时间"，等他们长大后是否必须变得很严肃。还有一群穆勒口中的"特立独行之士"想知道，为什么"学校里只有某些东西才有荣誉榜"，他们是否有不去上大学的自由。一些孩子很享受现在被人百般呵护的日子，想知道他们的童年何时会结束。许多视学校为避难所的孩子想知道为什么学校要放暑假。

可以这样与孩子分享哲学问题

穆勒和波伏瓦都不认为无限制的自由对任何人有好处。刚开始孩子们在讨论自由的时候会有些漫不经心，你可能会听到有的孩子要求获得驾驶执照，或者不想上学了。我建议你马上提醒他们，谈论自由的机会将为他们打开新的世界，用这样的方式阻止他们提出不现实的要求。

哲学探讨

- 你的自由在哪里停止，另一个人的自由从哪里开始？

- 你能做什么来支持其他人的自由？

- 你认为你的自由受到了哪些不必要的限制？

- 你在哪个方面特立独行？为什么穆勒会欣赏"特立独行
  之士"？

- 虽然你还是个孩子，但大人们如何做才能像波伏瓦所希望的
  那样，把你当作一个自由的人来对待？

 哲学练习

　　和孩子们一起欣赏古巴音乐专辑《乐士浮生录》（*Buena Vista Social
Club*），让你们的手脚跟随音乐律动。让孩子们解释，在一个充满限制的
世界里，如何才能出现这种自由的表达。问他们会如何将自己的见解应
用到当前的生活中。让孩子们假设自己是当地报纸的乐评人，用文字将
他们随着音乐浮现出的想法和感受详细地记录下来。

自发性

　　孩子们对顺应天性而产生的无拘无束感兴奋不已。有无数种方法可
以让他们体会到率性而为的乐趣，但若想阻止他们的天性迸发，那可太
难了！面对这些天真烂漫的孩子，我最喜欢采取这样的策略：在没有任

何解释的情况下，我要求他们在教室里自行选择一个地方待着。我给的建议是："摆出此刻你认为最能代表自由的姿势。"有些孩子会选择钻课桌，有些孩子会主动跑去角落站着，孩子们在完成这个练习的时候都很开心。在我们接下来讨论自由和天性之间的关系时，这个练习也是一个绝佳的序曲。每个孩子选择的姿势都是独一无二的，无所谓对错，因为这是一个关于自由的游戏！

穆勒在其作品中鼓励读者放弃对社会匿名认可的追求。他质疑那些对生活充满恐惧、处处怯懦退缩的人，仿佛他们永远生活在他人的虎视眈眈之下。而事实是，在我们周围有那么多可以获得自由的机会。正如穆勒在《论自由》中所说："对人性的威胁不是来自个人激情与嗜欲的过分，而是来自其不足。"就让我们的心灵和房子、我们的思想和礼仪都呈现出大胆而强烈的差异吧，愿每台收音机都被调到不同的频道。对我们自由的限制不过区区之数，而我们拥有无限的可能。我们忘记了在不受阻碍和约束的行动中可以多么自由，而且也确实得到了自由。只要愿意，你就可以选择倒着走、侧着走，没有什么不可以。

天性流露是自由的表达，是一种最简单的、不受阻碍的本能，它自然浮现，无须任何来自背后的推力或来自上面的拉力。在各种顺从天性的活动中，儿童直接体验到了自由。当他们在第一时间被某个目标吸引时，就是创造力与无畏精神在萌芽。"我喜欢那朵云的形状，想跟着那些越来越淡的云儿走，不管它们走到哪里。""这片草叶正在告诉我一个故事，所以我现在不能坐起来。""我正在和一只松鼠说话，她在告诉我她的坚果销售情况。"由于没有预定的方向或目标，因此这种自发的天性流露会显得莫名其妙，往往不受欢迎。穆勒在《论自由》中写道："在一般人的思维模式下，个性的舒展几乎不被认为具有任何内在价值，值得为其自身之故而予以些许关注。"波伏瓦则在《模糊性的道德》中说："人们总是将自己投向某个事物。"自然的感受、好奇和冲动推动着冒险家们一头扎进生活的漩涡。自发行为是所有人类自由生活的一部分。

孩子们给出了无数个一时兴起的例子来说明自发性的魅力。在早上选择穿什么衣服时"兴奋得像个疯子"；每个人都知道"你无缘无故选择的蜡笔是正好的"；亲吻、笑声和"不假思索脱口而出的问题"是真实的，因为它们就是发生了；当你第一次好奇地去探索什么时，就像去解开一个伟大的谜团；"假装你是一个小丑，让人们笑，这很酷，几乎像鳄鱼爬行那样有趣"；有时"就连假装成年人也很有趣，但是，嘿，也许成年人也可以假装他们是孩子，因为那样的话……"

波伏瓦在《模糊性的道德》中写道"敏感无非就是对世界和自身非常关注的在场。"孩子们自发的行为就定义了"自发性"这个词。我曾在无意中听到这样一段对话："有时我会无缘无故地吼几声。可以一眼也不眨地看着窗外。来吧，看看我们到底能跑多远。你有没有去挖过石头？摸虫子的感觉真是太棒了。我可以像狗一样叫，所以我想教树皮汪汪叫。看看你能数多少个数。创造一种属于你自己的语言，这样你就可以开始使用'拉提帕拉'这样的词。我想和老师换个位置，只要一小时。"你看，孩子们的想法就是这么新奇有创意。一个老师和很多孩子在一起时，就会有很多的乐趣。

可以这样与孩子分享哲学问题

我喜欢让孩子们为"自发性"和"特立独行"这两个词下定义。例如，自发的行为就是跟着你当时自然的感觉走；一个特立独行的人不会做符合大多数人预期的事。

哲学探讨

- 在自发的行为中，你最喜欢的是什么？
- 当跟着自己油然而生的感觉走时，你发现了哪些奇妙的事情？

哲学练习

　　声情并茂地朗诵英国作家刘易斯·卡罗尔（Lewis Carroll）的《炸脖龙》（*Jabberwocky*）。"多么有趣的一天！哇咔咔，嘿呀呀！／他乐得笑哈哈。"当你邀请孩子们欣赏一首节奏分明但没有什么特别意义的诗歌时，你可以一边解析一边手舞足蹈。问问他们，为什么卡罗尔会有这样的闲情逸致来写这样一首诗，再问这些跟着你一边咯咯笑、一边摇头晃脑的孩子们，是不是也可以随心所欲地写一首这样的诗。告诉他们，他们可以自行决定要不要去弄清楚为什么《炸脖龙》被称为"废话诗歌"。让他们向你解释，一首随性而作、天马行空、没有明确主题的诗，如何能以自己的方式讲出道理。让他们挖掘自己的想象力，写一首题为《废话》的诗。请他们用一系列蜡笔画来解释自己的诗。当然，你一定要身先士卒地自己创作一首！

未来

自由打开了未来，就像打开一把折扇一样，随着每一道折痕，靠着自身的牵引，扇子被徐徐展开。自由像扇出来的一阵风，吹开了未来。只要对自由的未来有信心，个体就有力量去创造出更多的空间和选择。获得自由的人意气风发，随着自己的心意奔向未来。他们可以自由地改变思想和方向，在自由的奔跑中超越种种限制。自由的人对自由无比珍惜，并努力解放那些还没能获得自由的人。随着越来越多的人意识到自己的潜力，所有人的未来都会变得越来越广阔。

在开始与小小哲学家们讨论自由与未来的关系之前，让他们先思考穆勒在《论自由》中提出的关键性问题："什么才适合我自身的性格和气质？什么才能让我身上最优秀与最高尚的东西得到公平发挥，使之得以茁壮成长？"孩子们最喜欢被成年人信任的感觉——信任他们有能力运用自由意志并创造美好的生活。小小哲学家们争先恐后地告诉我，他们相信自己可以"一个筋斗翻进未来"——当然，是在成人的帮助下。谈论未来有助于增加他们的信心，无论是对自己还是对未来。还有一些孩子表示，他们"只要想想自己的目标"，就会感觉心里美滋滋的。对他们来说，这就像站在坚实的土地上，意识到"一切可能都会成真"，因为确实如此。

也有许多孩子提到了相反的一面：拥有一个已经被规划好的未来让他们"感觉像木偶"。问问你的小小哲学家们，他们是否有过这种感觉，在自己还完全不知道想要什么样的未来时，未来就已经被准备好了。孩子们很诚实，也很聪明，他们很快就指出在当前和可预见的未来，自由生活会遇到哪些困难。一些孩子承认，他们可以肆意妄为地"把生活搞得一团糟"，并害怕将来也会这样。还有人说，"我会很容易变得懒惰并对别人指手画脚，尤其是我现在就已经很刻薄了"。有一些年幼的孩子的生存环境极其恶劣，很难想象他们能拥有一个不被其他力量左右的未来。波伏瓦在《模糊性的道德》中写道："他们可以像儿童那样去行使他们的自由，但只能在那个在他们之前和没有他们时就已形成的世界中行使这个自由。"对于这些苦苦挣扎的孩子来说，他们最大的梦想就是摆脱因为贫穷而长期挨饿的困境，搬出可怕的街区，或者在家里拥有哪怕一丁点的安宁。一个名叫迈克尔的孩子问："如果我什么都不擅长怎么办？"他讨厌学校，也不在乎自由。在我们长达数月的相处结束时，他把我拉到一边，解释说他大字不识一个，连自己的名字都不会拼写。在穆勒看来，要实现一个由自由个体组成的社会，教育是关键。如果教育失败，暴政就会取得胜利。

　　波伏瓦在《第二性》中强调了未来是开放的，穆勒和波伏瓦将为每个孩子争取自由未来的责任完全交到了成人手中。

可以这样与孩子分享哲学问题

- 邀请那些为了自由而离开被奴役生活的人出来现身说法。你可以联系国际组织或社会服务机构寻找可能的嘉宾。如果有必要，就一定要提供一名翻译。

哲学探讨

- 你想在生活中自由地做什么？

- 你在哪些方面很高兴自己是个孩子，还没有完全自由？在哪些方面你还需要大人的保护和指导？规则在什么时候是有用或必要的？
- 你喜欢未来在等待你去创造的想法吗？
- 自由有什么可怕之处吗？

 哲学练习

练习 1

　　阅读《亲爱的帕克斯夫人：与今天的年轻人对话》（*Dear Mrs.Parks：A Dialogue with Today's Youth*）。这本书收录了多年来各地孩子写给美国黑人民权运动先驱罗莎·帕克斯（Rosa Parks）的信以及她简洁明了的回复，孩子们可以从中感受到她的亲和力，并了解到她在美国民权运动中的重要作用。让你的学生详细了解 1955 年亚拉巴马州蒙哥马利市黑人公民的生活状况。在公共汽车上，当白人要求帕克斯让座时，她带着勇气和力量坚持坐在她的位置上，而不是在奴隶制的残余影响下，乖乖地走到后面去。她想拥有"做自己"的自由，这是她甘冒风险的动力。她的反抗行为是有用的，所有黑人公民因此更有希望得到自由的未来。让孩子们轮流阅读书中同龄人写的信，你可以扮演帕克斯读她的回信。与孩子们讨论她的行为在 1955 年是多么令人难以置信，那个时候有色人种被剥夺自由是被默许的，让他们分享对这种思维模式的看法。接下来，让孩子们在哲学日记中起草他们想寄给帕克斯的信。在围绕帕克斯的生活进行了大量讨论后，让孩子们把信交给他们认识并希望从对方那里得到答复的成年人。最后，再让他们在哲学日记中探讨自由对他们有多重要。

练习 2

先让孩子们了解帕克斯所处的环境，她的勇敢在这种环境中是必要的，但也是出乎所有人意料的。在了解了时代背景后，他们就会对那些活跃在民权运动中的个人充满好奇，会认真倾听他们的声音，仔细观察他们的面孔。可以找一部能生动展现那个时代的纪录片。《罗莎·帕克斯和民权运动》（*Rosa Parks and the Civil Rights Movement*）以戏剧的形式重现了当年的情景，还有大量帕克斯的档案照片，反映了她在投入反对种族隔离运动前后的生活。孩子们看得聚精会神。

练习 3

阅读美国女作家斯陀夫人（Harriet Beecher Stowe）的小说《汤姆叔叔的小屋》（*Uncle Tom's Cabin*）中的部分章节。阅读过往时代的作品是有价值的。这部小说写于 1852 年，作者目睹了废奴主义者为了结束奴隶制付出了巨大努力，并深受震撼。《汤姆叔叔的小屋》是一部长篇小说，适合大一点的孩子在暑假阅读，其中有许多章节特地描述了南方孩子的生活。这本书的副标题"低贱者的生活"很好地反映了失去自由的不幸。在阅读"自由"这一章时，小小哲学家们可以一边回顾穆勒的哲学一边思考这个问题："对于一个国家来说，自由是什么？对其国民来说，自由又是什么？"和孩子们聊聊这样一个概念：除非所有人都拥有自由，否则一个国家不可能是自由的。将孩子们分成由三或四人组成的小组，一起做一个简短的演讲，举例说明为什么这句话是正确的。让每个小组成员分别说一小段，这样每个孩子都能参与进来。接下来，在不使用文字或人物形象的情况下，让他们用抽象的艺术形式来表现"自由"一节中所表达的从奴隶制中解放出来的振奋人心的感觉。"享有如此浩荡之天恩，要入睡是多么不可能啊……他们只拥有天上的鸟儿、地上的花朵，但他们却快乐得无法入睡。"

本章小结

与小小哲学家相处的时光让我相信，他们一定会有美好的未来。直觉告诉我，如果现在放心地将与生俱来的自由交到他们手中，美好的未来定会如期而至。在孩子们试图让树学会汪汪叫的时候，我看到了他们自我的成长。我更愿意看到未来出现一个由曾拥有完整童年的成年人组成的世界。孩子们的智慧让我对他们未来的人生充满信心。

波伏瓦在《模糊性的道德》中写道："如果一位正在玩耍的儿童的笑声与我们无关，那么时间的经济、休闲的取得将毫无意义。"孩子们让我感触良多。每次与他们分别的时候，我总是坚信一切皆有可能。

漫游在哲学的世界里

- 西蒙娜·德·波伏瓦的《模糊性的道德》和《第二性》。
- 西蒙娜·德·波伏瓦的《一个顺从女儿的回忆录》(*Memoirs of a Dutiful Daughter*)。这本关于她的童年和青春期的自传显示了她对开放空间的强烈向往。虽然是为成年读者而写，但其中有一些段落和内容完全可以与儿童分享。

- 约翰·穆勒的《论自由》和《妇女的屈从地位》(*The Subjection of Women*)。
- 巴勃罗·聂鲁达的《疑问集》。
- 詹姆斯·布克《蜂蜜的味道：生活在新奥尔良》(*A Taste of Honey：Live in New Orleans*)。布克的多才多艺体现在从莱德贝利（布鲁斯音乐家）到肖邦的不同音乐风格中，是约翰·穆勒所说的"创新与天赋的结合"。
- 《罗莎·帕克斯和民权运动》这部仅 24 分钟长度的视频几乎一炮而红。
- 《民权之声》(*Voices of Civil Rights*)由美国历史频道制作。其中有几集讨论了帕克斯、梅加·埃弗斯（Medgar Evers）和马丁·路德·金等人的行动主义。

第 14 章

博爱
Love

说到底，爱并不是我们谈论的那种多愁善感的东西。它不只停留在情感层面。爱是创造性的，是对所有人怀着善意的理解。它不会打败任何一个人。当你上升到爱的层面，上升到它那伟大的美和力量，你就只会寻求打败邪恶的系统。对于那些碰巧被卷入这个系统的个人，你爱他们，但你依然会努力打败这个系统。

马丁·路德·金，《爱你的敌人》

关于爱的哲学对话

在《会饮篇》（the Symposium）中，柏拉图把我们带到了古雅典的一个晚宴上。酒足饭饱后，一场关于"爱"这一永恒话题的激烈辩论开始了。刚开始的时候，客人们试图辨别何为肉体之爱，何为精神之爱，或者何为对另一个人的爱，何为对真理的理性之爱。随着夜色渐深，对话开始围绕着如何给爱下一个定义展开，大家一致认为，爱是一种普遍的需要，它满足了人类对美本身的渴望。谈话围着桌子进行了一轮又一轮，最后只有苏格拉底依然双目炯炯，试图提出更多问题并保持大家的谈兴。然而，关于爱的本质，人们最终也没有得到答案。人们对这个主题的探索至今仍在继续。的确，爱到底是什么呢？

在我第一次向小小哲学家提及爱的主题时，都会出现如此大同小异的场景：他们会立刻交头接耳，然后争先恐后地举手。他们一定会想：啊哈，哲学，你这回可算撞我枪口上了，我知道这个问题的答案！然而，当我让某个特别兴奋的孩子说一说时，他又会一时不知从何说起，然后这种短暂的停顿会延长为令人惊讶的沉默，其他举起的小手也会自动放下，因为这些孩子也认识到了发言者很快就会承认的事情。"呃，我以为我知道，但其实我不知道，但我还是认为我知道。"数不清有多少孩子指出，要将爱诉诸言语是不可能的。"它只可意会不可言传。"我会宽慰他们说我也有同感。我给他们的建议是，安静地坐下来，花几分钟的时间来认真思考一下何为"爱"。

其实，关于爱的主题，许多孩子已经多多少少有些困惑了。他们正在接收各种关于爱是什么或应该是什么的信息，但众说纷纭，似乎都不太令人满意。孩子们内心一直隐隐约约觉得，这个词代表着某种对人生而言极为根本的东西，是他们尚不能完全理解但肯定感受得到的东西。虽然说不清楚什么是爱，但孩子们发现，要告诉我什么不是爱则相对容易多了。下面是一些他们关于"什么不是爱"的例子：它不是"难堪的风流韵事"；它不应该涉及"嫉妒或伤害"；它不是"你可以失去的实质性的东西"。他们很想知道，爱是一件事还是不同的事？是不是要视情况而定……你爱的是何人或何物是否重要？"你是否像爱你的猫那样爱山？"

为了启发孩子们对爱进行思考并展开对话，我用了很多不同的方法。比如，我曾经要求孩子们向我描述"爱"看起来是什么样子。一个八岁女孩假装自己正拽着一根绳子，她用这种方式来说明爱对人的牵引，并补充说："它一直在拉，因为它永不枯竭。""爱是什么感觉？"我问一群四年级的小学生。他们告诉我："爱是纯粹的温柔，让你无论在哪里都有家的感觉。""它让你想弹奏一曲二重奏，因为你爱上了这种音乐。""爱会让你开心到忘掉一切不如意。""爱也能让你想哭。"孩子们逐渐把扭捏、害羞抛到九霄云外，可以轻松自然地尝试给爱下一个定义了。年幼的菲利普给我留下了深刻的印象，我记得他迫不及待地举手发言，将爱定义为一个人不擅长网球的证明。利用他的网球知识，菲利普得出的结论是，爱意味着在那场比赛中得分为零[①]，所以他想马上退出这场比赛！通常情况下，我不得不先抛砖引玉，先给出我对爱的定义。我把爱定义为最深厚、最牢固的情感纽带。在孩子们给出的定义中，我最喜欢的是下面这些："爱是你与所爱之间永恒的联结。""它是个钩子，被它钩住你就跑不掉。""爱就是让某个人或某样东西走进你心里""爱就是无论如何都要爱。"

马丁·路德·金敦促我们无条件地热爱所有的生命。英国哲学家伯特兰·罗素（Bertrand Russell）着眼于一种非常特殊的爱——哲学家对智慧的热爱。路德·金和罗素的话都有助于让孩子们将爱视为一种积极的力量，这对他们的个人生活和全世界而言都是有益的。

---

① 在网球比赛中，零分被称为"love"（爱）。——译者注

可以这样与孩子分享哲学问题

- 先请孩子们简单地谈一谈"爱"，这会让他们一点点地对这个话题产生兴趣。然后，你就可以根据他们的活跃程度来判断他们什么时候已经准备好去寻找爱的定义了。
- 在讨论开始时，一定要先消除孩子们对这个话题可能感到的紧张或尴尬。告诉小小哲学家们，路德·金和罗素会让他们知道，爱不仅仅是两个人之间的情爱依恋。

 哲学探讨

- 什么是爱？
- 你能解释一下爱是怎样做到既温柔又强大的吗？
- 你爱自己吗？你能在不以自我为中心的情况下爱自己吗？
- 你还记得第一次意识到自己在爱着什么的时候吗？那是什么时候？你爱的是什么？
- 无论如何你都会爱的是什么，是某个人还是某样东西？

 哲学练习

阅读 19 世纪英国诗人伊丽莎白·巴雷特·勃朗宁（Elizabeth Barrett Browning）的第 43 首十四行诗《我该怎样去爱你》（*How Do I Love*

Thee）^①，让孩子们跟着勃朗宁一起数数她的爱到底有多少种方式。把这首诗写在黑板上，让孩子们连续几天反复诵读。摘录勃朗宁"我爱你……以儿时的信仰"这句诗，请孩子们思考并在哲学日记中写下这句话对他们的意义。建议他们不间断地记录自己的心得体会，并在准备好的时候以"来自我儿时信仰的爱"为题，写下第 44 首十四行诗。

与哲学家相遇

早在现代心理学出现之前，世上最伟大的心理学家就在加利利的山丘上行走，告诉我们要去爱人。

马丁·路德·金,《爱你的敌人》

马丁·路德·金 1929 年出生于美国亚特兰大。他的父亲和祖父都是埃比尼泽浸信会的牧师，这为他后来的事业打下了坚实的基础。在亚拉巴马州蒙哥马利市德克斯特大道浸信会担任了一段时间的牧师后，他作为父亲的助理牧师回到了埃比尼泽。1955 年，路德·金在波士顿大学获得了神学博士学位。他深入研究了甘地在印度使用的非暴力政策，并成为这种政策的激进倡导者。

在蒙哥马利期间，路德·金效仿罗莎·帕克斯的英勇行为，成功地领导了一次公共汽车抵制活动，最终让该市公共汽车系统废除了种族隔

---

① 《我该怎样去爱你》："我该怎样去爱你？让我细细考虑。/我要尽我灵魂所能抵达的深邃、/宽广和高度去爱你，就像我探索/存在的终极和上帝的神恩。/……我想纯洁地爱你，如人们由于赞美而折服。/我爱你，以儿时的信仰；我爱你，/以澎湃的激情，就像昔日满腔的悲伤……"译文援引自《勃朗宁夫人十四行诗》(译林出版社，毛喻原译)。——译者注

离。1963 年，他在伯明翰领导的大规模群众示威游行促使肯尼迪总统向国会提交了民权立法，这就是 1964 年的《民权法案》。同年，路德·金获得了诺贝尔和平奖。1967 年，他把精力集中在关注贫穷问题的"穷人运动"和反对越南战争上。1968 年 4 月 4 日，在孟菲斯支持罢工的环卫工人时，他被暗杀。就在前一天，这个非常疲惫的人安慰他的追随者说，他已经抵达山顶，看到胜利终将属于他们。

路德·金关于爱的哲学既不多愁善感，也不脱离实际，他始终遵循这句"爱你的敌人"。正是这句话，激励着他与压迫和不公展开了长达一生的斗争。他认为，通过哲学分析，我们可以发现去爱世人——甚至爱我们的敌人——是多么重要。

为什么要去爱敌人呢？路德·金提出了三个核心原因。（1）仇恨会加剧仇恨，冤冤相报何时了？但若人类对周围世界报之以爱，这个恶性循环就可以被打破，仇恨若再无仇恨为食，很快就会枯萎。（2）仇恨破坏了仇恨者的人格。仇恨会蒙蔽人的眼睛，导致非理性的想法和行为，摧毁一个人的身心健康。路德·金把受仇恨折磨的人形容为看不到真善美的人，因为仇恨破坏了人的个性，腐蚀了人的心灵。（3）之所以要去爱人，是因为爱具有建设性、创造性、积极性，它所到之处爱越来越多，就像滚雪球一样。为了拥有健全、完整的人格，我们必须用爱来回应生活——要么选择爱所有人，要么面临从内心开始的毁灭。路德·金恳求人们拥有这种爱的智慧，否则仇恨的恶性循环会导致人类走向毁灭。他用自己的话语、声音和表情告诉世人，这种彻底毁灭的前景并不抽象和遥远，而是令人恐惧的真实。

路德·金认识到，在每个人身上都存在着善与恶这两种本能的殊死搏斗。他看到了美国人身上的挫折感和愤怒感，这些负面情绪正在危险地不断升级，为此他不遗余力地奔走呼吁，呼吁那些为平等而战的人用爱来回应。面对可恨的压迫，人们有哪些应对方式？路德·金指出了以下三种方式：（1）不战而降，与邪恶同流合污；（2）以暴力对抗压迫，从而使暴力滋生的混乱成倍增加；（3）在爱你的压迫者的同时和平地抵抗压迫。他在《伯明翰监狱的来信》（*Letter From Birmingham Jail*）中写道："我们是要成为仇恨的极端分子，还是要成为爱的极端分子？"路德·金建议选择第三种方式，即非暴力抵抗，以积极、热情、有爱的方式，拒绝与所有的压迫思想和制度合作。

如何才能做到爱我们的敌人？这种能力可以通过一个循序渐进的过程来培养，这个过程从自我分析开始。我们必须审视自己的内心和个人行为，找出自己身上可能唤起他人的愤怒和仇恨的东西。有了自我审视带来的谦卑，我们就能更好地认识到，即使在敌人身上也存在着善的因素，这样当仇恨浮现时，我们就能更好地约束自己，想起对方身上那些善良的点。

很多孩子在第一次听到从哲学角度考虑去爱他们的敌人时都感到震惊。"什么！"他们哄堂大笑。我几乎问过每一个小组，他们是否听过这句话，许多孩子都承认他们听过，"但没有被逼着去想过"。于是，我建议他们先从哲学的角度来分析何为"敌人"。孩子们把敌人定义为"陷害我的人""一点也不友好的人""想伤害我的人"。一些小小哲学家认为敌人就是有力量来攻击他们的人。敌人是一个对手，"但不是在游戏中"。当讨论到有一个敌人是什么感觉时，路德·金的哲学智慧慢慢进入了许多孩子的头脑。这让他们感到"害怕""愤怒""颤抖""想打架""反胃""对自己感觉更不好了"。

路德·金认为"爱"你的敌人和"喜欢"你的敌人是有区别的，我对孩子们解释了这一点。呀！孩子们大大地松了口气，准备再听听他会怎么说。路德·金说，我们喜欢自己的朋友和对我们好的人，但要喜欢一个伤害你的感情或偷你饼干的人有时候确实太难了。他的建议是，虽然不喜欢被伤害或被抢走甜点是很自然的，但关键是不要把干这些事情的人视为敌人。没有人可以成为你的敌人，除非你选择恨他们。当对话进行到这一步时，我发现有的孩子可以提出一些尝试去爱敌人的方法了。比如下面这些："我不一定非要把他们当敌人不可。""我可以学习不去仇恨他人，只讨厌仇恨带来的感受。""我可以试试咬着牙去爱。""我可以变得聪明点，在那个孩子偷吃我的饼干之前就给他一块。"

路德·金曾经提醒人们，这"不是说着玩的"，尽管他知道他的要求相当苛刻。孩子们很喜欢他这样说话。他们还将路德·金与有关正义和自由的讨论联系在一起，从另一个角度探索他的哲学思想，这让他们对爱的意义有了更多新的认识。有的孩子向我详细解释说，有的人之所以害怕和憎恨路德·金，是因为这样的人在内心深处知道爱的作用。一个四年级小学生警告其他小组成员："爱会改变生活，如果你不想改变，你就得小心点！"

一个人如果充满了对人类的爱，有广阔的视野，有勇气，有耐力，就可以做很多事情。

伯特兰·罗素
《如果我们想熬过黑暗》(*If We Are to Survive This Dark Time*)

伯特兰·罗素生于 1872 年，是 20 世纪国际政治和哲学领域的核心人物之一。从他出版的作品中，我们可以看到他不同寻常的兴趣多样性——逻辑分析、语言哲学、数理哲学、伦理、政治、社会改革等。罗素的个人生活和职业生涯充满了争议，这种情况从他反对英国加入第一次世界大战的时候就开始了。之后，他又强烈谴责美国卷入越南战争，并与阿尔伯特·爱因斯坦一起，为控制核武器和最终裁减军备而奔走呼号。89 岁那年，罗素因积极推动核裁军而被监禁一个星期。98 岁那年，罗素去世。

罗素致力于反驳似乎无休无止的针对哲学的批评。在他看来，哲学自诞生之时起就在很大程度上被世人低估了，比如古希腊时代对苏格拉底学说的厌烦，又如西方同时代人对科学方法的偏执。他承认，许多人认为哲学不过是由抽象的问题组成的，这些问题既无肯定答案也无明确结果。对此，罗素的回答是，对哲学的批评表明，人们对人生的最终目标存在着误解，对哲学产生的丰硕成果也认识不清。事实上，哲学无处不在，它所探索的领域超越了整个宇宙的范畴，而且，哲学思辨可以提高人类爱的能力。

批评者提出的一个关键问题是，哲学是通过哪些方式让其研究者们在生活中受益的？热爱智慧者的个人生活及其周围世界会因此而进步吗？对此，罗素斩钉截铁地做出了肯定回答。罗素的《哲学问题》（*Problems of Philosophy*）[①]一书最后一章的标题为"哲学的价值"（The Value of Philosophy），他在其中给出了有力的证据来说明哲学具有提升品格的特质："这些问题可以扩展我们对于一切可能事物的概念，丰富我们心灵方面的想象力，并且减低教条式的自信，这些都可能禁锢心灵的思考作用……通过哲学冥想中的宇宙之大，心灵便会变得伟大起来……"对罗素来说，提出哲学问题和参与对话的目的不是为了证明自己的观点，或者说，根本不是为了证明人类任何具体的观点。哲学是为了让那些追

---

① 关于该书的译文，均援引自天津人民出版社版本。——译者注

求智慧的人学会如何无私地看待世界，因为无私，就有了爱。哲学的奇妙能让人的心胸与眼界都变得更为开阔，公正的爱不仅是有可能产生，而且是必然会产生。

罗素很清楚，当我们看这个世界时，总是极其自然地以自己的需要和关切为焦点。我们之所以认为周围以及更广阔的世界中的某些事物很重要，主要是因为它们与我们的生活有关。因此，我们以一种自己感到舒适的方式来解释世界，只对身边亲近的人保持爱心。在这样一种以自我为中心的生活中，爱的力量被严重削弱了。罗素的建议给了我们另一个选择，那就是先把自我放在一边，透过公正无我的镜头来观察这个世界。

罗素的"无我"理论是将爱智慧与爱人类联系起来的关键。当我们从自私的角度看待生活时，只能看到一些碎片——我的朋友、我的孩子、我的账单、我的财产、我自己。罗素坚持认为，不管是这个世界还是人类的潜力，都远远超过了这种有限的感知向我们展示的东西。"无我"是让人类将心灵的作用发挥到极致，是让我们看到宇宙有多浩瀚宏伟的大智慧。有了这种大智慧，我们就不会再把"自我"作为生活的中心，就会看到世界的本来面目。这个豁然开朗的世界是无限的，是超乎想象的大一统，每个人都是这个整体的一部分。我让小小哲学家们想象他们正透过一个高倍望远镜看向世界，可以看到整个宇宙，看到宇宙万物，一直延伸到无限广袤的太空。我还告诉他们，罗素希望我们的思想能够变得越来越像这个望远镜。

没有了以有限自我为参照点的狭隘镜头的阻碍，"无我"让我们清楚地看到了宇宙的宏伟壮丽，哲学研究者的思想在这种无限的影响下也变得更为开放，这让我们更清楚地意识到，爱的能力是无止境的，就像对我们来说没有界限的宇宙一样。这种在观察世界时的公正性可以奇妙地转移到我们的行为和感受中。罗素在"哲学的价值"中写道："冥想中的公正性乃是追求真理的一种纯粹欲望，是和心灵的性质相同的，就行为方面来说，它就是博爱；这种博爱可以施及一切，不只是施及那些被断定为有用的或者可尊敬的人们。"一旦我们越来越觉察到世界是一个整体，就能看到扩展后的自我——它是这个整体中不可缺少的一部分。这个令人震撼的发现引导着我们去爱，是可以给予所有人的博爱，并不局限于那些我们私心认为重要的人。

一些小小哲学家很快就提醒我，哲学一直在教他们"忠于自己，捍卫自我""做真正的自己"。他们很想知道，做自己又怎么了！我在黑板上写的"无我"是认真的吗？让他们大多数人震惊的是"无"这个字眼，这是一个否定的象征，而当它与"我"放在一起时，居然可以表示好的意思！我解释说，罗素并不是在建议他们失去自信或自我意识。在尝试这种看待世界的新方式（即哲学家的方式）时，他们失去的只是在精神和情感上阻碍他们去爱的部分。罗素向他们保证，"无我"是一个更完善的自我。

我让孩子们想想有哪些因素可能阻碍一个人去爱。他们提出的意见包括"害怕被伤害""觉得不值"以及"觉得没用"。到目前为止，在孩子们心目中阻碍一个人去爱的最常见因素是"自私""什么都想自己说了算"。不过，一个健谈的三年级小学生告诉我："你肯定不知道，伯蒂（伯特兰的昵称）让我学会了战胜自己。"他的同学们很快进行了补充，"忘掉自己可能会更容易去爱他人，这想法挺有趣的""世界越大，我们的空间就越大"。

罗素坚持认为，如果我们教导孩子且自己也能从"无我"的角度看问题，博爱就可以成为现实。罗素在《改变世界的新希望》（*New Hopes of a Changing World*）一文中写道："突然间，就像雾气从山顶消散一样，风景尽数呈现，道路变得清晰。只需打开我们的心门，让被禁锢的魔鬼逃出，让世界被美丽占据。"最终，随着时间的流逝和我们的努力，"无我"扩大了我们的视野，甚至超越了人类本身。有了广阔豁达的心胸，没有什么应该被排除在世界或爱之外。

可以这样与孩子分享哲学问题

- 在讨论透过罗素的"无我"镜头来观察世界时，放大镜、照相机或望远镜都是有趣的比喻。当镜头对准时，大世界就出现了。当世界变大时，心灵也会随之扩大。
- 路德·金的声音是无可替代的。或许你可以先让孩子们听音频，这样他们就能全神贯注地聆听他传递的爱的信息。然后，你们可以一起观看他 1963 年的演讲——《我有一个梦想》，这个演讲感动了全世界。

❓ 哲学探讨

- 如果要向不熟悉路德·金的人解释他关于爱的哲学，那么你会强调哪一点？
- 你将如何解释路德·金对"爱"和"喜欢"所做的区分？

- 你是否同意路德·金的观点，即仇恨会让你的头脑变得混乱？在哪些方面？

- 为什么路德·金坚持认为，仇恨和暴力从来没有（也永远不会）为一个问题提供永久的解决方案？你是否同意他的观点，即仇恨和暴力会造成更多的问题？如果你也赞同，那么你能举一些例子吗？

- 你是否同意罗素的观点，即哲学可以改善你的生活，使你对世界产生积极影响？是如何产生的？

- 当你通过"无我"的镜头看世界时，世界是什么样的？

哲学练习

听听美国民谣歌手里奇·海因斯（Richie Havens）的抗议歌曲——这些抗议中充满了爱，而非仇恨。问问孩子们，他们认为，海因斯在其抗议歌曲中的口吻是如何反映了马丁·路德·金的非暴力精神的。在《个人简历》（*Résumé*）这张 CD 中，海因斯谴责了战争、种族主义和环境破坏。不知为何他的声音居然显得很温柔，让孩子们描述一下这种声音。再请孩子们听一听大约 30 年后他的另一张 CD——《许愿池》（*Wishing Well*），在震撼的《雨中的施舍》（*Handouts in the Rain*）中，他请求我们去爱左邻右舍，爱更多的人。和孩子们聊聊，哲学可以通过哪些方式帮助我们所有人更加用心，正如海因斯在《独自在一起》（*Alone Together*）中建议的那样。海因斯还有一张 CD 名为《太阳的恩典》（*Grace of the Sun*），为孩子们反复播放几遍其中的《竖起巨石》（*Pulling up the Stone*)。让小小哲学家们在听这首歌时，在哲学日记中写下他们可以"改变明天"的方式。让孩子们描述路德·金和罗素的哲学与这首歌有什么直接关系。在《猩红花朵》(*Scarlet Flowers*) 中，海因斯唱道，"我们必须给孤独的人以爱，给饥饿的人以食物"。请孩子们选择一种方式在当天去爱那些孤独的人，并鼓励他们付诸行动。一定要告诉他们你有什么打算。

敞开胸怀

在与孩子们一同学习了一段时间的哲学后，我最喜欢的活动之一就是与他们谈论哲学给他们的生活带来的影响。为了检验罗素的信念，即哲学让我们的思想变得充实的同时也加强了我们爱的意愿，我花了整整一节课的时间，让他们阐述对哲学和爱之间的关系的思考。我在黑板上列出了我们一起学习过的哲学概念，然后给他们一些时间来安静地思考，他们的性格是否因某个主题而发生了变化？你可以选择其中一个主题来探讨爱，或者选择几个孩子们特别感兴趣的主题。

令人惊讶的是，在大多数情况下，孩子们并不需要我引导他们将爱与其他观点联系起来。孩子们谈到了自己的一些发现，以下是其中特别令人难忘的。一个孩子回忆起我们对自然界事物之间相似性的讨论，他告诉我："当我看到万物都与我息息相关时，我想到了该如何去爱世间的一切，因为我也是其中的一部分。"一个二年级小学生想起了我们对友谊的探索："当我开始倾听其他人的心声时，就会发现可以爱他们的理由。"一些孩子诚实地告诉我，在探讨了偏见之后，"我以前不知道哪些行为是伤人的，现在我正在努力搞清楚"。所有年龄段的孩子们都一致认为，对死亡的全面思考"让我学会了热爱生活"。对于一些刚从关于幸福的讨论中走出来、脸上还带着微笑的小小哲学家来说，很明显，"当我幸福的时候，没有理由不去爱"。一个四年级小学生以深刻得令人难以置信的哲学感悟说："当我有了勇气，我就有了更多的希望。当我不害怕未来，我就会去爱。"

从这些孩子们的回答中可以看出，罗素显然通过了我们的检验。理想的爱是更具包容性的，热爱智慧的人正是朝着这个方向前进的。罗素曾说："他们的人生会发光，其中一些光会为他们的朋友和邻居照亮前方的路，甚至可能为未来漫长的时代指明方向。"当孩子们在思想的领域努力探索时，我看到了他们身上正在发生的变化，许多教师和家长也证实了这一点。虽然某个具体行为可能与"责任"或"慈悲"的主题有关，但帮助他人的行为大大提高了孩子们对人与人之间的关系的认识，让他们愿意去爱更多的人。他们去避难所和医院帮助那些不认识的人，让爱的涟漪成倍扩展。我发现，不时停下来和孩子们做一番回顾，并讨论基于具体概念的个人项目和集体活动对个人的影响是相当有益的。你可以与孩子们分享你在他们身上看到的爱的自然萌芽，这要归功于他们参加的服务活动。很多孩子都说，哲学"悄悄来到了我身边"。一个初中二年级学生说得特别好："即使有时我不爱，我心里也清楚没有不爱的理由。"

罗素在"哲学的价值"中写道："在哲学学者之外，如果研究哲学对别人也有价值，那也必然只是通过对于学习哲学的人的生活所起的影响而间接地发生作用。"我从许多与小小哲学家们一起生活的成年人那里了解到，这些孩子们的哲学研究在对其本人产生有益影响的同时，也改善了家庭动力，提高了教师在课堂上的容忍度。一些家长评论说，当他们与孩子讨论兄弟姐妹的关系时，明显比以前更容易了。一些教师报告说，他们的学生在做出一些不够妥帖的行为后会立刻改正。当孩子们更好地理解了思想的世界时，爱也在他们的心中不断成长，并蔓延到他们的生活中。

可以这样与孩子分享哲学问题

在黑板上分别写下"哲学""爱智慧""爱的智慧"（路德·金关于爱的信念）并加以解释，这样孩子们就能够看到这些词语有哪些可能的组合。

 哲学探讨

- 学习哲学能够如何提高你爱的能力？
- 爱要如何才能成为你生活中的强大力量？
- 随着年龄的增长，你的心会不会变得更宽广？它会不会让你爱得更多？
- 你心中的爱是无穷无尽的吗？还是说它终有一天会耗尽？

 哲学练习

和孩子们一起阅读美国作家莎朗·克里奇（Sharon Creech）的《为小狗写诗》（*Love That Dog*）。我把它当作宝典来用，效果非常好，特别是对中学生而言。这本书的字里行间充满了爱，深深地触动了孩子们的心灵。在这本短小而富有诗意的小说中，莎朗·克里奇向我们介绍了一个名叫杰克的男孩，他认为自己不会写诗，但通过他对一只名叫小天的小狗的无条件的爱，他成了一名诗人。我事先告诉孩子们，虽然小天已经死了，但杰克写道："我希望它不会让人们感到太悲伤。"他对小天的爱经久不衰，这是他成长为一个诗人的灵感来源。杰克的老师斯特拉贝里小姐一直关爱他、鼓励他。她不断地向杰克提问并提出自己的创意，帮助杰克在想象的世界里不断地创造奇迹。与孩子们讨论一下，斯特拉贝里小姐的教学方法是如何很好地证明了罗素的理论，即通过扩展我们的思想，我们的心将向世界敞开，就像杰克对诗歌那样。请他们谈一谈，是什么填满了他们的心，就像小天填满了杰克的心一样。在接下来的几个星期里，让孩子们把关于爱的想法和观察写成诗歌体日记。和杰克一样，孩子们很高兴有真正的诗人到教室里来读他们自己写的书。你也可以像斯特拉贝里一样，邀请当地的诗人来拜访孩子们，让他们一起度过美好的一天。

爱与和平

路德·金看到了一个不断被人类冲突消耗的世界，所以他的决心从未动摇过。所有人都必须真切地认识到，爱所有人是实现持久和平的唯一途径。如果想让我们的文明生存下去，那么爱的方法和实践是一种实际需要。路德·金认为，到最后，爱甚至能改变那些最抗拒它的人。他在诺贝尔和平奖获奖致辞中说："迟早有一天，世界上所有的人将不得不寻找一种方式来实现和平共处，从而把这首日渐迫近的宇宙挽歌变成一首歌唱兄弟情谊的创造性诗篇。若要实现这一点，人类就必须找到一种排除复仇、侵略以及报复的方法来解决冲突。这种方法的基础就是爱。"

爱是最强大的武器，只有它才能带来和平。

　　路德·金借助希腊语中代表爱的词"agape"（博爱）来描述使和平成为可能的以他人为中心的无私之爱。这是所有爱中最深厚的一种，它是无限的，是容纳所有的，是满溢的爱，完全不求回报。这种无条件、无限制的博爱像汩汩溪流，在人间处处流淌，滋润着每一个生命。这是爱的理想境界，需要真诚的付出和大量的努力，只有在此基础上，"爱你的敌人"这一命题才有可能成立。你会发现，当你把"博爱"与"爱你的敌人"联系起来时，孩子们立刻就明白了，有了这种无条件的爱，甚至连"敌人"这个概念都不复存在了。和他们聊一聊，如果一颗心对一切都充满了爱，那对敌人呢？

　　大多数孩子都明白，"博爱"是一种需要争取的爱。有几个孩子告诉我，他们"从未在任何地方真正看到过它"。一个六岁的男孩说："你别指望人们一边互相怒吼一边拥抱。"不过，我仍然怀着希望问他们，生活中哪些时候他们有可能会觉得自己确实对一切都充满热爱。我看着他们的表情慢慢变化，从怀疑到突然意识到"等等，我曾经有过这种感觉"的惊喜。以下是他们举出的一些例子："在学校的最后一天，我爱上了野餐的每一个人。""有一次，我难过的时候有人对我非常好，这是我没有想到的。这让我感到了完全的爱。""当我得到第一条金鱼时，我简直什么都爱。""有几次我真的太高兴了，感觉对整个世界都充满了爱。"要如何才能产生那种"无论如何都爱所有人"的感觉呢？我们一起讨论了这个问题。他们的答案包括"生活更有意思的时候""非常惬意放松的时候""非常平和宁静的时候"。

　　儿童或成年人有可能从内心生出无条件的爱吗？当我与孩子们谈论把"热爱一切"作为终生目标时，路德·金的崇高哲学在孩子们的眼中就显得不那么脱离实际了。如果我们朝着"博爱"的方向前进——哪怕只迈出了极小的一步，那么会产生什么结果呢？和孩子讨论一下，你会发现对话精彩到令你不敢相信。许多孩子很快就意识到，爱一切就意味着排除了暴力。"如果我爱所有人，那我还会伤害谁？""你不会和你爱的人打架，对吧？""我明白了！我也要学会不伤害自己。因为要爱一切。"如果以"博爱"为原则，那生活的核心问题就是，在不同情况下爱的回应是由什么构成的。当你的人生以博爱为基础时，你希望所有人都拥有美好的生活。"博爱"应该是北极星，引导我们内心的情感，指导我们现实的生活。如果我们不断关注人类的美好，就能形成一种全新的心态，这种心态让我们更热爱和平。

罗素曾说："儿童应该从小就意识到……合作的重要和冲突的愚蠢。"根据我的经验，小小哲学家们在讨论"和平"主题时总有说不完的话。"和平与爱"似乎不再是一个陈词滥调，很多孩子都流露出乐观的态度，认为对"博爱"和"无我"的积极理解可以带来和平，他们对和平世界的描述使人振奋："没有人会互相作对。""人们可以相互倚靠，每个人都能得到支持。"一群九岁的孩子用音效和动作生动地表演了爱是如何创造和平的："爱像烟花一样在空中炸开，火花落到很远很远的地方！"我最喜欢的一个画面来自一个三年级小学生，她想了很久才找到合适的措辞。在描述和平的时候，她每说完一个词都会短暂地停顿一下，因为"和平像一首完美的乐曲一样和谐"。

可以这样与孩子分享哲学问题

与孩子们分享非暴力行动的成功例子。例如阿根廷五月广场母亲[①]的英勇、甘地在印度对英国的非暴力不合作抵抗运动、美国反对奴隶制的地下运动，以及德国保护犹太人的努力。

 哲学探讨

- 你会如何解释爱与非暴力之间的关系？

- 你会如何描述没有爱的生活？一个没有爱的世界会是怎样的？

- 你以前是否想过可以用爱作为一种力量来解决困难？

- 你在生活中有过对一切都充满爱的感受吗？你能描述这种感受吗？

- 你觉得你能学会看到别人的优点吗？如何做到？

- 爱能成就什么？

- 你认为成年人应该更多地谈论大爱吗？成年人之间应该多聊聊这个话题吗？应该和你聊吗？

[①] 20 世纪 70 年代，在军政府统治下的阿根廷，许多反政府人士遭到迫害或暗杀。阿根廷的母亲们为了寻找失踪的孩子，来到布宜诺斯艾利斯市中心的五月广场，围成一圈行走，以这种方式表达抗议。她们的行动引发了民众和社会的关注，推动了南美的民权运动。阿根廷人称她们为"五月广场母亲"。——译者注

哲学练习

练习 1

背诵美国诗人亨利·蒂姆罗德（Henry Timrod）的十四行诗《大多数人只知道爱是生活的一部分》（*Most Men Know Love but as a Part of Life*）。这是一首完美的诗，可以让我们看到当生活处处都染上爱的色彩时是多么美好。"唉，为什么爱情和生活不能合而为一？"蒂姆罗德叹息着问道。问问孩子们，如何才能让爱成为他们看待和回应每个人的方式？让他们在哲学日记中回答这个问题。问他们是否同意诗人的观点，即大多数人只在某些时候才能感受爱并表达爱？"爱，就像一个可见的神，可以成为我们的向导……"蒂姆罗德满怀希望地写道。让孩子们继续描述当以爱为向导时，每天的生活会是什么样的。给他们足够的时间来写一首十四行诗，标题就叫《我如何认识爱》。

练习 2

请孩子们在哲学日记中写下如何让从哲学中获得的知识成为"和平的工具"。牢记路德·金和罗素所倡导的无条件的爱，然后请孩子们想象他们在田里播下爱的种子。让孩子们创作一些艺术作品，并告诉大家这些充满希望的种子能长出什么。

本章小结

这些年里，我忠诚地追随着这些伟大的小心灵，生活也因此发生了很大的变化。他们教会了我很多东西，尤其是关于爱。当听到他们就爱的意义进行发自内心的对话时，我坚信爱可以创造出路德·金和罗素憧憬的奇迹。在一次关于爱的热闹对话中，我无意中听到了两个八岁孩子之间的简短交流，他们显然对自己的智慧一无所知。一个孩子一边系鞋带一边说："爱是一种自有其意识的生物。"而他的同学正喝着保温瓶里的水，半天才停下来，回答说："还有什么？"

漫游在哲学的世界里

- 伯特兰·罗素的《哲学问题》。最后一章"哲学的价值"，阐释了由"自我"向"无我"的扩展。

- 莎朗·克里奇的《为小狗写诗》。

- 莎朗·克里奇的《印第安人的麂皮靴》（*Walk Two Moons*）。克里奇赞美爱情，赞美穿着别人的麂皮靴走过两个月亮 ① 的收获。

- 十四行诗《我如何爱你》出自伊丽莎白·巴雷特·勃朗宁的《葡萄牙十四行诗集》（*Sonnets from the Portuguese*）。

- 《个人简历：里奇·海因斯精选集》（*Résumé：The Best of Richie Havens*）。这张专辑中包括《太阳出来了》（*Here Comes the Sun*）、《上帝保佑孩子》（*God Bless the Child*）以及充满爱的抗议歌曲《帅哥约翰尼》（*Handsome Johnny*）、《我怎么办》（*What About Me*）和《三K党》（*The Klan*）。孩子们会因为《浣熊洛奇》（*Rocky Raccoon*）本身的优美旋律而喜欢这首歌。

---

① 印第安有句谚语，"别轻易评判别人，除非你曾穿着他的麂皮靴走过两个月亮"。——译者注

- 大卫·阿普尔比（David Appleby）的《我站在河边》（*At the River I Stand*）。这是一部长达一小时的视频纪录片，讲述了马丁·路德·金在孟菲斯的最后几天，当时他正参加一场由环卫工人发起的抗议活动。路德·金当时很疲惫，他的疲惫一眼就看得出来，但他的爱也是如此。
- 马丁·路德·金的诺贝尔和平奖获奖致辞和《我有一个梦想》。
- 柏拉图的《会饮篇》。通过这部作品，你可以加入苏格拉底及其朋友们的晚餐。
- 亨利·蒂姆罗德的《大多数人只知道爱是生活的一部分》。